本书是陕西省社会科学基金一般项目（编号：2014C08）
“陕西孔庙遗存及其文化价值研究”的成果

陕西孔庙遗存及其文化价值研究

王长坤◎著

科学出版社
北 京

内 容 简 介

本书搜集陕西地区各类方志、石刻资料，结合实地调查，对陕西孔庙遗存资料进行了系统的归纳、整理和研究，通过对陕西各地孔庙遗存实例的分析，透视陕西传统社会政治、经济、文化发展的状况，探讨儒家和中国古代思想文化的发展和演变，归纳出陕西孔庙历史发展的特点及其文化价值。同时，还将孔庙作为一种文化象征和文化符号进行研究，挖掘这一传统儒学载体的珍贵文化遗产价值，使孔庙所具有的文化遗产价值能够在传统与现实的维度上达到统一，从而对传承和弘扬民族文化有所裨益。

本书可供历史学、哲学等相关专业师生阅读和参考。

图书在版编目（CIP）数据

陕西孔庙遗存及其文化价值研究 / 王长坤著. —北京：科学出版社，2017.11
ISBN 978-7-03-054998- 3

Ⅰ. ①陕… Ⅱ. ①王… Ⅲ. ①孔庙–文物保护–研究–陕西 Ⅳ. ①K928.75

中国版本图书馆 CIP 数据核字（2017）第 262373 号

责任编辑：任晓刚 / 责任校对：韩 杨
责任印制：徐晓晨 / 封面设计：楠竹文化

科 学 出 版 社 出版
北京东黄城根北街 16 号
邮政编码：100717
http://www.sciencep.com
北京中石油彩色印刷有限责任公司 印刷
科学出版社发行 各地新华书店经销

*

2017 年 11 月第 一 版 开本：720×1000 1/16
2019 年 7 月第二次印刷 印张：23
字数：340 000

定价：88.00 元

（如有印装质量问题，我社负责调换）

序言

“天不生仲尼，万古如长夜。”自汉武帝实行“罢黜百家、独尊儒术”后，儒家学说在中国开始处于正统地位，历代对孔子的祭祀也日益隆重。唐贞观四年，唐太宗“诏州县学皆作孔子庙”后，孔庙遍布华夏州县郡城，成为每个城市教育中心和精神文化中心。20 世纪 80 年代以来随着“儒学热”的发展，越来越多的儒学研究者、爱好者认识到孔庙在传统社会中的地位与作用，也是今天推动儒学研究，弘扬中华传统文化的重要阵地，为此很多组织和学人多次向有关部门提出恢复和重修孔庙的倡议。

要恢复和重修孔庙，首先需要搞清楚各地孔庙的历史发展和遗存状况。这些孔庙遍布全国各地，有些在通邑大衢，有些在穷乡僻壤，自 1905 年科举制度废止后这些孔庙日渐衰落和废弃，有些已淹没在历史尘埃里。近年来虽有学者和民间爱好者考察研究这些孔庙，但这些研究和考察只是具有代表性的孔庙，并未能反映各地现存孔庙的现状和全貌。陕西地区土厚水深，自古乃京畿重镇，炎黄以来五千多年文明的根脉在此发育，13 个王朝先后在此建都，也是儒家学说的源头和发展的重要地区，历来重视对孔子的祭祀和纪念，保留有丰富的孔庙遗存。近日，王长坤博士的新作《陕西孔庙遗存及其文化价值研究》将完成陕西地区孔庙遗存的考察工作。《陕西孔庙遗存及其文化价值研究》历 3 年时间，足迹遍布三秦各地，实地考察 45 处孔庙，34 万字，通览全文，有如下特点：

第一，全面系统考察了陕西地区孔庙遗存情况。三年来王博士实地考察了陕西各地孔庙遗存情况，凡有孔庙遗存处定要走访勘察，佛坪厅孔庙、凤翔县城关镇高王寺村昭明堡孔庙、商洛市商州区孝义镇王堌村孔氏祠堂、榆林无量寺孔庙等都进行了实地考察，第一次明确确定陕西地区现有孔庙遗存 41 处，以佛兴儒新修孔庙 2 处，迁建及新修各 1 处，一共有 45 处孔庙。

第二，结合各地方志、石刻资料、实地调查资料，对 45 处孔庙的历史沿革、形制与总体布局、现存情况作了完整介绍。

第三，考察了陕西孔庙的历史发展及形制特征，立足于文化遗产的角度，探讨了陕西孔庙物质文化遗产的历史价值、艺术价值、科学价值，非物质遗产的教育价值、社会价值、经济价值。

陕西民风淳朴，崇儒向善，党的十九大报告指出："中国特色社会主义文化，源自于中华民族五千多年文明历史所孕育的中华优秀传统文化"，"文化兴国运兴，文化强民族强。"我们相信随着社会主义文化强国的建设，孔庙也将会发挥其积极的作用。

张岂之

2017 年 11 月 27 日于西北大学中国思想文化研究所

目录

绪　论

孔庙，又称文庙、夫子庙等，是奉祀孔子及其门人的祭祀场所，是儒家文化的载体和象征。陕西地区历史文化悠久，各地现存孔庙建筑相对较多，西安市、汉中市、咸阳市、洛南县、安康市、韩城市、铜川耀州区、府谷县、旬阳县、蒲城县、兴平市、礼泉县、泾阳县、华县、西安鄠邑区的孔庙都局部或全部的保存了下来，其中韩城市、咸阳市、耀州区、府谷县的孔庙还被列为全国重点文物保护单位，其余都为省级文物保护单位。这些孔庙，绝大部分是明清两代的孔庙。近年来，随着人们对传统文化的重新认识，各地也开始重视对文物的保护工作，许多曾被占用的孔庙重新得以重视和保护，得到维护、修复。学术界对孔庙的研究探讨也相应增多，但是在对地方孔庙资料的整理方面仍略显落后。把这些孔庙资料做系统的归纳、整理和研究，有助于我们开展对陕西孔庙的保护、开发和利用工作，更能对我们传承和弘扬民族文化有所裨益。

一、研究背景和意义

党的十九大报告指出："文化是一个国家、一个民族的灵魂。文化兴国运兴，文化强民族强。[①]" 当今世界，综合国力已成为衡量一个国家实力强弱的

---

① 习近平:《决胜全面建成小康社会夺取新时代中国特色社会主义伟大胜利》，北京： 人民出版社，2017年，第40—41页。

重要尺度之一，而文化在综合国力竞争中的地位和作用越来越突出，文化的力量，已深深熔铸在民族的生命力、创造力和凝聚力之中，成为衡量综合国力的重要指标。文化具有民族性的特征，而民族性需要历史的传承和发展。习近平总书记指出："优秀传统文化是一个国家、一个民族传承和发展的根本，如果丢掉了，就割断了精神命脉。"[①]以儒学为主体的中国传统文化源远流长、博大精深，长期以来处于世界各民族文化发展的前列。这几年，随着"国学热"和海外孔子学院的遍地开花，以儒家学说为主体的中国传统文化日益受到国内外专家学者的关注。

孔庙，作为儒家文化的载体和象征，不仅体现了儒学在中国传统文化中的主流地位，而且对当代人们的生活方式、精神价值也产生了极其重要的影响。孔子所倡导的思想在几千年的生活实践中融化在中国人的思想意识和行为规范中，深层次地积淀于中华民族的灵魂之中，对中华民族精神的形成产生了极为重要的影响。

近年来，随着"国学热"的兴起，儒学及其文化载体孔庙也日渐受到关注和重视。2013 年 11 月 26 日，习近平总书记到山东曲阜孔庙考察，提出创造中华文化的新辉煌；2014 年 9 月 24 日国家主席习近平出席在人民大会堂举行的纪念孔子诞辰 2565 周年大会并发表讲话。随着人们对儒家文化的重新审视，学术界对孔庙的研究也相应增多，考察、整理各地的孔庙资料对于保护开发各地孔庙资源，继承和弘扬儒家文化具有积极的意义。

党的十九大报告指出："没有高度的文化自信，没有文化繁荣兴盛，就没有中华民族伟大复兴。"[②]面对经济全球化中文化的冲突与整合，我们应该保持本国民族文化的多样性和独特性，增强文化认同感和文化自觉与自信，提高文化软实力和国际影响力。在此时代背景下，孔庙作为中国传统文化中儒学的载体和象征，对其开展保护、开发和利用具有重要的时代和战略意义。

---

① 习近平:《在纪念孔子诞辰 2565 周年国际学术研讨会讲话》, http://www.gov.cn/xinwen/2014-09/24/content_2755666.htm（2014-09-24）。

② 习近平:《决胜全面建成小康社会夺取新时代中国特色社会主义伟大胜利》, 北京：人民出版社，2017 年，第 41 页。

它不但能抵御外来文化的冲击，保存民族个性和特色，维护国家文化主权的时代选择，而且可以能彰显地域文化，提升地域形象，在现实中继承和发扬传统文化。

孔庙，不仅是儒家文化的载体和象征，还具有较高的史学价值和文化价值。它见证了中国两千多年的社会发展历程，在陕西各地的发展史上，都留下丰富的历史遗存和历史资料。通过对陕西孔庙历史的研究，可以透视陕西传统社会的政治、经济、文化发展的状况，以及儒家乃至中国古代思想文化的发展和演变。特别是孔子作为中国古代著名的教育家，他的教学理论经验和实践方法，对现今教育事业仍然发挥着重大的指导作用。因此我们应充分发掘孔庙的当代文化价值，将其蕴含的传统文化的精髓，应用于当代文化建设中，这样才能发挥孔庙的积极作用。

二、国内外研究现状

孔庙作为我国各地现存为数不多的古建筑文化的代表，学界对孔庙的形制、孔庙的保护及开发利用都非常重视。目前关于陕西孔庙的国内外研究情况分为如下几个方面。

1. 关于孔庙整体概括的研究成果

曲英杰于 1994 年、1995 年、1996 年先后发表了《汉魏鲁城孔庙考》①《曲阜孔庙建制考述》②《历代京都及地方孔庙考述》③三篇文章，分别对曲阜孔庙及其他地方孔庙的发展演变历程进行了全面系统的论述。他于 2011 年再次改版的《孔庙史话》④中以孔庙的分布为主线，将孔庙在各个朝代的发展演变

---

① 曲英杰：《汉魏鲁城孔庙考》，《史学集刊》1994 年第 1 期。
② 曲英杰：《曲阜孔庙建制考述》，《中华文化论坛》1995 年第 1 期。
③ 曲英杰：《历代京都及地方孔庙考述》，《孔子研究》1996 年第 3 期。
④ 曲英杰：《孔庙史话》，北京：社会科学文献出版社，2011 年。

进行了全面而系统的介绍，兼及历朝历代的祭孔活动和礼仪，并详细介绍了在古代朝鲜、日本、越南等国的孔庙建制及祭孔活动。张晓旭的《中国孔庙研究专辑》①，从孔庙发展历史、称谓类型、建筑文化、匾额文化、人文景观等各个方面对中国孔庙进行了全面阐述，拓宽了研究视角。2004 年范小平的《中国孔庙》②将孔庙建筑的发展历史大体划分为早期的孔庙建筑、孔庙建筑的发展繁荣、清代的孔庙建筑、近现代孔庙建筑四个阶段进行了梳理介绍。同年陈传平主编的《世界孔庙》③第一卷问世，该书在对孔庙发展史简单叙述后，以大量图片资料为主，较为直观、系统地介绍了我国 19 个省市的现存孔庙情况。孔祥林出版了《世界孔子庙研究》④，他积二十七年的考察思考，足迹遍及世界各地的孔庙，终于由全国哲学社会科学规划办公室资助，推荐进入国家哲学社会科学成果文库。该成果是对世界范围内的孔庙进行梳理、研究的学术著作。共分为五编，分别为“中国的孔子庙”“朝鲜半岛的孔子庙”“越南的孔子庙”“日本的孔子庙”“南洋与西方的纪念孔子建筑”。该成果将孔子思想的传播与各国孔庙历史结合起来考察，把对孔庙的研究由历史建筑拓展到规制、奉祀、祭祀等制度层面，并就世界各国孔庙的规制、制度等进行了比较研究。该成果是一项具有开拓意义的研究成果，“在世界孔子庙研究这一领域，本书填补了国内外空白。”⑤但是目前这些孔庙概论的书籍中关于陕西孔庙的很多数据有误，未能全面反映陕西孔庙的全貌。

2. 关于孔庙保护、开发、利用的研究成果

2004 年出版的《中国孔庙保护协会论文集》⑥是这一领域研究的阶段性汇总。除此之外，致力于挖掘地方文庙开发利用价值的文章也不少，如杨华

① 张晓旭：《中国孔庙研究专辑》，《南方文物》2002 年第 4 期。
② 范小平：《中国孔庙》，成都：四川文艺出版社，2004 年。
③ 陈传平：《世界孔庙》，北京：文物出版社，2004 年。
④ 孔祥林等：《世界孔子庙研究》，北京：中央编译出版社，2011 年。
⑤《〈世界孔子庙研究〉简介》，http: //www.npopss-cn.gov.cn/GB/220181/221366/14633966.html（2016-04-24）。
⑥ 孔德平，彭庆涛主编：《中国孔庙保护协会论文集》，北京：文物出版社，2004 年。

的《如何开发利用哈尔滨文庙的几点思考》、范小平的《苏州文庙府学文化旅游资源的开发价值》、李芸的《试论德阳文庙的开放与保护利用》、李世凤等的《云南文庙的保护与开发利用》、李建中的《浅谈资中孔庙的保护与利用》等。近几年开始有大批博士、硕士研究生逐渐关注这一领域，其中博士论文有山东大学柳雯的《中国文庙文化遗产价值及利用研究》(2008年)，其将孔庙纳入文化遗产范畴，对孔庙的文化遗产价值进行了相关研究。硕士论文有山东大学石伟的《济南府学文庙的保护与开发问题探析》(2010年)、吉林大学费雅楠的硕士论文《天津文庙博物馆的保护与利用》(2010年)、兰州大学刘袖瑕的硕士论文《甘肃省孔庙遗存状况研究》(2010年)等。美国路易维尔大学美术系助理教授赖德霖撰写的《新生活运动与曲阜孔庙保护：中国近代文物建筑保护的一个契机初识》[①]，以及孙君恒等撰写的《湖北孔庙的现状和前景》(《第三届世界儒学大会论文集》，2010年9月)也是此一领域新近出现的重要研究成果，而关于陕西孔庙的保护、开发尚待研究。

3. 关于孔庙建筑、园林设计的研究成果

《儒家建筑——文庙》[②]是作者刘新在实地考察全国110多座孔庙的基础上，从建筑的角度来介绍孔庙文化，其目的是想让大家能够看懂孔庙建筑的含义，以及砖瓦木石上蕴含的历史文化和儒家思想。《中国孔庙建筑与环境》[③]从孔庙的发展、类型、分布状况进行梳理和归纳，并结合孔庙文化阐述其历史地位和现代意义，继而从风景园林专业的角度按照空间要素、山水环境、建筑布局、植物配置、道路广场和建筑小品等的分类，由外至内对中国孔庙的择址、建筑空间布局和建筑形制、地形塑造和利用、庭院植物配置、甬道海墁及建筑小品做系统性研究，最后结合国内外孔庙保护利用实例对孔庙的

---

① 赖德霖：《新生活运动与曲阜孔庙保护：中国近代文物建筑保护的一个契机初识》，《建筑创作》2010年第10期。
② 刘新：《儒家建筑——文庙》，北京：中国建筑工业出版社，2013年。
③ 彭蓉：《中国孔庙建筑与环境》，郑州：中州古籍出版社，2011年。

保护和利用提出了建议。《“三孔”（孔庙、孔府、孔林）景观的审美》[①]视“三孔”为一个互为联系的生命体，通过对其景观的审美研究，挖掘其体现的人文内涵和审美思想，萃取出适用于现代城市景观发展的人文思想和审美价值，从而对中国现代城市景观事业予以帮助和启示。其中，关于陕西的专题研究有李铁夫的《韩城孔庙建筑研究》[②]，他根据实地调研，运用多种资料和方法，对韩城孔庙的历史沿革、选址与环境、总体布局、单体建筑及总体建筑特征进行初步探讨，为韩城孔庙的研究保护和可持续发展提供了相关资料和理论。刘二燕的《陕西明清文庙建筑研究》[③]在查阅相关历史资料和文献的基础上，从现状调查入手，对十四处陕西现存明清文庙建筑进行了调研，并通过归纳和比较，总结出陕西现存明清文庙的历史沿革、选址、布局、建筑空间、大木作的特点。白海峰和王如泳的《西安府文庙的择址及其对周围环境的塑造》[④]主要介绍了西安孔庙的择址有择风水和谐之吉地、借城墙以成“万仞”、东南较低以利排水三方面优势；详细介绍了西安孔庙现存照壁、牌坊、泮池、棂星门、华表、碑亭、戟门、两庑等保存至今的明清建筑，并遵循着孔庙固有的建筑格局，形成了一个绿树掩映、古朴典雅的庭院式建筑群。最后他们得出结论，认为西安孔庙不但对周围水体和植被进行了塑造，而且使其周围形成了城市的文教区域，对城市文明发展产生了深远的影响。黄凡的《从韩城文庙的琉璃造型艺术说起》[⑤]一文充分描述了韩城孔庙内各个琉璃壁画的造型、形态及色彩，表现出琉璃壁画所蕴含的传统文化的精髓与造型艺术的精湛，体现了琉璃壁画的艺术感染力和工匠的高超技艺；另外，作者对民用琉璃窑与官琉璃窑进行区分，并着重说明韩城孔庙所用琉璃皆是当时官琉璃窑所生产的供应宫廷的琉璃建材，这更加说明封建王朝统治阶级对孔庙的重视，

---

① 马丽雅：《“三孔”（孔庙、孔府、孔林）景观的审美》，西安：西安建筑科技大学硕士学位论文，2010年。
② 李铁夫：《韩城孔庙建筑研究》，西安：西安建筑科技大学硕士学位论文，2004年。
③ 刘二燕：《陕西明清文庙建筑研究》，西安：西安建筑科技大学硕士学位论文，2009年。
④ 白海峰，王如冰：《西安府文庙的择址及其对周围环境的塑造》，《文博》2010年第1期。
⑤ 黄凡：《从韩城文庙的琉璃造型艺术说起》，《陶瓷科学与艺术》2007年第41期。

同时也表明了统治阶级对孔子的尊崇。

4. 关于孔庙文化与发展

柳雯的《中国孔庙文化遗产价值及利用研究》[①]将孔庙作为一种文化象征和文化符号进行研究，探讨孔庙在以儒家文化为核心的中国传统文化发展史上的重要地位。通过挖掘孔庙的遗产价值，试图建立孔庙文化遗产价值体系，寻找其与当代社会和现实社会的契合点，为更好地发挥其文化遗产对于人类文化传承作用提供理论和现实依据。常小娟等人的《略谈户县文庙明代卧碑的社会功用及相关问题》[②]一文介绍的是 1996 年在户县（今西安市鄠邑区）孔庙明伦堂后檐墙中挖出的一块明代卧碑，通过大量现场真实照片介绍了该卧碑的形状及碑文内容；结合历史、县志阐述了明代洪武年间这一卧碑产生的历史背景和作用，并认为该卧碑对研究明代教育制度、科举制度和官学制度的发展有着重要的参考价值。

5. 关于孔庙礼制与祀制

早期对孔庙祭典进行研究的专著有台湾黄进兴先生的《优入圣域：权利、信仰与正当性》[③]，该文透过繁多芜杂的史料，通过对权利与信仰的交互渗透现象的分析，呈现了孔庙在唐朝之前变化多端的形成过程。之后，中国大陆孔庙祭祀研究日益升温。也有刊物如《文史知识》，开辟专版对孔庙礼典进行介绍。其中刘晓峰先生的《尊师之礼“释奠”在日本——儒家思想影响日本的一个侧面》（2002 年第 6 期）和彭林先生的《祭祀万世师表：释奠礼》（2003 年第 10 期）这两篇文章颇为典形。前文对释奠礼在日本的发展演变情况作了详细的介绍；后文不仅介绍了韩国的释奠礼现状，还对中国释奠礼的形成及发展，包括祭祀体系的构成、祭祀孔子的文化意义都做了全方位的阐述。此后，刘亚伟于 2009 年在山东文艺出版社出版了《远去的历史场景：祀孔大典

---

① 柳雯：《中国孔庙文化遗产价值及利用研究》，济南：山东大学博士学位论文，2008年。
② 常小娟等：《略谈户县文庙明代卧碑的社会功用及相关问题》，《文博》2010 年第 4 期。
③ 黄进兴：《优入圣域：权利、信仰与正当性》，西安：陕西师范大学出版社，1998 年。

与孔庙》一书，这是一本图文并茂、装帧精美的书。该书文笔流畅，可读性极强。曲阜师范大学国际文化交流学院的陈东撰写了《释奠制度与孔子崇拜》[①]一文，对释奠制度作了一番追述。2009年、2010年出现了两篇以祭孔为研究对象的硕士论文，分别是山东师范大学常贵想的《清代前期祀孔研究》和曲阜师范大学房伟的《文庙祀典及其社会功用——以从祀贤儒为中心的考察》，前者独取清代前期的祀孔情况为研究对象，后者则是对孔庙祀典的综合研究，两文都辟专章对祭孔的社会功用进行了论述。新出成果为李申选编的《释奠孔子文献与图说》[②]，前半部分是古代祭孔资料的汇编，后半部分是有关祭孔历史的介绍及图说。董宁喜的《孔庙祭祀研究》[③]从孔庙、享祭者、献祭者、祭品与祭器、祭祀乐舞、祭祀名类与释奠程序等方面对孔庙祭祀进行了较为全面深入的研究，并从礼的角度对祭孔活动这一有机整体进行礼制、礼仪、礼物等方面的综合考察，具有重要的社会意义和现实意义。

6. 关于庙学制度的研究成果

这一领域成就最为突出的是台湾学者高明士先生。他首次将庙学制度中的“庙”与“学”用祭祀空间与教学空间的概念进行论述，并指出二者都具有教育功能[④]。由于其立论极具开拓性，也给后来的研究者带来了深远的影响。中央民族大学2010届博士生田增志的博士论文《文化传承中的教育空间与教育仪式——中国庙学教育之文化阐释与概念拓展》，在继承和运用高明士庙学研究成果的基础上，对庙学制内在的精神实质作了进一步挖掘。另外，张晓旭的《论古代苏州文庙府学的教育成就》[⑤]、胡务的《元代庙学：无法割舍的儒学教育链》[⑥]及于学斌的《孔庙的教育功能试论》[⑦]都对孔庙的教育功能作

① 陈东：《释奠制度与孔子崇拜》，《国际儒学研究》2007年第1期。
② 李申：《释奠孔子文献与图说》，北京：国家图书馆出版社，2012年。
③ 董喜宁：《孔庙祭祀研究》，北京：中国社会科学出版社，2014年。
④ 高明士：《中国中古的教育与学礼》，台北：台湾大学出版中心，2005年。
⑤ 张晓旭：《论古代苏州文庙府学的教育成就》，《南方文物》2002年第4期。
⑥ 胡务：《元代庙学：无法割舍的儒学教育链》，成都：巴蜀书社，2005年。
⑦ 于学斌：《孔庙的教育功能试论》，《哈尔滨学院学报》2008年第9期。

了阐述。

这些关于孔庙的研究大体集中在三个方面：第一，研究角度多样化。从传统的对孔庙发展沿革、祠祀演变等视角扩展到孔庙的保护开发，孔庙的地位、影响等角度。第二，研究对象具体化、细致化。这些文章将孔庙的组成部分，如泮池、大成殿、乡贤祠等从孔庙建筑群体中剥离出来，进行了细致化、具体化的研究。第三，地域性研究和断代性研究增多。研究内容不再局限于国内，对国外一些孔庙也做了详细的调查研究。但是，在这些研究成果中，对陕西地区孔庙的研究仅局限在韩城孔庙、西安孔庙等几个有代表性的孔庙，在对陕西地区所有孔庙的整理归纳上仍有欠缺；另外，这些研究成果中大多论述的都是孔庙的发展、保护及建筑风格方面，对孔庙对当代社会的当代价值提及较少。

三、研究方法与创新点

本书将采取文献资料与实地调研相结合的方法，对陕西的孔庙进行综合性研究。将通过搜集、查阅相关历史文献资料和专业理论，实地考察陕西地区现存的孔庙，并对当地相关人员进行人文调查，进一步丰富自己所掌握的材料。具体方法有：

（1）文献阅读与整理。收集查阅陕西孔庙相关的各类方志、石刻资料和研究资料，将陕西现存孔庙及孔庙遗存的历史、现状及风貌尽可能完整而真实地展示出来。

（2）实地调研访谈。通过实地调研、访谈的形式，对研究对象进行更加深刻及全面的认识。

（3）归纳分析与比较分析。在文献阅读与实地调研的基础上，通过对各个实例的分析，归纳出陕西孔庙历史发展的特点及其文化价值，并与其他地区孔庙的保护、开发利用进行比较，为陕西孔庙的保护、开发、利用提供借鉴。

陕西各地现存孔庙建筑相对较多，但学界目前对于陕西省孔庙的研究多限于古建筑的研究，而这些研究又集中于韩城孔庙和西安府孔庙，而陕西省其余现存孔庙及孔庙遗存的现状却少有研究。有鉴于此，本书对陕西省现存孔庙及遗存进行系统的收集整理，以期反映陕西现存孔庙及孔庙遗存的历史、现状及风貌。陕西孔庙在历史上对当地儒学的传播和文化建设具有积极作用，如何充分利用孔庙的资源，保护和开发孔庙，也是本书的重点研究内容。

本书的创新点在于：第一，通过对陕西地区的各类方志、石刻资料、实地调查资料以及网络资料的研究，将陕西地区现存孔庙及孔庙遗存的历史、现状及风貌尽可能完整而真实地展现出来。第二，将孔庙作为一种文化象征和文化符号进行研究，挖掘这一传统儒学载体的珍贵文化遗产价值，并找出其与现实社会的契合点，使孔庙所具有的文化遗产价值能够在传统与现实的维度上达到统一。

第一章　陕西孔庙的历史发展及形制特征

孔庙，全称“大成至圣先师文宣王庙”，又称夫子庙、文宣王庙，简称孔庙，是祭祀中国古代伟大的思想家、政治家、教育家孔子的场所。作为儒家文化的载体和象征，孔庙不仅体现了儒学在中国传统文化中的主流地位，而且对当代人们的生活方式、精神价值都产生了极其重要的影响。

第一节　陕西孔庙的起源与发展

一、孔庙的起源与历史发展

据《左传·哀公十六年》记载，公元前 478 年，即孔子逝世的第二年，鲁国国君鲁哀公为表达悲痛之情，将曲阜的孔子三间故居辟为收藏孔子生前的衣冠琴车书等的场所，并派兵卒守护，一年四节予以祭祀，建筑规模和内容都非常简朴。这个由孔子故居改成的庙堂，就是中国历史上第一座同时也是影响最大的孔庙——曲阜孔庙。

后由《史记》记载“后世因庙，藏孔子衣冠琴书至汉代二百余年不绝[①]”可知，从春秋战国时期直至汉代，对孔庙的祭祀一直持续着。到了公元前195年12月汉高祖刘邦自淮南经鲁地时，亲自以太牢（猪牛羊三牲）之礼祭祀孔子，开创了帝王祭孔的先河。后汉武帝实行“罢黜百家、独尊儒术”（《汉书·董仲舒传》），从此，儒家学说在中国古代社会开始居于正统地位。东汉永兴元年（153年），汉桓帝下诏命人修建曲阜孔庙并任命孔和为守庙官，这是中国历史上第一次由国家任命孔庙的行政长官。从此，孔庙也由“家庙”转变为“国庙”。

魏晋南北朝时期，汉代儒学一统天下的局面被打破，儒学的发展随着道教的兴起受到了严峻的挑战。但是由于统治者继续重视儒学，儒学的传播并没有中断。太和元年（477年），北魏孝文帝下诏令全国各郡县所有学子均祭祀孔子，从此确立了国家在学校内祭祀孔子的礼制，同时为庙学合一奠定了基础。太和十三年（489年），北魏孝明帝在其首都平城（今山西大同）立“先圣庙”，这是曲阜以外建立的第一座孔庙，同时，也是京城建立的第一座孔庙，大同孔庙的建立表明作为国家行为的修建孔庙已经开始在华夏各地出现。此后，全国各地郡县都开始大力修庙祀孔。

隋唐时期，随着国势逐渐强盛，统治者开始注重文化及礼制建设，全国各地孔庙的建造有了更进一步的发展。乾封元年（666年），唐高宗登上泰山行封禅大礼，在返回长安城途中经由曲阜，亲以太牢之礼祭祀孔子，并追赠孔子为太师。他看到庙宇规模狭小，便诏示重加扩建。开元二十七年（739年）唐玄宗追祀孔子为“文宣王”，孔庙也被称为文宣王庙，简称文庙。到了宋代，由于当时君主对孔子的封祀进一步升级，孔庙在中华大地上也开始大规模建造，据统计，我国现存孔庙中，始建于宋代的约占70%[②]。元大德十一年（1307年），武宗加封孔子为“大成至圣文宣王”，这一封号是孔庙在中国历史中影响最为深远的封号。同时，各地也开始大兴修建孔庙，孔庙在中华大地上遍地开花。

---

①《史记》卷四七《孔子世家》，北京：中华书局，1959年。

② 彭蓉：《中国孔庙建筑与环境》，郑州：中州古籍出版社，2011年，第15页。

明清时期，统治者更加重视祭祀孔庙和修建孔庙的活动，孔庙也得到了进一步的发展，并且形成了其自己的建筑群模式，祭祀孔子的礼仪也逐步规范化。崇德元年（1636年）清皇太极曾下诏“建庙盛京，遣大学士范文程致祭”[①]，这是东北地区的第一座孔庙——沈阳孔庙。顺治二年（1645年），顺治皇帝追祀孔子为“大成至圣文宣先师”；光绪三十二年（1906年），光绪皇帝改孔子之祭由中祀升为大祀，这项举措将祭祀孔庙的规格推到顶峰。清代是中国孔庙发展的鼎盛时期，中国境内现存的孔庙建筑几乎都是经历了清朝大规模的维修、扩建和重修。

鸦片战争以后，随着帝国主义的入侵，以儒学为独尊的命运以及遍布全国的孔庙建筑随着清王朝的结束而日渐衰落。“据曲阜阙里孔府档案的统计，至清末，全国的府、州、县均设有孔庙，数量达1560多处。现存保护完好，或有遗址、遗迹可寻的有近500处。”[②]在各地孔庙的保护利用上，完整或比较完整的孔庙大部分被改做了博物馆，小部分被学校或其他单位占用，只有零星遗存的孔庙处于无人管理的境地。

二、陕西孔庙的历史发展

陕西简称陕或秦，位于我国中部、黄河中游西岸，面积20.58万平方千米，辖西安、铜川、宝鸡、咸阳、渭南、延安、汉中、安康、商洛、榆林10个地级市及杨凌示范区。周成王时将王畿千里之地以陕陌（今河南陕县西南）为界分为东西二部，陕陌以东归周公治理，以西归召公治理，后人因称陕陌以东地区为陕东，以西地区为陕西。元设陕西等处行中书省，治奉元路（今西安市），辖有今陕西全省及甘肃、宁夏东南部和内蒙古部分地区。明洪武二年（1369年）以陕西、甘肃两行省置陕西行省，治西安府（今西安市）。洪武九年（1376年）改为陕西承宣布政使司，至明末领西安、凤翔、汉中、延安、

---

①（清）赵尔巽等：《清史稿》，北京：中华书局，1977年。

② 彭蓉：《中国孔庙建筑与环境》，郑州：中州古籍出版社，2011年，第16页。

庆阳、平凉、巩昌、临洮八府及兴安直隶州，辖有今陕西全省、宁夏全区及甘肃省黄河以南和青海省黄河以南部分地区。清康熙二年（1663 年）分为左右二布政使司，右布政使司治巩昌府（今甘肃陇西），分治甘肃；左布政使司仍治西安府，辖陕西。康熙六年（1667 年）改左布政使司为西安布政使司，康熙八年（1669 年）改为陕西布政使司，至清末，领西安、凤翔、同州、汉中、兴安、延安、榆林七府及乾、鄜、邠、商、绥德五直隶州，辖境相当今陕西全省（图 1-1）。1912 年后仍为陕西省。

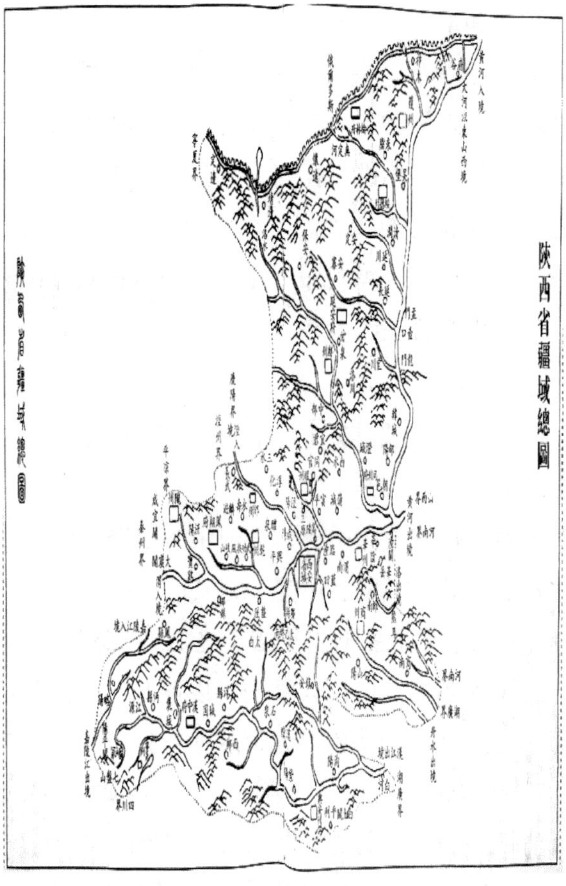

图 1-1　陕西省疆域总图[①]

① （清）毕沅撰，张沛校点：《关中胜迹图志》，西安：三秦出版社，2004 年，第 2 页。

陕西尤其是关中地区，自古乃京畿重镇，炎黄以来五千年文明的根脉在此发育，历史上曾经有 13 个王朝先后在此建都。儒学虽然形成于齐鲁之地，而源头却是西周礼乐文明。汉武帝“独尊儒术”，也正是在长安启动的，汉代儒家经学也是以长安为中心而发动的。隋唐儒学是汉代儒家经学的延伸，其研究和发展的中心也在长安。到宋代，更有大儒张载倡道关中，形成源远流长、影响巨大的关学学派。陕西是儒家学说的源头和儒学发展的重要地区，自古崇儒重教，民风淳朴，耕读传家。陕西作为京畿重地，历代重视儒学的教化，重视孔庙的建设，陕西孔庙始建于北周、唐、宋，兴盛于明代，终于清代末期。

北周大象二年（580 年）周静帝追封孔子为邹国公，并立后承袭，以孔子三十一代孙孔长袭封，食邑一百户，同时还下令“别于京师置庙，以时祭享”（《周书·宣帝纪》），为孔子长孙建立了京师家庙。北周时，在京师长安有两座孔庙，一座是露门学孔子庙，一座是孔子后裔的家庙。[①]这是陕西兴建孔庙之始。

唐统一后，随着政治的稳定和经济生活逐渐恢复，文化建设特别是论证新兴王朝政权的合理性尤为迫切。而汉代以后，儒家学说渐被推崇，学校教育及其礼仪制度建设成为儒家士大夫发挥作用的主要阵地，也是国家文化建设的重要途径。所以武德二年（619 年），李唐王朝刚刚建立，高祖李渊便“令国子学立周公、孔子庙，四时致祭”[②]，明确规定了“庙学合一”的制度。“武德中，诏释奠于太学，以周公为先圣，孔子配享。臣以周公、尼父，俱称圣人。庠序置奠，本缘夫子。故晋宋梁陈及隋大业故事，皆以孔子为先圣，颜回为先师，历代所行，古人通允。伏请停祭周公，升夫子为先圣，以颜回配享。”诏从之[③]。自公元 628 年始，唐朝在国子监中单独祭祀孔子，设立孔庙。于是祭孔活动越来越频繁，而曲阜孔庙远远不能满足各地官吏的这种需

① 孔祥林：《世界孔子庙研究》，北京：中央编译出版社，2011 年，第 44 页。

②《旧唐书》卷 1《高祖本纪》，北京：中华书局，1975 年，第 9 页。

③（宋）王溥：《唐会要》卷 35《褒崇先圣》，上海：上海古籍出版社，1991 年，第 742 页。

要，据《新唐书·礼乐志》载：唐贞观四年（630年），“诏州县学皆作孔子庙”，陕西孔庙的发展就是始于这个时代。唐时的长安不仅在国子监建设奉祀孔子的庙宇，还在皇帝听政和居住的宫城内建了一座孔子庙①。唐代国子监孔庙即为今日西安碑林的前身。临潼孔庙、渭南孔庙、洋县孔庙始建于唐代。

儒家学说在宋代发展成为理学，宋代理学在理论上具有与先秦儒学和汉唐经学不同的内容和特征，这标志着儒家思想的成熟。宋代统治者特别重视对儒学的扶持，宋太祖多次亲谒国子监孔庙，以后每个皇帝都大力提倡尊孔崇儒，发展儒学教育，孔庙也进入大发展时期，各地纷纷修复孔庙。建隆三年（962年），京兆府尹王彦超自出俸银整修长安文宣王庙，在其撰写的《重修文宣王庙记》说：“仲尼之道，揭而行之，与日月以俱悬；仲尼之德，推而广之，与江河而同润。辅相皇王之大业，天纵全能；弥论宇宙之全功，日彰圣绩。”②指出维修孔庙的本意。

元代蒙古贵族入主中原后，倡导程朱道学，实施科举考试，孔子被尊崇为“大成至圣文宣王”，为历代之极。元世祖忽必烈令州县设立孔庙，由此极大地促进了孔庙在陕西的发展，通过中央号令及地方官员的实施等手段导致了官学及其载体孔庙在陕西的传播与分布。陕西韩城孔庙就始建于元代，据《大明一统志》记载，其于洪武四年（1371 年）重修，现存一些建筑仍保持了元代的风格。

明代是关中儒学发展和孔庙建设的兴盛时期，尊孔重儒达到登峰造极的地步，为清代社会进步和孔庙的进一步发展奠定了坚实的基础。陕西现存孔庙大部分都创建于明代洪武年间。另外，还有许多孔庙在洪武年间得到了大规模的修葺。

清代的关中孔庙建筑格局承袭明制，由于各地孔庙建筑的基本功能都已

---

① 孔祥林：《世界孔子庙研究》，北京：中央编译出版社，2011年，第49页。

②（清）王昶：《金石萃编》卷123，西安：陕西人民美术出版社，1990年。

具备，在清代重修或修葺孔庙时，其规格有所扩大，孔庙功能也更完善。光绪三十一年（1905 年）科举制度在中国寿终正寝，与科举制度相关的孔庙也日渐衰落，成为历史的遗迹。

三、陕西孔庙的发展现状

“历史上中国孔庙有一千五百六十多所，根据其性质或类别可以分为三种类型，一是孔氏家庙，二是国庙，三是学庙。”[①]历史上公认的孔氏家庙分别是曲阜家庙和浙江衢州家庙，除这两座家庙外，全国各地还有孔氏后人修建的孔氏家庙，孔氏家庙一般称之为孔庙。陕西商洛市商州区孝义镇王堋村北曾保存着孔氏祠堂，为孔氏后人所修，笔者 2016 年夏季考察时得知，祠堂原为生产队仓库，后疏于管理着于火，今已荡然无存。

作为国庙性质的孔庙，全国只有曲阜孔庙和京师孔庙，它们与“学校”没有关系，是封建帝王、地方官员祭祀孔子的专用庙宇。北魏孝文帝太和十三年（489 年）七月“立孔子庙于京师”(《魏书·高祖记》)，这是首次在京师设庙祭祀孔子，以后历代京师的太学或国子监内均设有孔庙，京师孔庙一般规模很大，规格较高，目前仅存的京师孔庙是北京孔庙。

学庙或称庙学，主要以办学为宗旨，在古代就是将学习儒家经典的学校与祭祀孔子的礼制性“庙”宇相结合的国家行政教育场所和祭孔场所。它由政府教育行政主管部门直接管理[②]，学庙重在“学”字，这些庙就是通常所谓的孔庙。除孔氏家庙和作为国庙的曲阜孔庙、北京孔庙外，其他孔庙都属学庙性质，包括历朝历代的京师太学或国子监，在较大的书院里也设有孔庙。庙学教育的对象是各府、州、县学生员；祭祀对象主要是孔子，还有少数儒家代表人物。庙中有学，学中设庙，庙学合一，这就是“庙学”

① 张晓旭：《历史上孔庙的称谓和类型》，《南方文物》2002 年第 4 期。
② 张晓旭：《历史上孔庙的称谓和类型》，《南方文物》2002 年第 4 期。

的主要特征。《新唐书·礼乐志》载："增其庙度，重师礼也，广其学宫，优生员也。"而"自唐以来，州县莫不有学，则凡学莫不有先圣之庙矣"[①]。从唐代至清末，庙学不分，依据大成殿和明伦堂的位置关系，可以分为左庙右学、右庙左学、前庙后学、庙学分离等几种类型。西安孔庙附设了两座县学，东为咸宁县学，西为府学和长安县学，三学共用一座孔庙，形成一庙三学的独特格局。

西安孔庙最早为唐代国子监孔庙。据《旧唐书》卷二四《礼仪志四》载："武德二年，国子立周公、孔子庙。"北宋崇宁二年（1103年），京兆府文宣王庙被最终迁建于"府城之东南隅"（明朝时西安城东扩，所以宋时说孔庙在府城"东南隅"），"府城之东南隅"即是今日孔庙和碑林所在地。孔庙迁建于此地后，历经金（南宋）、元、明、清、民国就再无颠沛流离，直到今日[②]。

陕西现存孔庙基本都属于学庙性质，多由官府设立，通常最基层的为县孔庙，一县一所，作为国家培养人才的教育场所。这些孔庙一般随各府、州、县名简称某地文庙，如泾阳文庙，有的还称为孔庙，如西安孔庙。在凤翔县城关镇高王寺村昭明堡还保留有一座孔庙，为乡人郑士范道光二十五年（1845年）从贵州平越州知州任上告病辞官回到家乡陕西凤翔昭明堡村后于咸丰九年（1859年）在村里修建。其目的是为了教育后世子孙，要以圣人的法则为根本，勤学力耕，诗书立家，做到正心诚意，致知格物，修身齐家。另外，这几年随着传统文化的复兴，陕西各地民间的善男信女开始修复庙宇佛堂，出现了以佛兴儒的文化现象。在榆林无量寺建设中，于众多庙宇中的偏僻一角，善男信女们单独分出了个小院建设为"孔圣庙"。庙宇不大，由门楼和四周平房围成了一个四合院，院落狭长，在其尽头竖

---

①（元）马端临：《文献通考》卷43《学校考四》，北京：中华书局，2011年。

②《西安碑林：唐代国子监》，http://chinakongmiao.org.cn/templates/T_detail/index.aspx?contentid=1714&nodeid=263&page=ContentPage（2016-09-03）。

立着一尊孔夫子的塑像，塑像前有香炉和功德箱，仅此而已。而在周至县侯家村镇五泉村当地菩萨庙住庙居士李修果四方奔走、广结善缘、募集善款，在各方支持下，历时十年，于 2015 年 8 月建成大成殿一座。孔子一生仰慕周公，直到晚年，还在惦念自己心目中的老师："甚矣！吾衰也！久矣！吾不复梦见周公。"（《论语·述而》），在岐山周公庙景区里近几年修复了座大成殿，专门祭祀和纪念孔子。

据孔祥林统计，"陕西省现在辖区内原有府、州、县、乡学校文庙 94 所，现在还有 32 所文庙有建筑遗存，但保存情况不是太好。"①但据笔者近 3 年的实地考察，陕西省现存孔庙遗存 41 处，另有以佛兴儒新修孔庙两处——周至县侯家村镇五泉村孔庙、榆林无量寺孔庙，镇安孔庙迁建新修一处，岐山周公庙景区 2009 年新修孔庙一处，以上共计 45 处（表 1-1）。这些孔庙遗存中的韩城孔庙、西安孔庙、耀州孔庙、咸阳孔庙、府谷孔庙共 5 处现为国家重点文物保护单位，户县（今鄠邑区）孔庙、佛坪孔庙、兴平孔庙、旬邑孔庙、泾阳孔庙、礼泉孔庙、蒲城孔庙、合阳孔庙、铜川孔庙、华县孔庙、渭南孔庙、富平孔庙、汉中孔庙、城固孔庙、安康孔庙、汉阴孔庙、旬阳孔庙、洛南孔庙 18 处文庙为陕西省文物保护单位，其余列为县级文物保护单位或未受保护。在这其中关中现存最为完整的文庙是韩城孔庙、泾阳孔庙、户县（今鄠邑区）孔庙、蒲城孔庙和耀州孔庙，陕南是旬阳和洛南孔庙，陕北仅为府谷孔庙。令人惋惜的是，虽然改革开放后随着传统文化热和文化自信的不断提高，文物保护也不断加强，然而在 20 世纪 90 年代初，蓝田孔庙、华阴孔庙等被拆除。

表 1-1　陕西孔庙统计表

地区	遗存数	全国重点文物保护单位	陕西省文物保护单位	其他	新修	备注
西安	6	1	2	2	1	蓝田孔庙 20 世纪 90 年代后被拆除，仅存遗址；新修周至五泉村孔庙

① 孔祥林：《世界孔子庙研究》，北京：中央编译出版社，2011 年，第 359 页。

续表

地区	遗存数	全国重点文物保护单位	陕西省文物保护单位	其他	新修	备注
咸阳	8	1	4	3	—	三原孔庙仅存棂星门，乾县孔庙仅存古柏三棵，长武孔庙仅存古柏一棵
渭南	6	1	5	—	—	华阴孔庙 20 世纪 90 年代后被拆除
铜川	2	1	1	—	—	—
宝鸡	4	—	—	3	1	凤翔孔庙仅存《凤翔府重修文庙学宫记》石碑；扶风县 1983 年公布为县级文物保护单位的孔庙石刻现已失踪；千阳县清雍正时期“重修明伦堂碑”1989 年文物普查时公布为县级文物保护单位，现已失踪；凤翔县城关镇高王寺村昭明堡乡村修复大成殿一处；周公庙景区 2009 年修复孔子大成殿一处
汉中	4	—	2	2	—	—
安康	4	—	3	1	—	白河孔庙大成殿于 20 世纪 50 年代改建为县大会场，1972 年移明代文庙石狮子四尊安放于烈士陵园亭前和大门口
商洛	4	—	1	2	1	商州孔庙棂星门迁建为县“烈士陵园”门楼；镇安孔庙仅存古柏 2 棵，2007 年大成殿被搬迁到位于县城新老城区中间的日几山上的绣屏公园
延安	2	—	—	2	—	黄陵孔庙 1986 年孔庙大成殿和戟门移建于轩辕庙西侧原保生宫处，改作文物展室
榆林	5	1		3	1	吴堡孔庙仅存遗址；榆林无量寺新修“孔圣庙”一处
合计	45	5	18	18	4	—

这些孔庙与全国其他地区的孔庙无论在建筑上还是用途上都具有相似性，它们都突出反映了陕西地区当时的建筑制度和文化发展；这些孔庙无论是从建筑上还是文化特征上都是研究陕西古代文化的宝贵资料。图 1-2 和表 1-2 详述陕西孔庙的分布和遗存状况。

图 1-2　陕西孔庙遗存分布图（史煜绘制）

表 1-2　陕西孔庙遗存现状

地区	孔庙名称	地理位置	现存状况	时代	保护级别	备注
西安	西安孔庙	西安市碑林区三学街 15 号	照壁、棂星门、戟门、泮池、太和元气坊、两庑、碑亭等	明	全国重点文物保护单位（1961.3.4）	大成殿 1959 年毁于雷火
	户县（今鄠邑区）孔庙	鄠邑区东街近钟楼处	大成殿、明伦堂、崇圣祠、藏经阁、东西庑	清	陕西省文物保护单位（2003.9.24）	2008 年重修了戟门、棂星门和泮池，整体建筑格局基本保留典型明清建筑风格

续表

地区	孔庙名称	地理位置	现存状况	时代	保护级别	备注
西安	蓝田孔庙	蓝关镇城隍庙巷	无	明	—	20世纪90年代初大成殿被拆除运至蔡文姬纪念馆
	临潼孔庙	临潼区委	无	唐	—	大成殿于1959年移入华清池，建成飞霜殿，后又经重建，已不复原貌
	佛坪孔庙	厚畛子镇老县城村佛坪厅故城	遗址保存完整，部分碑刻及建筑构件尚存	明	陕西省文物保护单位（1992.4.20）	—
	周至县五泉村孔庙	周至侯家村镇五泉村	大成殿	现代	—	2005年新修大成殿，2015年塑像
咸阳	咸阳孔庙	咸阳市中山街53号	大成殿、东西庑	明	全国重点文物保护单位（2006.5.25）	民国初年将原明洪武四年（1371年）所建城隍庙第一道木牌楼迁建于孔庙最南端（原棂星门位置）。1963年将明代咸阳城隍庙的部分建筑拆迁，于原孔庙戟门、明伦堂位置建成现在的一殿和三殿，在明伦堂西侧建成现在的偏院正殿和偏院前的小牌楼
	兴平孔庙	兴平市县门街东路29号	大成殿、东西庑	明	陕西省文物保护单位（1992.4.20）	戟门是在原址上重建的
	旬邑孔庙	咸阳市旬邑县北大街38号	大成殿	清	陕西省文物保护单位（1992.4.20）	孔子及贤士塑像为2006年重建
	泾阳孔庙	泾阳县孔庙街	大成殿、戟门、东西庑	清	陕西省文物保护单位（1992.4.20）	—
	礼泉孔庙	礼泉县县城内中山街	大成殿、戟门、崇圣祠、东西庑	清	陕西省文物保护单位（2003.9.24）	—
	三原孔庙	原址在南大街县府巷东南角，现三原县公安局办公楼处	木牌坊	清	—	仅存门前木牌坊一座，1982年搬迁到城东南中王堡文峰木塔文管所门前
	乾县孔庙	乾县师范学校院内	古柏三棵	明	县级文物保护单位	—

续表

地区	孔庙名称	地理位置	现存状况	时代	保护级别	备注
咸阳	长武孔庙	长武中学院内	明柏一棵	明	—	—
渭南	韩城孔庙	韩城市老城东学巷	总体院落保持完整	明	全国重点文物保护单位（2001.6.25）	—
	蒲城孔庙	蒲城县红旗街 1 号	六龙壁、棂星门、戟门、明伦堂、崇圣祠	明	陕西省文物保护单位（1992.4.20）	大成殿于 1976 年因火灾被毁，现在的大成殿是 2005 年重新迁建的
	合阳孔庙	合阳县城中心东大街中段	大成殿、明伦堂、尊经阁、两庑	明	陕西省文物保护单位（1992.4.20）	—
	华县（今华州区）孔庙	县城东北角少华中学西侧	大成殿、东西庑	明	陕西省文物保护单位（2008.9.16）	—
	渭南孔庙	渭南市临渭区老城街北侧 95 号	大成殿	明	陕西省文物保护单位（2003.9.24）	—
	富平孔庙	富平县老城正街	大成殿、东西庑、泮池	明	陕西省文物保护单位（2014.6.90）	—
铜川	耀州孔庙	铜川市耀州区学古巷	棂星门、戟门、大成殿、东西庑	明	全国重点文物保护单位（2001.6.25）	耀州孔庙大成殿被文物界的专家和学者誉为“西北第一殿”
	铜川孔庙	铜川市印台区第一中学校园内	大成殿	清	陕西省文物保护单位（2003.9.24）	—
宝鸡	扶风孔庙	扶风县博物馆	文庙石刻	明清	县级文物保护单位（1983.10.26）	现已失踪
	凤县孔庙	凤县凤州镇凤州村	大成殿	清	县级文物保护单位（1984.11.27）	—
	千阳孔庙	千阳县面粉厂院内	重修明伦堂碑	清	县级文物保护单位（1989.12. 7）	现已失踪
	凤翔孔庙	凤翔博物馆	仅存《凤翔府重修文庙学宫记》石碑	—	—	—
	凤翔昭明堡孔庙	凤翔县城关镇高王寺村昭明堡	大成殿	清	—	—

续表

地区	孔庙名称	地理位置	现存状况	时代	保护级别	备注
宝鸡	岐山周公庙孔庙	岐山周公庙	大成殿	现代	—	—
汉中	汉中孔庙	位于汉中市天汉大道南段，汉中市政府院内	存有棂星门、泮池、大成殿等建筑，及记录孔庙维修的相关碑刻	明	陕西省重点文物保护单位（2014）	—
	城固孔庙	位于城固师范附小院内	仅存大成殿正在维修	清	陕西省第五批文物保护单位（2008.9.16）	—
	洋县孔庙	位于现洋县中学校内	现存大成殿等	唐	县级文物保护单位（1994）	—
	西乡孔庙	位于县城关镇西大街县委驻地	遗存有照壁、泮池等	明	县级文物保护单位（1985）	—
安康	汉阴孔庙	位于汉阴县城内民主街70号，县初级中学院内	遗存有大成殿、泮池及相关碑刻	明	陕西省第五批文物保护单位（2008）	—
	安康孔庙	位于安康新城东北角，紧邻市第一小学	现有修复后的大成殿和在遗址上重建戟门、东西厢庑等	元至清	陕西省第四批文物保护单位（2003.9.24）	安康孔庙为当时州庙中规模最大、级别最高、影响最远的孔庙
	旬阳孔庙	位于县博物馆内	为保存较为完整的孔庙基本建制古建群，历代多有修葺，还遗存有相关碑刻	明	陕西省重点文物保护单位（1992）	—
	白河孔庙	白河县政府院内	—	—	—	大成殿于20世纪50年代改建为县大会场；1972年移明代文庙石狮子四尊安放于烈士陵园亭前和大门口
商洛	洛南孔庙	位于县博物馆所在地	有棂星门、大成殿等孔庙基本建制古建群	明	陕西省重点文物保护单位（1992.4.20）	有“陕南第一文庙”之誉
	商州孔庙	旧址位于今莲湖公园	旧址已他用，其棂星门迁建为县“烈士陵园”门楼	明	陕西省重点烈士纪念建筑物保护单位（1988）	孔庙旧址在中华人民共和国成立后一度被用作监狱看守所，并毁于“文化大革命”

续表

地区	孔庙名称	地理位置	现存状况	时代	保护级别	备注
商洛	镇安孔庙	县城后街城关粮站院内	—	明	县级文物保护单位（1983）	原址仅存两棵古柏
		镇安县绣屏公园东侧	新修大成殿、魁星楼等	现代	—	—
延安	黄陵孔庙	轩辕庙西侧原保生宫处	戟门、大成殿	明	—	1986年孔庙大成殿和戟门移建于轩辕庙西侧原保生宫处，大成殿现为文物展室，戟门为书画展室
	洛川孔庙	洛川县委党校内	大成殿	清	县级文物保护单位（1989）	—
榆林	府谷孔庙	府谷县府谷镇城内村府州古城内	内有棂星门、泮池、状元桥、戟门、大成殿及两庑、假山、喷泉、明伦堂、崇圣祠、文昌阁、古戏台、六角凉亭等建筑多处	五代至清	全国重点文物保护单位（2001.6.25）	榆林地区规模最大、保存最好的一座孔庙
	绥德孔庙	绥德职业中学院内	五龙壁、尊经阁	金	县级文物保护单位（1982.12.27）	—
	米脂孔庙	米脂古城东街小学院内	大成殿、状元阁及碑刻	明	县级文物保护单位（1984.8）	—
	吴堡孔庙	吴堡县城里村下街西边	仅存遗址	明清	全国重点文物保护单位（2006.5.25）	遗址保存完整
	榆林孔庙	莲花池北	门楼、平房、孔子立像	现代	—	新建

第二节　陕西孔庙的形制特征

虽然《新唐书·礼乐志》载，自唐贞观四年（630年）“诏州县学皆作孔子庙”，以后历代也不断下令修建孔庙，但是关于孔庙的形制历代一直没有明文规定。明清时期孔庙形制基本定型，“文庙建筑的大致分布，从南到北沿中轴线依次为万仞宫墙，宫墙两侧开礼门仪路或圣域贤关侧门；然后是泮池、棂星门和大成门，大成门两侧建有乡贤、名宦祠，有时和大成门连在一起，有时为分开的建筑；走过大成门，院子东西两边分别为东庑和西庑；上了月台便走进了文庙的中心大成殿；转到大成殿后面，便是崇圣祠。[①]”大成殿是孔庙的核心建筑，由于地方孔庙都是“庙学合一”的教化场所，即所谓的“庙有学，所以传道也”，所以一般还有明伦堂（实施儒家教化的大讲堂）、尊经阁（存放儒家经典的图书馆）和魁星楼（祭祀魁星的楼阁，魁星是中国神话传说中主宰文章兴衰的神，在儒士学子心目中，魁星具有至高无上的地位）等教学建筑。

一、孔庙的形制特征

孔庙的整个建筑群无论是从建筑形制还是布局上来讲都深受儒家思想的影响。整个建筑均衡对称，中轴线对称，横轴线平行，将孔庙分为前导、主体和后部三个部分（前导部分包括照壁、泮池、棂星门等；主体部分包括大成门大成殿以及两庑等；后部主要有启圣祠、崇圣祠、家庙等）。从整体建筑方面来说，孔庙采用古代传统的宫庑式建筑形式，成功地运用了传统的庭院组合与环境烘托相结合的表现手法，渲染了孔子在学术上、教育上的卓越贡献和在古代社会中崇高的地位，是中国古代建筑群中别具一格的建筑形制。

自唐以来，各地孔庙均以曲阜孔庙组群为基本模式，所有建筑格局都不能超过其建筑式样，其礼制必须低于曲阜孔庙。目前，曲阜孔庙作为孔子家庙享有孔庙九进院落的最高规格礼制，州府孔庙一般按照七间的规格，县级孔庙一般按照五间的规格或七间或三间。府州县孔庙大成殿的开间一般不会超过七间[②]。府孔庙其盖瓦为琉璃瓦，县孔庙为琉璃瓦或青铜瓦，一般依据其地方经济实力和地方官员对儒家文化的重视程度决定其大成殿建筑的规模。三进院落，是地方孔庙比较普遍的礼制。一般由万仞宫墙至大成门为第一进院落，大成门至大成殿为第二进院落，大成殿至崇圣祠为第三进院落。九进院落，完

---

① 刘新：《儒家建筑——文庙》，北京：中国建筑工业出版社，2013 年，第 50 页。

② 孔昭斌：《文庙建筑规制及功能》，http://blog.sina.com.cn/s/blog_5f01d5c90100slqm.html（2014-07-04）。

全享受国家的规格，目前全国现存孔庙中仅有山东曲阜孔庙有此规格（图 1-3）。第一院落为棂星门至圣时门；第二院落为圣时门至璧水桥；第三院落为璧水桥至弘道门；第四院落为弘道门至大中门；第五院落为大中门至奎文阁；第六院落为奎文阁至大成门；第七院落为西路启圣门至启圣殿，然后到圣王寝殿；第八院落为东路承圣门至崇圣祠至家庙；第九院落为寝殿至圣迹殿。

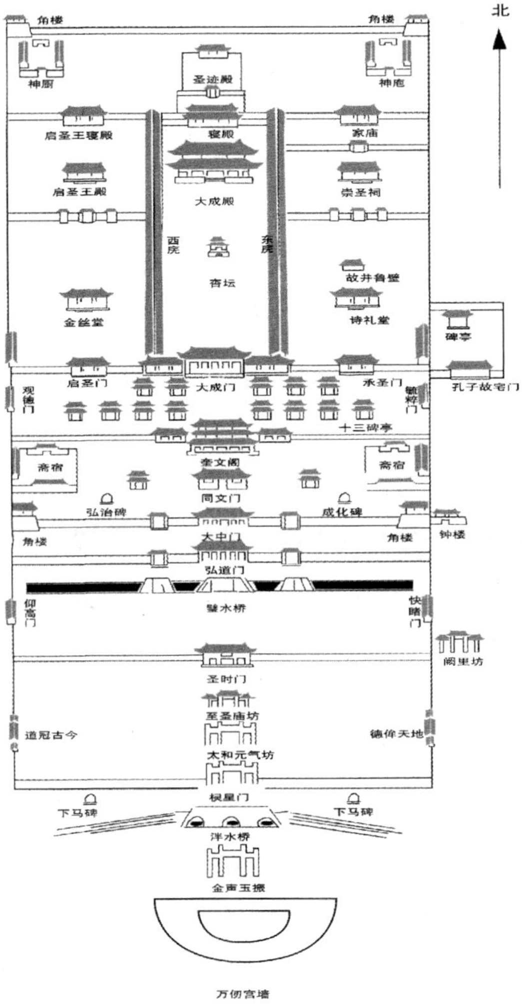

图 1-3　曲阜孔庙总平面图[①]

① 孔昭斌：《文庙建筑规制及功能》，http://blog.sina.com.cn/s/blog_5f01d5c90100slqm.html（2014-07-04）。

二、陕西孔庙建筑类型

中国建筑史学家刘致平在《中国建筑类型及结构》①一书中简要地叙述了中国古代建筑的发展，分别介绍了中国古代城市、住宅、园林、陵墓、坛庙、寺院等各类建筑的历史沿革、布局特点及艺术特色。他将中国古典建筑的“单座建筑”分为五大类：楼阁，宫室殿堂，亭、廊、轩、斋、馆、舫，门、阙，桥。孔庙建筑包含了这几种类型，现将陕西孔庙主体建筑介绍如下。

1. 影壁

也称照壁，古称萧墙，是中国传统建筑中用于遮挡视线的墙壁。影壁可位于大门内，也可位于大门外，前者称为内影壁，后者称为外影壁。形状有一字形、八字形等，通常是由砖砌成，由座、身、顶三部分组成，座有须弥座，也有简单的无座。墙身的中心区域称为影壁心，通常由 45 度角斜放的方砖贴砌而成，简单一点的影壁可能没有什么装饰，但也必须磨砖对缝非常整齐，豪华的影壁通常装饰有很多吉祥图样的砖雕。孔庙影壁没有统一的礼制规定，所以形制各式各样。影壁在明代开始建造，清代开始普及。孔庙的影壁一般位于庙门前，陕西孔庙现有 9 座影壁遗存：西安孔庙（图 1-4）、韩城孔庙、洛南孔庙（图 1-5）、蒲城孔庙、旬阳孔庙（图 1-6）、府谷孔庙（图 1-7）、西乡孔庙（图 1-8、图 1-9）、佛坪孔庙（图 1-10）。它们都在庙门前，绥德孔庙五龙壁（图 1-11）以前被迁到扶苏墓前，2016 年孔庙重修，被迁回到孔庙院内。近几年，凤县（图 1-12）、泾阳（图 1-13）在修复孔庙时新修了影壁，故陕西共有孔庙影壁 11 座。

---

① 刘致平：《中国建筑类型及结构》，北京：建筑工程出版社，1957 年。

图 1-4　西安孔庙影壁

图 1-5　洛南孔庙影壁

图 1-6　旬阳孔庙影壁

图 1-7　府谷孔庙影壁

图 1-8　西乡孔庙影壁

图 1-9　“鲤鱼跃龙门”石雕

图 1-10　佛坪孔庙影壁

图 1-11　绥德孔庙五龙壁（钱亚军摄）

图 1-12　凤县孔庙新修的影壁图

图 1-13　泾阳孔庙大门外新修的影壁

韩城孔庙盘龙照壁（图 1-14），为琉璃五龙壁，长十七米，高四点二米，雕刻精美，形体生动，龙有出水腾空之势。此系明万历年间修建，五龙壁的两旁，有砖刻的鲤鱼戏浪（图 1-15），合起来看有“龙鱼河图”之意。

图 1-14　韩城孔庙盘龙照壁

图 1-15　“鲤鱼戏浪”砖雕

蒲城孔庙六龙壁（图 1-16），是孔庙的照壁。建于明万历四十四年（1616 年），距今近四百年，比北海九龙壁早 140 年。壁正面为“六龙泳舞图”（图 1-17），分三组塑金龙六条，游于碧波之中。背面（图 1-18）塑三组“龙狮舞蹈图”（图 1-19），代表和谐、升平的景象。左右两组对称，上为二龙戏珠，下为双狮戏舞。中间一组正中为一团龙图；两侧对称从上至下分列人物、凤凰和麒麟。照壁整体所塑龙狮、人物，色彩绚丽，栩栩如生。这个照壁最大的特点在于它的壁身两旁建有石牌坊，这种建造格式在全国是独此一处。在这两座牌坊的坊额上面书写有“文章祖”“帝王师”两块匾额，是时任山西巡抚的蒲城人樊东谟所题，意在赞扬孔子是文章的师祖、帝王的老师。在石牌坊下面有两扇石门，每扇中间各有方孔九个，人称“石门九眼”。

图 1-16　蒲城六龙壁正面

图 1-17　六龙泳舞图

图 1-18　六龙壁背面

图 1-19　龙狮舞蹈图

2. 万仞宫墙

曲阜明故城正南门也叫仰圣门，上面镌刻着“万仞宫墙”四个苍劲有力的朱红大字。其名称起源于《论语·子张》：“叔孙武叔语大夫于朝曰：‘子贡贤于仲尼。’子服景伯以告子贡。子贡曰：‘譬之宫墙，赐之墙也及肩，窥见室家之好。夫子之墙数仞，不得其门而入，不见宗庙之美，百官之富。得其门者或寡矣。夫子之云，不亦宜乎！’”后因称师门为“宫墙”。古时七尺或八尺叫作一仞，后人觉得“夫子之墙数仞”不足以表达出对孔子的敬仰，于是明胡攒宗题写了“万仞宫墙”镶在仰圣门上。清乾隆皇帝为表示对孔子的尊崇，又换上了自己御笔书写的“万仞宫墙”四个大字。万仞宫墙其建筑功能和影壁相同，但是有着深刻而不同的文化含义，作为孔庙标志性建筑之一的万仞宫墙，指的是孔庙最南的红色外围墙，通常与围墙合而为一，成了真正的宫墙。一般地方孔庙南围墙作为万仞宫墙，南围墙中间部位比围墙突出部分的照壁，照壁上有一些繁简不一的雕刻，墙的正立面书写“万仞宫墙”或“宫墙万仞”。韩城孔庙、洛南孔庙、西安孔庙、旬阳孔庙照壁和宫墙合而为一，高大厚实，体现了“万仞宫墙”的文化含义，而凤县新修的照壁由于没有和南围墙合而为一，所以题名为“万仞宫墙”是不恰当的。

3. 下马碑

孔庙门前的下马碑是昔日皇家设立的谕令碑，一般刻立在孔庙前的东西两侧，用以彰显道尊于势，文化统摄政治。古代君主以儒学治国，而以尊师为第一要义。《礼记·学记》：“师严然后道尊，道尊然后民知敬学。是故君之所不臣于其臣者二：当其为尸，则弗臣也；当其为师，则弗臣也。大学之礼，虽诏于天子，无北面，所以尊师也。”下马碑最初始立于金明昌二年（1191 年），金章宗诏令孔子庙前置下马碑，刻文为“文武官员军民人等至此驻骄下马”，是一种显示古代等级礼仪的标志。明宪宗成化十六年（1480 年）明宪宗下诏要求在全国各地文庙正门的东西分别设立下马碑，规定文武官员在两个下马碑之间必须步行通过，锣鼓仪仗须息偃以示尊孔，使得孔庙享受“王”的待遇。清康熙二十九年（1690 年）国家再次重申：“文庙前左右竖下马碑，一应文武官员军民人等在此下马。”但是由于没有统一规定，所以各地的下马碑文字并不一样。根据大清律例，不遵守规定者还会被处以“笞（鞭打）五十”的刑罚。下马碑代表着对文化的尊重。陕西现有孔庙下马碑 6 座：泾阳孔庙（图 1-20）、安康孔庙（图 1-21）、吴堡孔庙（图 1-22）、韩城孔庙（图 1-23）、洋县孔庙（图 1-24）、耀州孔庙（图 1-25）。

图 1-20　泾阳孔庙下马碑（史煜摄）

图 1-21　安康孔庙下马碑

图 1-22　吴堡孔庙下马碑

图 1-23　韩城孔庙下马碑

图 1-24　洋县孔庙下马碑

图 1-25　耀州孔庙下马碑

4. 泮池和泮桥

“泮池”又称“泮宫”，是位于孔庙大成门正前方的半月形水池，意即“泮宫之池”，它是地方官学的标志。泮池是孔庙特有的型制，源自周礼，《礼记 · 王制》载：“天子曰辟雍，诸侯曰泮宫。”《五经通义》曰：“诸侯不得观四方，故缺东以南，半天子之学，故曰泮宫。”泮，春秋鲁之水名，做宫其上，故曰泮宫。宫成而僖公饮酒于宫，诗人张大其词，即《诗 · 鲁颂》之《泮水》。至《礼 · 明堂位》乃有周学有頖宫之说，頖宫即泮宫。汉文帝命博士撰《王制》，遂谓天子之学有辟雍，诸侯之学有泮宫。自是以后，说经者皆以泮宫为学宫。科举时代称生员入学为入泮，本此。[①]泮水发源于泰山西北谷，东南流经泰安县，又东南流入大汶河。古泮水从曲阜孔庙东南不远处流过，留存下来的泮水称为“古泮池”，为东西长南北短的矩形水池。受鲁国泮水的影响，北宋后地方孔庙开始兴建泮池，意为“天子立辟雍何?辟雍所以行礼乐，宣德化也。辟者，璧也，象璧圆，以法天也。雍者，雍之以水，象教化流行也。……诸侯曰泮宫者，半于天子宫也。明尊卑有差，所化少也。半者，象璜也。”[②]随着儒家独尊地位的确立和传播，泮水与泮宫，逐渐成为教育和文化传承的象征和代名词。开始修建的泮池依“古泮池”是方形的，位置多在明伦堂前。明朝时孔庙中的泮池开始规范和普及，形状呈半圆形，形如半璧，取玉璧之半之意称为泮池。一般位于棂星门和大成门之间，泮池上一般有石桥，或拱或平、或三座三洞、或单座多洞不等，被称为泮桥。民间称为状元桥，如果三桥并立，两侧即为探花和榜眼所走的桥。陕西现保留 5 处孔庙泮池：西安孔庙（图 1-26）、韩城孔庙（图 1-27）、蒲城孔庙（图 1-28）、汉中府孔庙（图 1-29）、西乡孔庙（图 1-30）。近几年，各地修复 7 处孔庙泮池：户县（今鄠邑区）孔庙（图 1-31）、泾阳孔庙（图 1-32）、礼泉孔庙（图 1-33）、富平孔庙（图 1-34）、府谷孔庙（图 1-35）、旬阳孔庙（图 1-36）和汉阴孔庙（图 1-37）。

---

① 商务印书馆编辑部编：《辞源》，北京：商务印书馆，1988 年，第 943 页。
②（清）陈立撰：《白虎通疏证》，吕则虞点校，北京：中华书局，1994 年。

图 1-26　西安孔庙泮池

图 1-27　韩城孔庙泮池

图 1-28　蒲城孔庙泮池

图 1-29　汉中孔庙泮池

图 1-30　西乡孔庙泮池

陕西各地现存孔庙泮池，形状大多为半圆形，其中蒲城孔庙的泮池为椭圆形，规模也没有规律可循，泮池上通常会设一桥，有单孔、 双孔、三孔之分，桥的材料也是砖石不一。

图 1-31　户县（今鄠邑区）孔庙新修泮池

图 1-32　泾阳孔庙新修泮池

图 1-33　礼泉孔庙新修泮池

图 1-34　富平孔庙新修泮池

图 1-35　府谷孔庙新修泮池

图 1-36　旬阳孔庙新修泮池

图 1-37　汉阴孔庙新修泮池

近年来新修的几处孔庙泮池几乎都是石质材料砌成，半圆形，单拱石桥，位置在棂星门北，符合传统型制和规范。但泾阳孔庙泮池为长方形，三座单拱石桥并立；汉阴孔庙也为长方形，位置紧挨大成殿；而旬阳孔庙只能看作是个鱼坛水池而已，而且处于大成门和大成殿之间，位置也不对，还不能看作是泮池，这些都不符合传统泮池的型制和规范。

5. 棂星门

棂星门是进入孔庙的第一座门，是孔庙的标志建筑之一，是孔庙中轴线上的牌楼式木质、石质或木石质建筑。棂星门最早用于大型的庙坛祭祀建筑，“棂星”即灵星，又名天田星，主农事。古代以壬辰日祀于东南，取祈年报功之义。《史记·孝武本纪》：“上乃下诏曰：‘天旱，意乾封乎？其令天下尊祠灵星焉。’”《通典·礼四》：“周制，仲秋之月，祭灵星于国之东南。”古祭灵星以后稷配食，故又为后稷之代称。《后汉书·祭祀志下》：“汉兴八年，有言周兴而邑立后稷之祀，于是高帝令天下立灵星祠。言祠后稷而谓之灵星者，以后稷又配食星也。”灵星为后稷之代名。宋仁宗赵祯于“天圣六年，始筑外，周以短垣，置棂星门”。[①]在祭天的“郊台”设置“灵星门”，因门系石头打造，门上装有窗棂，为区别“灵星”，所以写成“棂星门”。由于儒学地位在传统社会越来越高，祭孔与祭天一样重要，所以据清代袁枚考证棂星门移入孔庙是在宋景定年间（1260—1264年），“圣庙立灵星门”。[②]“后以汉灵星祈年与孔庙无涉，又见门形为窗灵，遂改为棂。”[③]在宋代，棂星门又称“乌头门”，孔庙修棂星门，象征祭孔如同尊天。后来人们又将棂星解释为天镇星、文曲星、魁星。古人认为“天镇星主得士之庆，其精下为灵星之神”，以棂星命名孔庙大门，象征着孔子可与天上施行教化、广育英才的天镇星相比，又意味着天下文人学士汇集于此，统一于儒学的门下。

明代孔庙中设棂星门成为规制，石牌楼棂星门发展到后来，在建造材料及构造方面都发生了一些变化。有的棂星门为石木结构，有的则是全石结构，

---

①《宋史·礼志二》，北京：中华书局，1977年。

②（宋）周应合：《景定建康志》，南京：南京出版社，2009年。

③（清）麦板：《随园诗话》，杭州：浙江古籍出版社，2011年。

有的省去窗棂，有的设置栅栏，等同于门扇。因此，棂星门与牌坊在构造上没有本质区别，唯名称不同而已。棂星门的形式在孔庙发展中不断演变，其规格有九门、七门、五门、三门之别；按屋顶形制可分为房屋式和牌坊式，其特征是冲天石柱状，庄重大方。现在孔庙中“欞星門”三个字，大多临摹清朝乾隆皇帝所书。“靈”字原本有“巫”的，因乾隆帝认为“子不语怪力乱神”而去掉“巫”写作“欞”。陕西孔庙现保留棂星门 12 处：西安府孔庙（图 1-38）、咸阳孔庙、礼泉孔庙、三原孔庙（图 1-39）、韩城孔庙（图 1-40）、蒲城孔庙、耀州孔庙、汉中孔庙、旬阳孔庙、洛南孔庙、商州孔庙（图 1-41）、府谷孔庙。近几年新修 5 处：户县（今鄠邑区）孔庙（图 1-42）、兴平孔庙、泾阳孔庙、富平孔庙（图 1-43）、洋县孔庙。一共 17 处孔庙棂星门。

图 1-38　西安孔庙棂星门

图 1-39　三原孔庙棂星门

图 1-40　韩城孔庙棂星门

图 1-41　商州孔庙棂星门

图 1-42　户县（今鄠邑区）孔庙新修棂星门

图 1-43　富平孔庙新修棂星门

6. 大成门

大成门原称仪门，北宋崇宁三年（1104 年）因大成殿而得名为大成门，是通往大成殿的正门。大成门和大成殿有着一样的意思，即突出孔子学问思想方面的“集大成”。大成门又称戟门，戟是古代的三叉兵器，在唐代，三品官以上人家才能在屋顶设有戟的装饰。北宋建隆三年（962 年），诏孔庙门口立 16 戟，用正一品。大观四年（1110 年），增加到 24 戟，威仪等同于皇帝。大成门有三门，为表示对圣庙的礼敬，遇有重大仪典才开启中门，平日均以两腋出入。大成门呈朱红色，每组扇门按照皇宫礼制共有 108 颗门钉，左右各 54 颗，因为 9 是阳数之极，9 的倍数 108 更是礼制中的最高者，以此表示孔庙建筑规制之高。大成门在建筑规制上通常比大成殿稍低，面阔五间、三间居多，屋顶形式和色彩一般与大成殿保持一致，屋面以单檐歇山、悬山为多。陕西孔庙现有大成门 12 处：西安孔庙（图 1-44）、户县（今鄠邑区）孔庙（图 1-45）、泾阳孔庙、礼泉孔庙、韩城孔庙（图 1-46）、蒲城孔庙（图 1-47）、耀州孔庙、府谷孔庙（图 1-48）、米脂孔庙、旬阳孔庙、洛南孔庙和黄陵孔庙。其中黄陵文庙移作他用，安康孔庙新修大成门（图 1-49），一共 13 座大成门。这些大成门保存完整，一般面阔三间，户县（今鄠邑区）孔庙的大成门是五间开的。

图 1-44　西安孔庙

图 1-45　户县（今鄠邑区）孔庙戟门

图 1-46　韩城孔庙戟门

图 1-47　蒲城孔庙戟门

图 1-48　府谷孔庙戟门

图 1-49　安康孔庙戟门

7. 大成殿

大成殿是孔庙的主体建筑，是祭祀孔子和四配、十二哲的正殿。唐开元二十七年（739年）唐玄宗下诏追谥孔子为文宣王，因此孔庙被称为文宣王殿。北宋崇宁三年（1104年）宋徽宗到太学谒孔子，下诏将文宣王殿改为“大成殿”，并亲书其匾。“大成”二字，出自《孟子·万章下》“孔子之谓集大成者”一语。何谓大成？古代称古乐一变为一成，九变为九成，至九成而乐终称为大成。引申出来的含义为集中前人的成就形成完整体系的学说叫集大成。孟子赞颂孔子达到了集古圣先贤之大成的至高境界。“大成”是后人对孔子最崇高的评价。大成殿因孔庙级别的不同而规格有所不同，有三开间、五开间、七开间和九开间四种规格。三开间比较少见，一般来说，县级孔庙面阔五开间；州、府级孔庙面阔七间；九开间的有曲阜孔庙、北京孔庙等为最高规格。除曲阜孔庙、北京孔庙大成殿为重檐庑殿顶外，其他多为重檐歇山顶，极少数为硬山顶。目前陕西各地现存的明清孔庙大成殿多为五间开，但也有三间开、五间开，其规格大约在10米左右。大成殿的屋顶，大都为单檐歇山顶，唯有西安孔庙大成殿规格等级最高，面阔九间，进深五间，但惜于20世纪50年代毁于火灾[①]（图1-50）。目前保存较好的大成殿有韩城孔庙（图1-51）、礼泉孔庙（图1-52）、咸阳孔庙（图1-53）、兴平孔庙（图1-54）、泾阳孔庙（图1-55）、府谷孔庙（图1-56）等，而礼泉孔庙大成殿屋顶为硬山顶，型制等级较低。而为全国同类之最的曲阜孔庙大成殿，面阔45.78米，进深24.89米，殿内地面至正脊上皮高24.8米。相比之下，陕西各地的孔庙大成殿等级偏低。陕西现有孔庙大成殿29座，其中周至侯家村镇五泉村（图1-57）、岐山周公庙、榆林无量寺3处为新修大成殿，临潼、黄陵移做他用。

① 赵立瀛:《陕西古建筑》，西安：陕西人民出版社，1992年，第253页。

图 1-50 西安孔庙大成殿①

图 1-51 韩城孔庙大成殿

图 1-52 礼泉孔庙大成殿

①（日）关野贞:《支那文化史迹图版》第九辑，东京：法藏馆，1941 年，第 5 页。

图 1-53　咸阳孔庙大成殿

图 1-54　兴平孔庙大成殿

图 1-55　泾阳孔庙大成殿

图 1-56 府谷孔庙大成殿

图 1-57 周至县侯家村镇五泉村孔庙大成殿

8. 大成殿月台

台基是中国建筑中必有的部分，也是中国建筑的一个特征。为了平衡古建筑高大的殿堂，台基前会建有宽敞的月台，既扩大了殿堂的活动空间，又突出了殿堂的庄重感。大成殿前的月台，又称露台、佾台、拜台，是专门祭孔表演乐舞的地方。大成殿月台的台基、台阶、御路丹陛、围栏等，往往是古代石雕艺术品的集中展现。大成殿规模形式没有定制，但其长度不会超过殿身的通长，做法多为青砖墁地，月台顶面与大成殿地面有高差，高差一般为一到两个踏步，这是为了防止雨水倒灌入大成殿中。月台的形式是在正南、正东、正西三面都设有台阶，其中正南方向台阶的等级、规模都比正东、正西的高。望柱、栏板、地袱比例无定式，望柱多为方形、圆形。月台有双层和单层两种形式，双层月台等级高于单层月台。目前保存较好的大成殿月台有：府谷孔庙（图 1-58）、泾阳孔庙（图 1-59）、咸阳孔庙（图 1-60）、安康孔庙（图 1-61）、旬阳孔庙（图 1-62）、耀州孔庙（图 1-63）。

图 1-58　府谷孔庙大成殿月台

图 1-59　泾阳孔庙大成殿月台

图 1-60 咸阳孔庙大成殿月台

图 1-61 安康孔庙大成殿月台

图 1-62 旬阳孔庙大成殿月台

图 1-63　耀州孔庙大成殿月台

9. 大成殿东西两庑

大成殿的东西两庑是位于大成门与大成殿之间东西两侧的厢房，两庑与大成殿、大成门一起形成围合空间。两庑是用来供奉祭祀历代先贤先儒塑像或牌位的地方，在孔庙中，第一等从祀者是颜回、曾参、孔伋和孟轲四圣，第二等从祀者为十二哲，第三等从祀者就是历代先贤先儒。先贤者以明道修德为主，先儒者以传经授业为主。孔庙祭祀的先儒是因阐发儒学而有为之人物，历代先儒配享孔庙始于唐太宗，先贤从祀始于唐玄宗。历代先贤先儒随着时代发展不断增减，真正确定先贤先儒名单是从清朝开始的，乾隆十八年（1753 年），东西庑从祀的先贤为 77 人（东庑 39 人、西庑 38 人），先儒为 46 人（东庑 23 人、西庑 23 人），而到民国八年（1919 年）曲阜孔庙东西庑从祀的先贤为 79 人（东庑 40 人、西庑 39 人），先儒为 77 人（东庑 39 人、西庑 38 人），总计 156 人[①]。两庑一般为悬山或硬山顶，面阔通常为单数，但曲阜孔庙东西庑面阔各 28 间，北京孔庙各 19 间，地方孔庙两庑为 5、7、9、11 间不等。陕西各地现存明清孔庙大成殿的东西两庑多为 5—9 间，有的达到了 12 间；户县（今鄠邑区）孔庙、兴平孔庙、礼泉孔庙、耀州孔庙（图 1-64）、咸阳孔庙大成殿东西两庑都为 7 间，西安孔庙大成殿东西廊庑为 11 间（图 1-65），泾阳孔庙（图 1-66）和蒲城孔庙大成殿东西廊庑（图 1-67）为 12 间。

① 刘新：《儒家建筑——文庙》，北京：中国建筑工业出版社，2013 年，第 162 页。

图 1-64　耀州孔庙东西庑

图 1-65　西安孔庙东西庑

图 1-66　泾阳孔庙东西庑

图 1-67　蒲城孔庙东西庑

10. 崇圣祠

崇圣祠奉祀孔子五代祖先，并以四配之父及宋代理学家周、张、程、宋、蔡之父配享从祀。唐开元二十七年（739 年）命以孔子弟子从祀，颜无繇、颜回父子与曾皙、曾参父子均从祀孔庙，但颜回位列十哲，塑像坐于堂上，曾参因孝道可崇，塑像坐于十哲之后，而颜无繇、曾皙因事迹不突出只能画像于墙上。父以子贵，从宋代起就受到一些人的指责。明嘉靖九年（1530 年），朝廷采纳张璁的建议，命国学及天下学校均建启圣公祠，主祭孔子之父叔梁纥，并以颜回之父颜无繇、曾参之父曾点、孔伋之父孔鲤、孟轲之父孟孙激配享，程颢、程颐之父程向，朱熹之父朱松，蔡沈之父蔡元定从祀，明万历二十三年（1595 年）又增加周敦颐之父周辅成从祀。清雍正元年（1723 年），世宗追封孔子祖先五代王爵，命将启圣祠改称崇圣祠以奉祀，所以崇圣祠就成为祭祀孔子祖先的场所。崇圣祠一般位于孔庙大成殿之北或东北角，建筑式样各地有所不同，屋顶单檐居多，规制较大成殿低。陕西现存崇圣祠 4 座：府谷孔庙（图 1-68）、蒲城孔庙（图 1-69）、礼泉孔庙（图 1-70）、户县（今鄠邑区）孔庙（图 1-71），凤县孔庙近年恢复重建了崇圣祠（图 1-72、图 1-73），一共有 5 座崇圣祠。

图 1-68　府谷孔庙崇圣祠

图 1-69　蒲城孔庙崇圣祠

图 1-70　礼泉孔庙崇圣祠

图 1-71　户县（今鄠邑区）孔庙启圣祠

图 1-72　凤县孔庙崇圣祠

图 1-73　凤县孔庙崇圣祠孔子五代祖画像

三、陕西孔庙学宫建筑

“学宫”一词在西周时期已经出现，与后世经常使用的“辟雍”一词意义相同，是周天子设立的大学，专门教授皇子和贵族子弟的场所。孔庙建制后，“学宫”的意思发生了转变，开始泛指官学，即历代王朝的地方官办学校，尤其指明清之际府、州、县的地方官办学校。孔庙的特点是庙学合一，孔庙成为学校的信仰中心，学校成为孔庙的存在依据，这种合二为一的庙学亦称“孔庙”。大成殿是孔庙的核心建筑，明伦堂是学宫的主要建筑。地方学宫的建筑形制并无严格规定，一般明伦堂居中，前部左右设东厢房和西厢房，堂后为尊经阁或藏书楼，堂前设儒学门和仪门两道。另外还建有斋舍、儒学署、教谕廨、魁星阁、文昌宫、教授厅、敬一亭、射圃亭或观德亭等建筑，其建筑位置在文庙或学宫中并不固定。

1. 明伦堂

明伦堂是孔庙中“学”的核心空间。从明伦堂开始，孔庙从祭祀空间转入学习空间。明伦堂是学宫的主体建筑，是学官视事和生员集会听讲的场所。“明伦”出自《孟子·滕文公上》：“夏曰校，殷曰序，周曰庠，学则三代共之，皆所以明人伦也。”明伦堂与大成殿的位置形成的庙学建筑群平面布局主要有四种：左庙右学、右庙左学、前庙后学、中庙旁学。地方学宫受古代行政级别的限制，有面阔七间、五间、三间的不同，府州学明伦堂七、五、三间不等，而县学明伦堂一般为三间，建筑式样为单檐、硬山顶。明伦堂前多设露台，用来宣讲大课，听讲众人立于庭院之中，而日常的授课在明伦堂正堂进行。陕西孔庙明伦堂尚存有 5 座：蒲城孔庙（图 1-74）、韩城孔庙（图 1-75）、合阳孔庙（图 1-76）、户县（今鄠邑区）孔庙（图 1-77）、府谷孔庙（图 1-78），均为前庙后学格局。

图 1-74　蒲城孔庙明伦堂

图 1-75　韩城孔庙明伦堂

图 1-76　合阳孔庙明伦堂

图 1-77　户县（今鄠邑区）孔庙明伦堂

图 1-78 府谷孔庙明伦堂

2. 尊经阁

为藏书之所，用以贮藏儒家重要经典及百家子史诸书，是古代学校的图书馆，以供学宫生员博览经籍，阅读研求。尊经阁一般位于孔庙主轴线的末端，一般都为楼阁式建筑，建筑层数 2—3 层不等，一般建造的比较大气，成为孔庙大成殿后又一标志性建筑。陕西孔庙目前现存尊经阁 4 座：鄠邑孔庙（图 1-79）、韩城孔庙（图 1-80）、合阳孔庙（图 1-81）、绥德孔庙（图 1-82）。鄠邑孔庙尊经阁将尊经阁与崇圣祠合为同一座楼阁建筑，楼下为崇圣祠，

楼上为尊经阁。韩城孔庙和合阳孔庙的尊经阁保存都比较完整，韩城孔庙尊经阁建于明弘治十三年（1550 年），建在高 3.61 米的砖砌高台之上，高二层，面阔三间，进深两间，底层四周回廊，屋顶为重檐歇山顶。合阳孔庙尊经阁建于明万历三十八年（1610 年），歇山顶，面阔三间，进深两间，立面为三层。

图 1-79 户县（今鄠邑区）孔庙尊经阁（楼上）

图 1-80　韩城孔庙尊经阁

图 1-81　合阳孔庙尊经阁

图 1-82　绥德孔庙尊经阁（钱亚军摄）

3. 敬一亭

敬一亭的修建始于明朝。明嘉靖五年（1526 年），明世宗作《敬一箴》，许国子监建敬一亭，勒石以藏。嘉靖七年（1528 年）诏令各地方孔庙加以镌刻，其主要目的是安放明世宗御制《敬一箴》、程颐所作《视听言动四箴》、范浚所作《心箴》的石刻，作为师生和士人的规诫和座右铭。陕西孔庙中，敬一亭现已无存。但在一些史料中，仍有敬一亭的记载。据清光绪《绥德州志》载："敬一亭三间在明伦堂后，壁刻前明嘉靖敬一箴，左右壁刻程子四勿箴。亭后正北尊经阁，有阁下正窑三孔，东厢窑三孔为学正宅，西厢房五间为学正书房。"[①]2016 年绥德文庙在修复中，维修了尊经阁，重修了敬一亭（图 1-83），也是目前陕西唯一一处敬一亭。

图 1-83　绥德孔庙敬一亭（钱亚军摄）

4. 文昌阁和魁星楼

文昌阁和魁星楼是孔庙学宫的主要附属建筑，但不一定建在孔庙里面，有可能建在孔庙周边或县城东南角风水宝地。文昌原是天上六星之总称，《史记·天官书》载："北斗之上有六星，合称为文昌宫，掌人间文运。"六星各有星名，称上将、次将、贵相、司命、司中、司禄。《明史·礼志》称："梓

① 光绪《绥德州志》卷四《学宫》，光绪三十一年（1905 年）刊本。

潼帝君者，姓张名亚子，居蜀七曲山，仕晋战殁，人为立庙。”张亚子即蜀人张育，东晋宁康二年（374 年）自称蜀王，起义抗击前秦苻坚时战死。后人为纪念张育，即于梓潼郡七曲山建祠，尊奉其为雷泽龙王。后张育祠与同山之梓潼神亚子祠合称，张育即传称张亚子。唐安史之乱时，玄宗入蜀，途经七曲山，有感于张亚子英烈，遂追封其为左丞相，并重加祭祀。唐僖宗避乱入蜀时，经七曲山又亲祀梓潼神，封张亚子为济顺王，并亲解佩剑献神。宋朝帝王也多有敕封。元仁宗延佑三年（1316 年）敕封张亚子为“辅元开化文昌司禄宏仁帝君”，简称为文昌君，梓潼神与文昌神合为一神。据《文昌帝君阴骘文》称，文昌帝君曾七十三次化生人间，世为士大夫，为官清廉，从未酷民性烈，同秋霜白日之不可侵犯。“济人之难，救人之急，悯人之孤，容人之过，广行阴骘，上格苍穹”。因此，天帝命文昌帝君掌天曹桂籍文昌之事。凡世间之乡举里选，大比制科，服色禄秩，封赠奏予，乃至二府进退等等，都归文昌帝君管理。明朝一度诏令“天下学宫皆立文昌祠”[①]。但后来却认为“文昌六星与之无涉，宜敕罢免，其祠在天下学校者俱令拆毁”。但是，士子百姓是实用主义者。既然文昌帝君主管功名利禄，对自己有利就要奉祀。要考功名，文昌祠庙一定要建。所以，到清代，“文昌之祀，遍天下矣”[②]。文昌祠庙不像学宫，一县只准建一所，修在县府。而文昌阁、文昌宫或文昌祠多由地方上所建，不在孔庙内修，而可以建在孔庙附近或城里文运风水佳地的东面或东南面，甚至乡村也可以建文昌祠庙。元明以后，随着科举制度的规模化和制度化，对于文昌帝君的奉祀也逐渐普遍。甚至“嘉庆六年谕：京师地安门外，旧有明成化年间所建文昌帝君庙宇，久经倾圮，碑记尚存。特命敬谨重修，见已落成，规模聿焕。朕本日虔申展谒，行九叩礼。敬思文昌帝君主持文运，福国佑民，崇正教，辟邪说，灵迹最著，

①（明）曹安：《谰言长语》，《丛书集成初编》，北京：中华书局，1991 年。

②（清）陈其元：《庸闲斋笔记》卷六“文昌为淫祠”条，《笔记小说大观》，扬州：江苏广陵古籍刻印社，1983 年。

海内崇奉，与关圣大帝相同，允宜列入祀典”①。各地都建有文昌宫、文昌阁或文昌祠，其中以四川梓潼县七曲山的文昌宫规模最大。一些乡间书院和私塾也都供奉文昌神像或神位，其间虽时有兴废，但因文章司命，贵贱所系，所以一直奉祀不衰。旧时每年二月初三日为文昌帝君神诞之日，官府和当地文人学士都要到供奉文昌帝君的庙宇奉祀，或吟诗作文，举行文昌会。韩城孔庙文昌阁（图 1-84）建在南门内西侧，府谷孔庙文昌阁（图 1-85）建在大成殿东北侧，而吴堡文昌阁（图 1-86）建在孔庙外古城的南侧。

图 1-84　韩城孔庙南门内西侧的文昌阁

图 1-85　府谷孔庙文昌阁

①（清）刘锦藻：《清朝续文献通考 · 群祀考》，杭州：浙江古籍出版社，1988 年。

图 1-86　吴堡古城文昌阁遗址

魁星，又称奎星。究其源，与古代奎宿崇拜有密切的关系。奎宿为星官的名称，为二十八宿之一，是西方白虎七宿中的第一宿，古人认为他是主管文运的神，遂对其加以崇拜。清代学者顾炎武《日知录》卷三十二说："今人所奉魁星，不知始自何年，以奎为文之府，故立庙祀之。乃不能像奎，而改奎为魁。又不能像魁，而取之字形，为鬼举足而起其斗。不知奎为北方玄武七宿之一，魁为北斗之第一星，所主不同，而二字之音亦异。"①略见自奎而魁的缘由。东汉纬书《孝经援神契》中有"奎主文章"之说，后世附会为神，建魁星楼并塑神像以崇祀之，视为主文章兴衰之神，科举考试则奉为主中式之神，并改"奎星"为"魁星"。传说魁星面目狰狞，金身青面，赤发环眼，上头还有两只角，脚踩在海中的一条大鳌鱼的头部，意为"独占鳌头"。每逢考试时魁星便右手握一支大毛笔，左手捧一斗四处巡视，据说斗里是众考生的姓名，如果有幸被魁星那支笔点中者就可以金榜题名、独占鳌头，其祠庙就是魁星阁或魁星楼。文庙里的魁星阁始修于南宋，一般位于地方文庙的东南角，如咸宁县学魁星阁（图 1-87）；位于墙外的居多，一般为两到三层，屋顶为六角、八角的攒尖顶，如旬阳旗杆山文星塔（图 1-88）、旬阳灵岩寺文星塔（图 1-89）；也有的孔庙利用城墙东南角的角楼作为魁星楼，如咸宁县学魁星楼（图 1-90）、汉阴文峰塔（图 1-91），近年镇安文庙新修了魁星楼（图 1-92）。

---

①（清）顾炎武：《日知录集释》卷 32，上海：上海古籍出版社，2006 年。

图 1-87　咸宁县学魁星阁

图 1-88　旬阳旗杆山文星塔

图 1-89　旬阳灵岩寺文星塔

图 1-90　咸宁县学魁星楼

图 1-91　汉阴文峰塔

图 1-92　镇安孔庙魁星楼

第二章　西安地区孔庙

西安地处关中平原中部，北濒渭河，南依秦岭，八水润长安。截至 2017 年年底，西安市辖新城、碑林、莲湖、雁塔、灞桥、未央、阎良、临潼、长安、高陵、鄠邑 11 个区和蓝田、周至 2 个县。西安地区现有孔庙遗存 5 处，新修 1 处（表 2-1）。

表 2-1　西安地区孔庙遗存保存现状

序号	名称	地理位置	现存状况	时代	保护级别	备注
1	西安府孔庙	西安市碑林区三学街 15 号	照壁、棂星门、戟门、泮池、太和元气坊、两庑、碑亭等	明	全国重点文物保护单位（1961.3.4）	大成殿 1959 年毁于雷火
2	户县（今鄠邑区）孔庙	鄠邑区东街近钟楼处	大成殿、明伦堂、崇圣祠、藏经阁、东西庑	清	陕西省文物保护单位（2003.9.24）	2008 年重修了戟门、棂星门和泮池，整体建筑格局基本保留典型明清建筑风格
3	蓝田孔庙	蓝关镇城隍庙巷	无	明	—	20 世纪 90 年代初大成殿被拆除运至蔡文姬纪念馆
4	临潼孔庙	临潼区东大街临潼区委	无	唐	—	大成殿于 1959 年移入华清池，建成飞霜殿，后又经重建，已不复原貌
5	佛坪孔庙	厚畛子镇老县城村佛坪厅故城	遗址保存完整，部分碑刻及建筑构件尚存	明	陕西省文物保护单位（1992.4.20）	—
6	周至县五泉村文庙	周至侯家村镇五泉村	大成殿	现代	—	2005 年新修大成殿，2015 年塑像

第一节　西安孔庙

一、历史沿革

西安孔庙在西安市碑林区文昌门内三学街15号，现为西安碑林博物馆的一部分。据《旧唐书·儒学上》载："贞观二年，停以周公为先圣、始立孔子庙堂于国学。"即自公元628年始，唐朝在国子监中单独祭祀孔子，设立孔庙。唐朝国子监位于长安城外郭城之务本坊（务本坊在今西安城南关正街与文艺路之间的北半部，国子监在该坊西部，占半坊之地）。唐朝末年，唐室衰微，军阀连年混战。天祐元年（904年），朱温胁迫昭宗迁都洛阳，任韩建为佑国军节度使，镇守长安，为便于防守，韩建放弃了原外廓城与宫城，以原皇城城垣为基础，缩建了长安城，于是国子监所在的务本坊便成了城外。据西安碑林现存宋太祖建隆三年（962年）立的《重修文宣王庙记碑》（图2-1）载："昔唐之季也，大盗寻戈，权臣窃命。地维绝纽，八銮迁胁于东周，天邑成墟，三辅悉奔于南雍。天祐甲子岁，太尉许国□公时为居守，才务葺修，遂移太学并石经于此。"这里的"太尉许国□公"，是太尉许国韩公，即韩建。太学实即文庙，"移太学并石经"，即将孔庙和石经迁置于新城之内。迁置地点据北宋元祐五年（1090年）《京兆府学新移石经记》碑载："尚书省之西隅（今西安市北广济街）也。"即使到了宋代，京兆府城的文宣王庙依然被民间称作"国子监"。据北宋大中祥符二年（1009年）的《大宋永兴军新修玄圣文宣王庙大门记》（图2-2）载："是军，古京邑也；斯庙，古国学也……故地虽易，旧名尚存，是以民到于今或以监名呼之。"当代学者路远据元人骆天骧《类编长安志·石刻》中《宋京兆府移文宣王庙记》碑推定北宋元丰三年（1080年）或在此前不久，京兆府有过一次迁移孔庙之举。吕大防将孔庙由原"唐尚书省之西隅”迁至“府城之坤维”。[①]“坤维”指西南方，其地不可考。又据北宋元祐五年（1090年）《京兆府学新移石经记》载：北宋元祐二年（1087年），时任陕西转运副使的吕大忠将唐石经“徙置于府学之北墉”。据碑林现藏金正隆二年（1157年）《京兆府重修府学记》在追述京兆府学沿革时说：“京兆旧学，在府城之坤维，地非亢爽。前宋崇宁二年，命郡县建学，以宾兴贤能，府帅枢密直学士虞公策承命诣学，谓诸生曰：‘鲁修泮宫，有思乐泮水，薄采其芹之颂，是知泮水以育人才也。今府城之东南隅，水易就下，地且文明，欲改卜其处可乎？’诸生怡然曰：‘诺’。乃范湖州规制，经营建立，庙学之成，总五百楹，宏模廓度，伟冠一时。”而随之迁置的还有唐石经，自此，历经金、元、明、清诸代，府学、孔庙和碑林便同在一处，一直在现址未动。“府城之东南隅”，因明朝时西安城东扩，所以宋时说孔庙在府城“东南隅”，“府城之东南隅”即是今日孔庙和碑林所在地。

图2-1　《重修文宣王庙记碑》

① 路远：《西安碑林初创时期若干问题的再探讨》，《文博》1995年第3期。

图 2-2 《大宋永兴军新修玄圣文宣王庙大门记》

清雍正《敕修陕西通志》载："文庙在府治东南，建自宋，元至元中廉希宪修，明正统间知府孙仁益增拓之。"①明"成化间巡抚马文升，嘉靖间巡抚王尧封，万历癸巳长安令沈听之、咸宁令李得中先后增修。"②以上可见，西安孔庙始自唐长安国子监孔庙，历经五代、宋叠迁至今址，称为京兆府孔庙，明清后称为西安府孔庙。明以前，碑林一直依附于孔庙，明代始有"碑林"之名，清中叶后才固定下来。然而，随着近代以来孔庙的衰落，而碑林经金、元、明、清、民国历代的维修及增建，规模不断扩大，藏石日益增多，孔庙日渐隐没于碑林之中，1944 年在西安孔庙古建筑群基础上建立陕西省博物馆，馆区由孔庙、碑林、石刻艺术室三部分组成。1973 年，周恩来总理来陕西视察时，有感于陕西丰富的文物资源和已有博物馆小而简陋的状况，提出应在

① 雍正《陕西通志》卷 28《祠祀一》，上海：上海古籍出版社，1987 年四库全书本。
② 乾隆《西安府志》，西安：三秦出版社，2011 年，第 344 页。

陕西建一座新博物馆的指示。陕西省历史博物馆于 1983 年筹建，馆址位于大雁塔的西北侧，1991 年 6 月 20 日落成正式对外开放，其中绝大多数藏品是前陕西省博物馆移交的。1991 年，原陕西省博物馆一分为二，石质文物以外的其他历史文物移往陕西历史博物馆，旧址更名为西安碑林博物馆，成为一座以收藏、陈列和研究历代碑石、墓志及石刻艺术的专题博物馆。1961 年 3 月 4 日“西安碑林”被国务院公布为全国第一批重点文物保护单位。

二、形制与总体布局

唐时国子监孔庙坐落在国子监一进大门的一个独立院落里。从西安碑林的唐虞世南《孔子庙堂碑》中可以得知唐时国子监孔庙的盛况：“万雉斯建，百堵皆兴，揆日占星，式规大壮，凤甍鶱其特起，龙桷俨以临空。”唐士子到孔庙，祭祀先圣，“至于仲春令序，时和景淑，皎洁璧池，圆流若镜，青葱槐市，摠翠成帷。清涤元酒，致敬于兹日；合舞释菜，无绝于终古。”北宋崇宁二年（1103 年），虞策又将孔庙、府学由“府城之坤维”迁至孔庙现址后，后代虽不断维修或重建其中建筑，但府学在孔庙之西，碑林在孔庙之北这种基本格局未变。据西安碑林现藏明成化十一年（1475 年）年《重修西安府学文庙记》云：“扩其旧址，首建大成殿七间，崇四丈有五、深五丈，袤九丈有二。两庑各三十间，崇深视殿半之，袤且数倍。次作戟门，又次棂星门，又次文昌祠，七贤祠、神厨、斋宿房、泮池……。”加之明万历二十年（1592 年）增建的“太和元气坊”及清代构建的七座碑亭，基本上构成了今日西安孔庙的建筑格局。地方官又以“僻从县治，去庙甚远，师生望朔艰于行礼”为由，又将附郭的长安、咸宁二县学迁于此地，从而最终形成孔庙岿然居中，“三学”和碑林三面环绕的格局，也是今天孔庙所在地“三学街”的来历（图 2-3）。据清雍正《陕西通志》载：孔庙“正殿七间，两庑各十七间，庑南为厨舍，东西各二间；前为仪门，稍南为碑亭二，两司府县官厅东西相向；又南为宰牲所，前为棂星门，门前为泮池，跨以石桥，万历庚子巡按李思孝建，桥前为太和元气坊，左右碑亭二，永寿王府中尉惟焬建。坊前为屏，东西二坊曰贤关曰圣域，庙左为启圣祠。”[①]乾隆时仍继续其格局：“前有坊，内为棂星门，次戟门，次两庑，各十七间，中大成殿，殿内恭悬本朝康熙二十三年十月御书‘万世师表’额，雍正四年三月御书‘生民未有’额。咸宁学之东为崇圣祠。”[②]

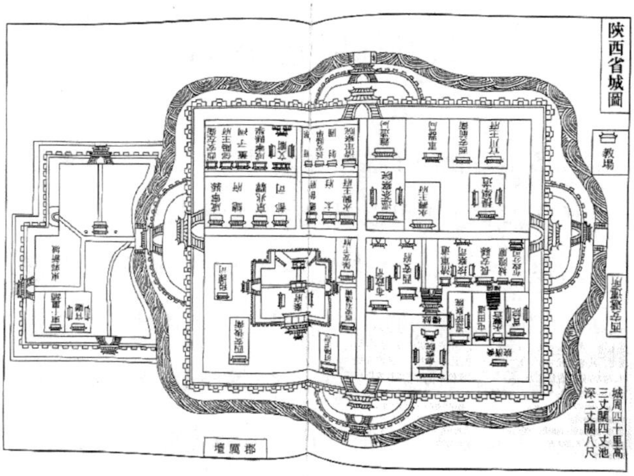

图 2-3　陕西省城图[③]

三、现存状况

（一）西安孔庙现存状况

西安孔庙现为西安碑林博物馆的一部分，基本保持明清时的格局（图 2-4）。其中孔庙最主要的建筑大成殿，是一座宏伟的明代庑殿式建筑，可惜

① 雍正《陕西通志》卷 28《祠祀一》，上海：上海古籍出版社，1987 年四库全书本。
② 乾隆《西安府志》，西安：三秦出版社，2011 年，第 344 页。
③（明）马理等纂，董健桥等校注：《陕西通志》，西安：三秦出版社，2006 年，第 250 页。

于 1959 年毁于雷火。贯穿于中轴线上的孔庙其他建筑如两庑、戟门、棂星门、泮水桥、太和元气坊、碑亭等建筑至今还保存完好。其中的戟门面阔三间，进深两间，单檐歇山顶，上铺绿色琉璃瓦，仍保持着明代建筑的显著特征。

图 2-4　1955 年的陕西省博物馆全景[①]

西安孔庙坐北朝南，紧靠西安南城墙，与南城墙仅隔一条三学街。最南端是一座清末民初建立的巨大影壁，壁南外侧正中镌刻着硕大楷书“孔庙”二字，为当时的文人刘晖书写。影壁内侧墙面镌刻的是花卉，简洁明了（图 2-5）。

图 2-5　西安孔庙影壁

---

① 罗小幸：《西安府文庙的旧影新貌》，http://mp.weixin.qq.com/s?_biz=MzA5MzUzNzA5MQ%3D%3D&idx=3&mid=2649995254&sn=216a7cf4d6eae353a6e42149dfd568ee（2017-04-18）。

紧靠影壁的是太和元气坊（图 2-6），这是一座明代的木制牌楼，牌楼正柱、辅柱、戗柱一应俱全；斗拱层见叠出，飞檐翘首向上。牌楼用 12 根红木柱支撑，三层棋形斗檐式木质结构。据万历四十二年（1614 年）刻立的《秦贤宗建文庙坊亭记》碑载：“万历二十年秦府永寿王府辅国中尉讳惟拗用金四百余两所成也。”“太和元气”即天地间的正气、祥和之气，能养育天地万物。这里指孔子思想体现了整个人类思想最精华、最高贵的一面，如同天地生育万物一般，能使人类思想到达一种至高无上的境地。按照当时的礼制规定，进入孔庙应先经过“太和元气坊”，但因为“太和元气坊”的南面是城墙，不便人们出入，所以清代时便给西安孔庙加了围墙，东西两侧开门以便出入，东门为义路，西门为礼门。

图 2-6　太和元气坊

过了太和元气坊，有个半圆形的池子，就是“泮池”（图 2-7）。古时候凡是新入学的学生都要在当地官员的带领下，登桥跨过泮池，进入大成殿礼拜先师孔子，然后到儒学署拜见教官，这个入学仪式称为“入泮”。“泮池”最早建于元代，后几经修葺。泮池的栏杆上，有金元时期的圆形残损雕柱，也有明清时期的方形云绕石柱，更有近代维修完好的龙柱。泮池上有桥，叫泮水桥（图 2-8），为古时学宫之桥。

图 2-7　泮池

图 2-8　泮桥

泮池的北面就是棂星门（图 2-9），在元代时棂星门有两道门，到了清代则改为三道门。棂星门正门上额书写“孔庙”，东侧门上额书写“德配天地”，西侧门上额书写“道冠古今”。三门之顶上均有一对石质瑞兽麒麟，麒麟相向仰望于中间的火焰形石质门顶。进出这三个门有严格的规矩，每到祭孔大典时，中门只能进出主祭人员或最高官员；一般官员走西门；东门供下层人员出入。

图 2-9　棂星门

穿过棂星门是孔庙的第一进院落，道路的两旁各立有两个八棱形的石柱，它叫“华表”，是明清时期建筑。华表分柱头、柱身、柱基三个部分。柱头上设有承露盘，上边蹲着的动物叫犼，俗称为望天吼、朝天吼，传说是龙王的儿子，有守望习惯，常立于华表和房顶。华表柱顶之蹬龙（即朝天吼）对天咆哮，被视为上传天意，下达民情。两侧建造有厢房，东廊房是名宦祠（图2-10），西廊房是乡贤祠（图2-11），现为西安碑林博物馆的展厅。

图2-10　华表和名宦祠

图2-11　华表和乡贤祠

第一进院落的尽头是戟门（图2-12），又称仪门、大成门，这座门建于明代，屋顶为十字歇山顶[①]，面开三间，中间为大门，两边对称各有一配室，供祭孔大典的文武官员整理衣冠、熟悉仪规之用。

① 十字歇山顶：即两个歇山顶正交所形成的屋顶；歇山顶，中国常见古建筑屋顶的构造方式之一，由前后两个大坡檐、两侧两个小坡檐及两个垂直的等腰三角形墙面组成。

图 2-12　戟门

戟门之内为孔庙第二进院落，戟门与大成殿中间的道路两侧，有两排对称的古建筑群，叫东西两庑（图 2-13），在孔庙中是用来供奉孔子的 72 个弟子的塑像，现在是博物馆的临时展厅。

图 2-13　东西庑

在院落长长甬道两侧建筑有金碧辉煌的六座碑亭（图 2-14），东西各三座。这些碑亭建于清朝，每座碑亭里都有一座巨大的碑石，它们均为满汉两种文字合刻，是康熙、雍正、乾隆三位皇帝亲自为平定朔漠、大小金川、青海、回部、准噶尔等西北地区的叛乱所书写的纪功碑石，由于是皇帝的御碑，所以按等级规定每个碑都加盖碑亭。北京国子监孔庙内建有同样碑亭，只不过比西安孔庙碑亭大一倍以上，所立碑石也更高。这些亭子在两侧是对称的，唯第一进院还有一座，原因是建到这里时，清王朝已经衰败，所以一共有 7 座清代建筑的碑亭。

图 2-14 清代碑亭

第二进院落的尽头就是孔庙最主要的建筑大成殿，原先是一座宏伟的明代庑殿式建筑，1959 年 9 月 13 日下午，大成殿遭到雷火，整个大成殿被焚毁，仅存留下台基。20 世纪 80 年代，西安市政府将台址和殿址拆除，建立了今天的碑林广场（图 2-15）。2004 年，碑林广场用青石铺地，刻画展示出原大成殿柱础的位置和大成殿的范围。现在，只能通过今人在遗址青石地板上所标示出的大殿柱础分布图，想象当年大成殿是如何的雄伟壮观、雕饰富丽。大成殿被毁，台基被拆，成为西安孔庙在建筑方面的最大损失，也使西安孔庙失去了灵魂，日渐隐没于西安碑林之中了。

图 2-15 碑林广场

关野贞（1868—1935 年），日本的建筑史家、东京大学教授，致力于文化遗产的保存而为人所知，曾数度来华考察中国古建筑、汉画像石、石窟寺及文化史迹。1906 年他来到陕西，对西安孔庙和碑林进行了细致的考察，拍摄了大量的照片，并绘制有平面图、碑石的位置，收入其著的《支那文化史迹》第九辑一书。从《支那文化史迹》所存图片中可以看到当时的大成殿面阔七间，重檐庑殿顶，为典型的明代建筑（图 2-16）。

图 2-16　日本关野贞 1906 年拍摄的孔庙大成殿照片[①]

1956 年陕西省博物馆正在举办治理黄河展览，大成殿是展览的第一展室，殿外“圣人出、河水清”六个大字格外醒目（图 2-17）。陕西省博物馆早期摄影师俞邵逸拍摄了这张大成殿照片。

图 2-17　俞邵逸 1956 年拍摄的大成殿照片[②]

①（日）关野贞：《支那文化史迹图版》第九辑，东京：法藏馆，1941 年，第 5 页。

② 罗小幸：《西安府文庙的旧影新貌》，http://mp.weixin.qq.com/s?_biz=MzA5MzUzNzA5MQ%3D%3D&idx=3&mid=2649995254&sn=216a7cf4d6eae353a6e42149dfd568ee（2017-04-18）。

虽然大殿化为云烟，但大殿内的圣人贤徒像以及成套祭孔礼器文物，部分还侥幸保存完好。如今，在西安碑林博物馆文物仓库里，还保存劫火余生的五尊孔门贤徒楠木坐像，各坐像都有一人来高，方脸阔耳，浓眉大眼，头戴冠帽，身着锦袍，神情肃穆，气质儒雅。大成殿遗物中，还有一套严遵仪礼而铸造的祭孔青铜礼器，存放于秘库，为清朝雍正二年（1724 年），川陕总督年羹尧量西北物力，为西安孔庙续补的一套精美绝伦的完整祭祀礼器。祭器有豆、簋、钟、鼎、勺、盘等，总计数十件，还有可放置供品的香案奇迹般火中逃生。香案长 7 米，楠木制成。①现西安碑林还保存有清雍正十二年（1734 年），清果亲王允礼绘《至圣先师像》（图 2-18），崇圣祠今为碑林区少年宫（图 2-19）。

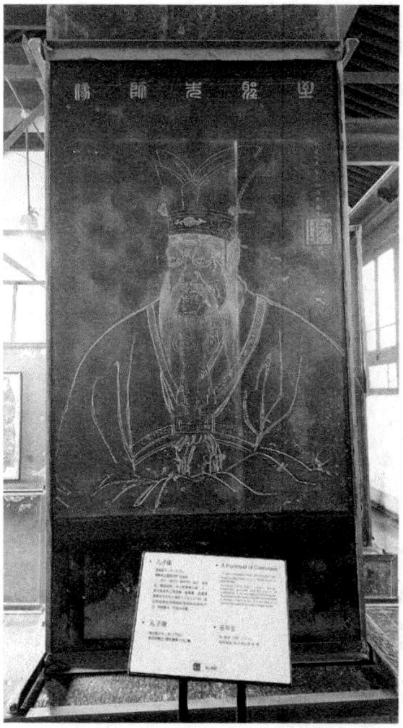

图 2-18　至圣先师像②

① 原建军：《西安孔庙文人的千秋灵魂圣殿》，《西安晚报》，2008 年 10 月 9 日，第 20 版。
② 清雍正十二年（1734 年），清果亲王允礼绘《至圣先师像》，西安碑林博物馆藏。

图 2-19　崇圣祠遗址（今碑林区少年宫）

西安碑林博物馆赵力光说："西安孔庙的大格局依然如昔，部分古建筑还矗立在原址。被烧毁的孔庙主要建筑大成殿的图片、资料、祭孔文物等都还幸存，因此，恢复重建大成殿不是问题。"[①]随着传统文化的复兴，社会各界人士日益认识到孔庙在传统文化中的地位和作用，特别是 2015 年陕西孔子研究会成立以后，已多次联合各界人士呼吁尽快恢复重建西安孔庙大成殿，尽快让西安孔庙和西安碑林博物馆分离，恢复和重建西安孔庙的文化功能，使孔庙成为教育后代，弘扬国学，提高民族文化自信的精神家园。

（二）西安府学、咸宁县学、长安县学现存状况

西安孔庙为一庙三学，孔庙居中，咸宁县学居东，府学居西，府学西为长安县学，两县学相伴，天下唯一，三学一处，在中国古代府城中绝无仅有。西安"府学在府治东南，即宋金学校旧址，元至正间行省平章廉希宪重修，学士虞集记。成化九年巡抚马文升、知府孙仁拓修，学士商辂记。清朝顺治十年提学田厥茂重修。""大门三间，前有誉髦斯士坊，门内为泮池，仪门内当甬道为魁星楼，正中上面为明伦堂五间，两旁为四斋：曰志道、曰据德、

① 原建军：《西安孔庙文人的千秋灵魂圣殿》，《西安晚报》，2008 年 10 月 9 日，第 20 版。

曰依仁、曰游艺，各三楹。东西号舍各三十六间，堂后为尊经阁五间，上贮书籍，阁旁碑亭二座，阁后神器库六间，敬一亭在殿后，射圃亭在长安县学右。”[①]西安府学今仅存“府学巷”地名（图 2-20），今日三学街街道办事处办公地，即为魁星楼原址，其余皆成碑林博物馆展室。

图 2-20　府学巷路牌及介绍

咸宁县学在府学东侧，中间夹隔孔庙，与孔庙相隔今为咸宁学巷（图 2-21）。据雍正《陕西通志》载：“咸宁县学旧在县治西，成化七年提学副使伍福奏徙府学东，知府余子俊修。”[②]曾建有儒学大门、明伦堂、博文斋、约礼斋、敬一亭等建筑。民国西安市政府一部门曾在此办公。咸宁县学东边有座奎文阁（塔）（图 2-22），直对着城墙文昌门上的魁星楼（图 2-23）。咸宁县学里的塔和其正对的魁星楼，倒有一番有趣来历。学者陈财经表示，明朝一段时期内，咸宁县学里无一人中举，而隔壁不远的长安县学则“升学率”颇高。咸宁县令着急，请来风水先生勘测一番。最后，建议县令在县学“巽维”建魁星楼，在县学东侧建奎文塔。于是，有了今日仍存的咸宁县学魁星楼和奎文塔。[③]

① 雍正《陕西通志》卷 28《祠祀一》，上海：上海古籍出版社，1987 年四库全书本。
② 雍正《陕西通志》卷 27《学校》，上海：上海古籍出版社，1987 年四库全书本。
③ 原建军：《西安府学官办经学教育千年一叹》，《西安晚报》，2008 年 10 月 16 日，第 20 版。

图 2-21　咸宁学巷路牌及介绍

图 2-22　魁星阁

图 2-23　魁星楼

长安县学在府学西侧，与府学相隔为长安学巷（图 2-24）。据雍正《陕西通志》载：“旧在县治西，明成化九年巡抚马文升议徙府学西。”[①]曾建有春风化雨坊、射圃、魁星楼、泮池等建筑。长安县学至今尚存大门、二门（图 2-25），虽然斑驳损坏，但旧样尚好。只是大门、二门两侧已不知何时被居民占领，居满民户，唯有几棵百年老树依稀可见当年风貌。

① 雍正《陕西通志》卷 27《学校》，上海：上海古籍出版社，1987 年四库全书本。

图 2-24　长安学巷路牌及介绍

图 2-25　长安县学大门、二门

第二节　户县孔庙

一、历史沿革

鄠邑区原称户县，2016 年 12 月更名为西安市鄠邑区。户县（今鄠邑区）孔庙位于东街路北今区政府西边（图 2-26）。鄠邑区历史悠久，夏为有扈氏国，商为崇国，周为沣邑，汉初置县，距今已有 2200 多年的历史，并曾是周、秦、汉、唐等十二朝皇家的上林苑。户县（今鄠邑区）孔庙据明崇祯《户县志》

载：“旧在城外。洪武初，教谕张绅移建县署西。”[①]明永乐十二年（1414 年）、正统十二年（1447 年）、嘉靖六年（1527 年）、万历二十五年（1597 年）、崇祯十一年（1638 年）、清顺治十一年（1654 年）、顺治十八年（1661 年）、康熙十七年（1678）、康熙四十四年（1705 年）、雍正六年（1728 年）、乾隆十二年（1747 年）、乾隆二十三年（1758 年）先后多次重修。户县（今鄠邑区）孔庙现为鄠邑区图书馆、文化馆使用，1992 年 4 月 20 日由陕西省人民政府公布为第三批省级文物保护单位。

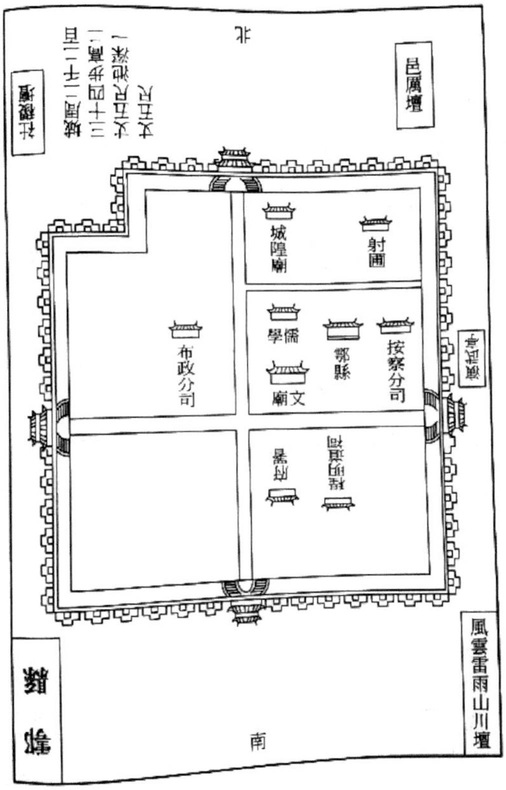

图 2-26　鄠邑区县城图[②]

① （明）张宗孟编纂，郑义林等注释：《明崇祯〈户县志〉注释本》，西安：三秦出版社，2014 年，第 33 页。
② （明）马理等纂，董健桥等校注：《陕西通志》，西安：三秦出版社，2006 年，第 276 页。

二、形制与总体布局

据 1933 年《重修户县志》卷二《祠庙》记：

孔庙在东街县署西，即儒学旧址也。……其制南向，前正中为庙壁，左右有门，东曰“圣域”，西曰“贤关”。壁前建木牌楼一座，上悬金字牌额曰“孔庙”，以临大门。门以木栏，常闭东西，砌以砖墙，虚之如棂，其东有门曰礼门，有事于庙者所出入也。壁内为棂星门四楹，旧以木为之。门前左右为泮池，中架桥梁而空其下以通水。棂星门北为戟门五楹。其东为名宦祠，西为乡贤祠，各四楹。戟门内为东西庑各八楹。两庑北上为大成殿八楹，四面皆重檐，殿后即明伦堂六楹。堂后为启圣祠，清雍正元年改为崇圣祠，追封孙子五代王爵，各州、府、县如制。祠上即尊经阁，祠西即儒学训导宅。[①]

以上建筑，庙壁、牌楼、棂星门、泮池、名宦祠、乡贤祠、两庑、训导宅等，均已改建。现大门内图书馆 7 间殿，用西街武庙及原县署大堂材料改建，已非原来规格[②]。

三、现存状况

2006 年，户县（今鄠邑区）孔庙又做了大规模的整修。整修后的孔庙坐北朝南，戟门前有座新修的四柱三门式的石牌楼，即棂星门，门前有泮池和泮桥（图 2-27）。棂星门正北为献殿（戟门）（图 2-28），五间六楹，进深 9.04 米、面宽 17.17 米，悬山顶，五脊六兽，斗拱用麻叶头。

① 民国《重修户县志》卷 2《祠庙》，西安：西山书局，1933 年铅印本。
② 户县志编撰委员会：《户县志》，西安：西安地图出版社，1987 年，第 642 页。

图 2-27　棂星门和泮池

图 2-28　戟门

其后为大成殿（图 2-29、图 2-30）及东西庑（图 2-31、图 2-32），大成殿七间八楹，进深 12.33 米、面宽 22.06 米，歇山顶，九脊十兽，平伸科出一挑三踩，角科斗拱出角昂、龙昂。

图 2-29　大成殿正面

图 2-30　大成殿背面

图 2-31　东庑

图 2-32　西庑

大成殿后为明伦堂（图 2-33）及东西厢，明伦堂五间六楹，进深 13.2 米、面宽 19.76 米，悬山顶（1984 年东山墙重修后外观已呈硬山式），五脊六兽，平伸科出两挑双下昂；最后为尊经阁与启圣祠合二为一的二层建筑，崇圣祠楼上的尊经阁三间四楹（图 2-34），进深 8.73 米、面宽 13.2 米，硬山顶，五脊六兽。

图 2-33 明伦堂

图 2-34 崇圣祠及楼上的尊经阁

孔庙原存石碑六通：（1）明弘治十年丁巳立《户县明道先生庙碑》。（2）明万历六年立《敕谕碑》。（3）明万历二十五年立《重修庙学碑记》。（4）清顺治十八年辛丑立《重修文庙碑记》。（5）清康熙四十一年立《御制训饬士子文》。（6）清乾隆十六年立《改修崇圣祠碑》。1987 年又移入碑石八通，连同原存六通，在大成殿东侧建碑廊六间保存。文庙总进深 168.6 米，前宽 36 米，后宽 38.5 米，总面积 6280 平方米。庙门前立有陕西重点文物保护单位碑（图 2-35）。

图 2-35　户县（今鄠邑区）孔庙保护碑及碑文

第三节　蓝田孔庙

一、历史沿革

蓝田孔庙位于蓝关镇城隍庙巷（图 2-36）。据清光绪元年（1875 年）吕懋勋修《蓝田县志》载：

明洪武十年知县楼琏建，正统八年知县王禧，嘉靖六年知县王科、二十八年巡抚程軏，万历间知县李景登，三十年知县王邦才继修。本朝康熙十年知县苏就大复修，乾隆六十年知县马学赐率合邑士民捐修，道光九年知县罗定约倡捐重修，拓旧制而一新之……同治元年后，发、回、捻各匪相继入境蹂躏，几及十载，难民征勇往往寄居庙内，殿庑门祠多致坍塌，九年六月知县吕懋勋同阖邑绅耆筹款兴修，崇宏壮丽，悉复旧制。”[①]

又据 1935 年牛兆濂修《续修蓝田县志》载：

文庙旧在城西北隅，创建年未详。宋嘉祐八年知县袁端重修，章惇记。大中祥符四年知县孙穆之重修，进士董储记。明洪武十年知县楼琏重修庙及学廨。正统八年知县王禧重修，董懋记。嘉靖六年知县王科增修，御史李东记。二十八年巡抚程軏重修，御史许宗鲁记。万历三十年知县王邦才继修，尚书孙丕扬记。清顺治十年知县苏就大复修。康熙□年知县张澂祥宪移庙于城东南隅。乾隆十一年知县蒋文祚移儒学于庙西，十六年知县李文汉重修，学正吴祠富记，三十六年知县柴辑生捐修启圣祠五间。六十年知县马学赐率合邑士民复捐修。嘉庆四年知县俞廷樟、十七年知县邵琨均重修。道光九年知县罗定约倡捐，拓旧制而一新之，东西各建门楼，东曰礼门，西曰义路。同治九年知县吕懋勋重修，添建斋房、碑房各两间。1915

① 光绪《蓝田县志》卷 1《学宫图》，光绪元年（1875 年）刻本。

> 年知事李世英筹款，继任刘赓年重修。后邑绅王福寿捐洋口元，发商生息作为岁修费，每年补修无罅漏之虞，庙貌得常新矣。[1]

其后蓝田孔庙历史沿革有待考证。

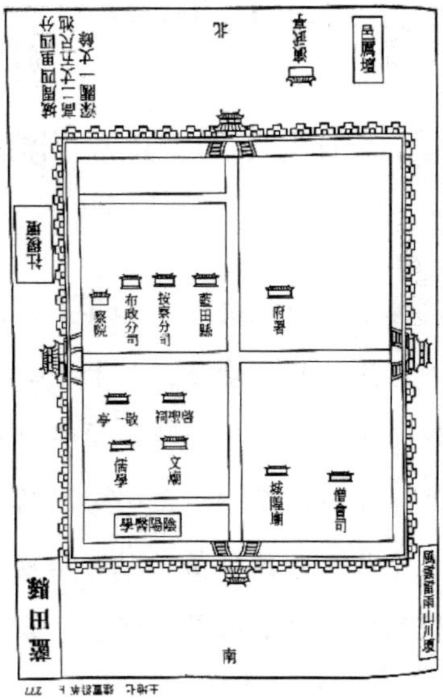

图 2-36　蓝田县城图[2]

二、形制与总体布局

明万历年间礼部尚书孙丕扬在《孔子庙学记》中云：“万仞宫墙巍然於蓝城中者，夫子之宫也。其旁有庑以位群贤，其邻有学以作蓝士庙堂，壮丽夙媲美矣。”[3]据清光绪元年（1875 年）吕懋勋修《蓝田县志》载：道光九年知县罗定约重修后，“大成殿五间，东西庑各五间，前为戟门，门前为泮池，跨以石桥，前为棂星门，周围绕以墙垣。东西各建门楼一座，东曰礼门，西曰

---

① 民国《续修蓝田县志》卷 10《学校志》，1941 年餐雪斋铅印本。

②（明）马理等纂，董健桥等校注：《陕西通志》，西安：三秦出版社，2006 年，第 277 页。

③（清）胡元煐撰：《蓝田县文征录》卷一，清道光十九年（1839 年）刻本。

义路，后为启圣祠，正殿五间”。又于戟门外东边添建斋房二间、西边添建北房二间，又在戟门左为名宦祠，内祀晋张辅，唐李夷简、柳宗元、崔立之、薛讷、王珣，宋王獵、皇甫穆，明楼琏、王科、韩瓒、吕好古、王邦才，清周崧晓、马学赐等。右为乡贤祠，内祀汉李广、唐李元通、苏晌、庐均、柳公权，宋吕大忠、吕大防、吕大钧、吕大临，元张讷，明李淑芳、荣华、李延实、荣察、李通、王旌、王之士十七人。又泮池东为孝子祠，祀张文运、孙基昌、杨琳、李九如，西为官厅（图 2-37）。“自知县吕懋勋重修之后，规模虽仍旧制而宏敞伟丽一时称壮观焉。”①

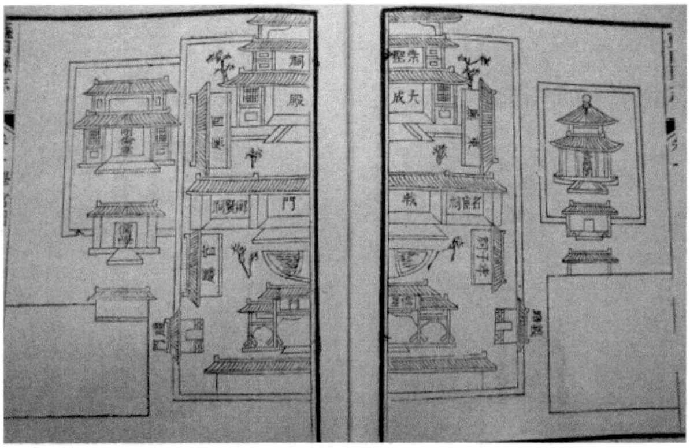

图 2-37　学宫图②

据蓝田县蓝关镇退休初中教师李绪文老师考证，孔庙西邻城隍庙，北至东街小学南墙外，距东城墙和南城墙均不过几十米，孔庙大门朝西开，朝着城隍庙巷口，南面是一堵大墙，墙上凸刻有硕大的“孔庙”二字。据老人讲，进孔庙大门，迎面是泮池，呈月牙形，它是孔庙的标志。因为池内长有荷花，又称为荷花池。右侧即是前面所说的那堵“大墙”。老人讲这墙足有近 20 米宽，10 米高，墙体足有三尺厚，墙面底色呈深绿色，上面嵌有陶制的五彩龙凤图案，左右两侧镌刻有“文官下轿，武将下马”字样，以示孔子乃“至圣

① 光绪《蓝田县志》，光绪元年（1875 年）刻本。
② 光绪《蓝田县志》，光绪元年（1875 年）刻本。

先师”，地位至高无上。左拐前行，东面有“名宦祠”供奉着历代蓝田县令中功德昭著者；西面是“乡贤祠”，供奉的则是本邑士儒中的佼佼者。再前行两边是厢房，分别供奉着“先贤”和“先儒”。最后是直通正殿的青石甬道，甬道尽头是“进殿石”，也叫“陛下石”，一米见方，举行大典时，祭祀者须在此先行叩头礼，之后方可进殿。进殿石两边供人们平时出入（图 2-38）。过进殿石上九级台阶即是正殿“大成殿”。大成殿共五间，足有十余米高，上覆黄绿色琉璃瓦，阳光下熠熠闪光，其顶飞檐翘角，凌空欲飞，翘起的檐角各挂一个风铃，迎风则叮当作响，远近有声。又高又粗的四根红色油漆柱子支撑着大梁和殿顶。立柱、顺梁、横檩，榫头卯眼，巧妙咬合，结构紧密，建造坚固。大成殿建筑规模的宏伟及结构的严谨在蓝田古建筑史上绝对是首屈一指。大殿深约十米，殿内空旷而宽敞。其正中供奉孔子牌位，牌位后是一副屏风。牌位足有两米多高，一米多宽，上书“至圣先师孔子神位”。孔子牌位左右分列着曾子、孟子、颜回、子思、子路、子贡等七十二贤人的牌位。

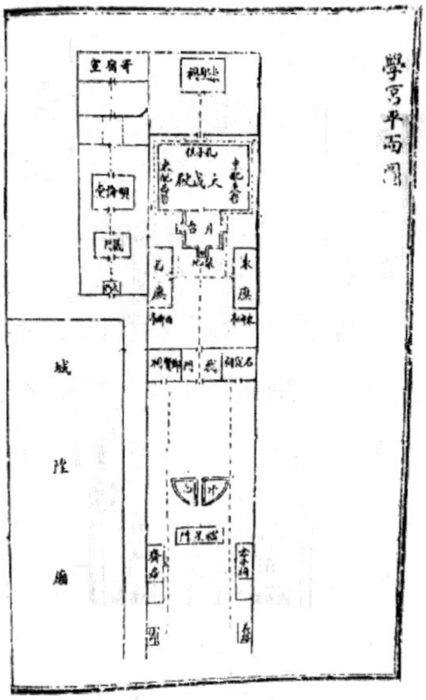

图 2-38　学宫平面图[①]

① 民国《续修蓝田县志》，1941 年餐雪斋铅印本。

三、现存状况

据1994年《蓝田县志》载：

> 文庙位于蓝关镇城隍庙巷，创建年代不详。庙内保存有北宋、明、清诸朝重修记事碑十一座。该建筑群原包括“崇圣祠”，左右配殿、“大成殿”、“戟门”及左右“乡官祠”等房屋26间。“大成殿”，面阔五间，进深四间，柱径0.5、高4米，台基宽23、深17米，廊深2米，七架梁，前后檐均有单步梁，无廊，殿周四个挑角下各有角柱一根。四面均有单翘双昂头拱，十字歇山顶，原脊兽均为琉璃构件，现为琉璃和灰布脊兽交杂使用，屋面施灰布板筒瓦，加杂有少量琉璃筒瓦，檐部施勾头滴水。除大成殿外，其他房屋均被拆毁。①

而据《西安晚报》报道：“蓝田文庙始建于北宋，历代多次重修，现位于蓝关镇城隍庙巷，仅存大成殿及‘宋蓝田县重修孔子庙记’‘清重修蓝田县庙学碑’等重修记事碑四方。”据悉，“西安碑林博物馆孔庙调研组完成了西安地区孔庙实地调研。调研发现，西安地区孔庙中，户庙孔庙保存较为完整，蓝田孔庙尚存大成殿，其他区县孔庙遗存较少。”②

笔者据此信息，不揣愚陋，“五一”节前去蓝关镇探寻，沿着蓝关镇东街北上，几经问询，在一逼仄的丁字口发现了城隍庙巷，巷宽不足十米，长不到二里，行人稀少。问询路人，无人知晓孔庙。进入路南边蓝关镇政府传达室问值班门卫，她回答说值班十几年，从未闻此地有孔庙。正茫然之际朝巷内走去，城隍庙巷东西向，东头是死胡同。看见几位老年妇女在一起玩纸牌，随即上前询问一位观战的大娘，没想到大娘随手指着对面的院子说就在里面，还非常热情地带着笔者进了这个院子。进大门口一看原来是蓝田县武装部，门口建一栋五层楼房，看其位置，应在原棂星门的位置（图2-39），进了院子，应是泮池。穿过一栋三层楼房，

① 蓝田县地方志编纂委员会：《蓝田县志》，西安：陕西人民出版社，1994年，第714—715页。
② 文艳：《西安地区孔庙中户县孔庙保存较为完整蓝田孔庙存大成殿》，《西安晚报》，2015年4月6日。

应是戟门的位置（图 2-40）。左拐穿过一个长约 30 米的甬道远远看见一处废墟，废墟就是大成殿的位置（图 2-41）。远处的小门后一处民房就是崇圣祠遗址。

图 2-39　现武装部大门，原棂星门位置

图 2-40　原戟门的位置

图 2-41　大成殿遗址

昔日的孔庙已化为废墟，笔者不胜唏嘘。正巧在门口遇到了一位田先生，他得知笔者探寻孔庙，告知笔者附近还有许多遗迹，在门口就有一块残碑，是挖地时发现，被圈在武装部门口的墙内，笔者发现残碑字迹已漶，无法辨认（图 2-42），隔壁蓝田县种子公司院内尚有龟趺残石（图 2-43）。田先生告诉笔者，这样的残垣断壁这里还有很多，地下也埋有。为何昔日“宏厰伟丽”的孔庙沦为如此惨景？热情的田先生带笔者拜访了蓝田县蓝关镇退休初中语文教师李绪文先生。李老师家在孔庙的东隔壁，年逾花甲，但热情朴实。笔者说明来意，李老师随即侃侃而谈，并把自己所写《城隍庙巷觅城隍》一文赠予笔者参考。

图 2-42　碑石残迹

图 2-43　龟趺残迹

据李绪文老师考证，1905年科举废除后，这里成为蓝田办学的重点场所，并曾于1921—1949年创办了蓝田简易师范，老一辈革命家汪锋的老师蔡子伟（中华人民共和国成立后任劳工部副部长）曾在这里读书。中华人民共和国成立后，这里先作为小学，后设师范，为蓝田培养了大量人才。20世纪60年代后，孔庙作为学校的功用消失，后改办企业，先后被通用机械厂、养鸡场占用。20世纪70年代前后，县武装部进驻，厢房逐渐被拆除，只剩下正殿。随着岁月流逝，风雨剥蚀，殿顶瓦缝间长满了蒿草，继而开始渗水，接着西北角飞檐又不幸折断坍塌，孔庙大殿进入了风烛残年。在此和以后的近二十年间，武装部多次向县上打报告请求对孔庙大殿进行维修，县里总因资金不足而一拖再拖。直到20世纪90年代初，在孔庙风雨飘摇之际，适逢修建蔡文姬纪念馆，于是挖肉补疮，将孔庙大殿全部拆除运走，片瓦未留。至此，辉煌了几个世纪的孔庙从蓝田大地上彻底消失。

习近平总书记在出席纪念孔子诞辰2565周年国际学术研讨会暨国际儒学联合会第五届会员大会开幕会时说："优秀传统文化是一个国家、一个民族传承和发展的根本，如果丢掉了，就割断了精神命脉。"[①]孔子所倡导的思想在几千年的生活实践中融化在中国人的思想意识和行为规范中，深层次地积淀于中华民族的灵魂之中，对中华民族精神的形成产生了极为深刻的影响。孔庙，作为儒家文化的载体和象征，不仅体现了儒学在中国传统文化中的主流地位，而且对当代人们的生活方式、精神价值都产生了极其重要的影响。蓝田孔庙的历史就是孔子在近现代的历史，如此重要的文物竟落得如此命运！据李老师讲，还有一青石巨碑，上面碑文密密麻麻，现在仍埋在庙前一村民的房屋附近地下。孔子是中国文化的象征，孔庙是孔子魂依所在，蓝田孔庙是蓝田人的宝贵文化遗产，李老师最后说："其一砖一瓦都承载着蓝田人的记忆，书写着蓝田一段不可忘却的历史，不可残缺的文化"。

蓝田孔庙的命运值得我们关注和反思！

---

① 杨明：《不能割断"精神命脉"传承优秀传统文化》，《光明日报》，2014年10月29日，第13版。

第四节　佛坪孔庙

佛坪孔庙位于周至县厚畛子镇老县城村佛坪厅故城内（图 2-44）。老县城（又名佛坪厅旧城）位于太白山东岭下龙洞湾五千米处，是傥骆古道上最大的中转站，北距周至县城 108 千米，东北距古城西安 186 千米。老县城始建于清道光五年（1825 年），清政府割周至西南及洋县东北置佛坪厅，隶属汉中府管辖。据《佛坪厅志》记载：疆域广 420 里，袤 240 里，东 360 里交宁陕厅，南 130 里九池坝，交洋县界，西距洋县县城 280 里，北距周至县城 270 里。土著户 4228 户，人口数 25 973 人，常住户 8133 户，人口数 46 595 人，总人口数 72 568 人。首任同知（从五品）景梁曾，于湑水河南岸，伐木开石，广招流民，纳课数金，指地为约，开垦荒地，筑佛坪厅城。民国二年（1913 年），废厅改县。民国十一年（1922 年）新县长张治、旧县长车正轨，于 3 月间在老县城财神岭同时被土匪尹天禄杀害，同年 6 月省政府命孙培经任县长，并授命将老县城迁址今佛坪县城袁家庄。由于孙县长剿匪并重修佛坪县署，而使佛坪县的搬迁工作推迟了四年。民国十四年（1925 年）5 月，土匪任朝举、马义和聚集数百人在老县城、袁家庄及厚畛子一带大肆骚扰，同年 6 月，全县暴雨河水猛涨，县城内北城墙一段坍塌，民国十五年（1926 年）3—5 月春荒时节，报省政府同意，在老县城内设粥场赈济灾民，9 月间,最后一任县长吴其昌举城迁址今佛坪县县城袁家庄，老县城作为县城共历时 102 年。中华人民共和国成立以后，1958 年 11 月—1961 年 8 月，陕西省政府撤销佛坪县建制，岭北的 6 个公社及厅城所在地老县城村一并划归周至，1961 年 8 月后，恢复佛坪县建制，又复归佛坪。1962 年 7 月，陕西省政府再次将岭北的 6 个公社及厅城所在地老县城村划入周至版图。1996 年公布为县级文物保护单位，2003 年 9 月 24 日公布为省级文物保护单位[①]。

① 李刚：《老县城的故事》，http://blog.sina.com.cn/s/blog_80fc1b050100ubhn.html（2011-10-10）。

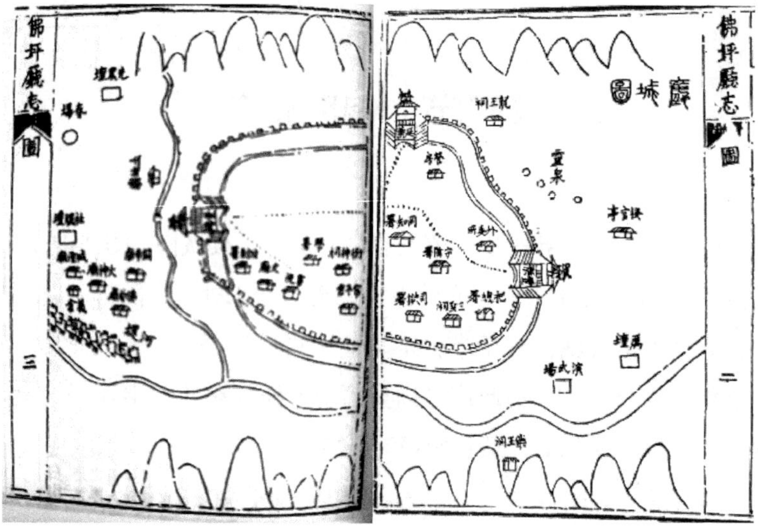

图 2-44　厅城图[①]

佛坪孔庙据光绪《佛坪厅志》载："文庙旧在城东南隅，同知景梁曾建，后倾圮。道光十八年署同知潘政举改建城东北隅，工未竣，罢去，至道光二十六年署同知朱念祖始告成。"改建原因："东南隅地势卑湿，不数年而木朽墙倾"[②]。孔庙西为迎秀书院，迎秀书院内有文昌祠。

老县城是我国现保存较为完整的一座深山故城，城墙周长 1197.6 米，占地 128 亩。东门曰"景阳"，南门曰"延薰"，西门曰"丰乐"。东门外有先农场、社稷坛、春场、城隍庙、关帝庙、佛爷庙、火神庙、白云塔等，南门外有灵泉、龙王祠、漏泽园等，西门外财神庙、接官亭、点将台、演武场等。城内为东西大街及南大街两条街道，路北为官府建筑，路南为商贾、民宅、作坊，路北有经制外委署、文庙、迎秀书院、南北义学、训导署、荣聚站、县衙、常平仓、监狱、巡检司狱署、马王庙、城守把总署等，路南有兵营、民宅、油坊、磨坊、染坊、铁匠铺、木匠铺、药铺、当铺、邮政代办点等[③]。

① 光绪《佛坪厅志》，光绪九年（1883 年）刻本。

② 光绪《佛坪厅志》，光绪九年（1883 年）刻本。

③ 李刚：《老县城的故事》，http://blog.sina.com.cn/s/blog_80fc1b050100ubhn.html（2011-10-10）。

孔庙在城东北隅，今原址仅存照壁（图 2-45），孔庙原址（图 2-46）已辟为农田，碑石等已移入老县城文管所内（图 2-47、图 2-48）。

图 2-45　孔庙前的照壁[①]

图 2-46　孔庙遗址[②]

① 李刚：《老县城的故事》，http://blog.sina.com.cn/s/blog_80fc1b050100ubhn.html（2011-10-10）。

② 佚名：《周至老县城游记》，http://www.xcar.com.cn/bbs/viewthread.php?tid=1488574（2016-06-23）。

图 2-47　孔庙门前的朝天吼

图 2-48　孔庙前神道上的三龙戏珠浮雕石刻①

① 佚名:《周至老县城游记》, http://www.xcar.com.cn/bbs/viewthread.php?tid=1488574（2016-06-23）。

第五节　周至县侯家村镇五泉村孔庙

周至孔庙据民国《周至县志》载："在县署东南，元大德十一年建，至正间县尹王渊修，明洪武四年重修。"后从明弘治年间到 1916 年又多次修缮。"其制南向。大成殿五楹，殿前为东西庑，中为中和门，正中设而常闭，有事于庙者均由两旁门出入。中和门外东为名宦祠、西为乡贤祠，前为棂星门，门内为省牲所、门外为泮池。池北有碑题曰'文明泉'，泮池旧通永济渠，今在泮西者改名文明渠。池左右凿石为二龙首，引渠水从左龙口吐出泻池中，满则右龙口吸而归诸渠，循环往复，不舍昼夜，琮琤发响，若戛球簧。"大成殿后为崇圣祠，崇圣祠前为文昌阁，"阁前数武拾级上城，东南隅女墙内为魁星楼[①]"。惜在"文化大革命"中消失殆尽，原址今为周至县二曲镇东街小学所在地（图 2-49）。

图 2-49　周至县二曲镇东街小学

周至山川秀美，民风淳朴，自古耕读传家，崇儒向善。2005 年侯家村镇水围城村、古城堡村群众出于对孔子学说的推崇和热爱，自发组织倡议修建

① 民国《周至县志》，1925 年铅印本。

孔庙大成殿。阖村群众云起响应，经协商，在五泉村老菩萨庙（图 2-50）南调整土地十余亩。当年 5 月 18 日动工，9 月初大成殿竣工，2015 年大成殿孔子和四配塑像及十二哲画像落成，大成殿内外彩绘一新，历时十年，工程告成，美愿成真。这一时期，水围城村、古城堡村群众奔走辛劳，捐资献物，义务出工；周至县人民政府、周至孔子哲学研究会大力支持，特别是菩萨庙住庙居士李修果（俗名李桂芳）（图 2-51）四方奔走、广结善缘、募集善款达 8 万余元，劳绩殊多；香港孔教学院汤恩佳博士慷慨资助 5 万元人民币。

图 2-50　菩萨庙

图 2-51　中为菩萨庙住庙居士李修果

五泉村孔庙大成殿（图 2-52）位于五泉村村东老菩萨庙南空地上，坐北朝南，面向终南山。面阔五间，进深三间，硬山顶，灰瓦屋顶，飞檐走兽。大成殿廊心墙东侧题有“德配天地”，西侧题有“道冠古今”各四字。大殿中正塑有孔子坐像（图 2-53），左右塑有四配坐像（图 2-54、图 2-55），东西两侧塑有十二哲坐像（图 2-56、图 2-57）。庙前有月台，月台前有十余亩空地，为以后恢复孔庙建制留有余地。大成殿前立有《修建大成殿碑记》（图 2-58）和《功德碑》（图 2-59）。

图 2-52　大成殿

图 2-53　孔子塑像

图 2-54　颜回、孔伋像

图 2-55　曾参、孟轲像

图 2-56　东侧十二哲画像

图 2-57　西侧十二哲画像

图 2-58　《修建大成殿碑记》

图 2-59　《功德碑》

第六节　临潼孔庙

一、历史沿革

临潼孔庙原址在今临潼区委所在地。据北宋王汉《新修文宣王庙记》载："由国都至郡县，皆有孔子庙。自天子至庶人，岁时奉其礼。"北宋真宗咸平元年（998），天子中舍赵公任昭应（临潼）令，在拜孔子庙时，“睹其像貌圮剥，墙宇不完，岁时之祀固缺如也”。乃“召邑中之进士、明经之好事者”，从“吏民之有识者”中募“得五十万钱”，“撤旧而新之”。“然以故庙之址，居邑之南，逼侧芜秽，辱近廪谷之所。乃就邑之北，选良地，筮吉日而迁焉。越二百日而其功集。”据此可知在唐代时临潼区就已建立了孔庙，这次乃另迁新址所建。又据元韩择《重修文宣王庙记》载：元世祖至元年间，孔庙又“荡毁于兵，唯礼殿仅存，历时滋久，行将颓压”。至元廿八年（1291年）县令马解（太原人）“祗谒庙下，仰而顾，俯而叹”，深感临潼孔庙“芜茀不治”，“乃特以身任其事”进行修整，“兴丽像，设仪场”，使“更衣有堂，扃鐍有门，缭四周以为垣。其地修广之，步皆四十八门，东西为步百十有一”。“于（至元）廿九年（1292年）之终，越五月而功告讫焉。”可见此时整修之规模已相当可观。又据乾隆《临潼县志》载：“文庙在县署北，敬一亭之南，旧中街东，吉祥寺西，明洪武二年建。成化元年前县刘聪增修，未就；前县高恒继成之。”[①]明神宗万历十二年（1584年）又作了整修，崇祯七年（1634年）周道直于堂东增建魁星楼。清康熙三十七年（1698年），县令赵于京又对文庙进行缮修。至乾隆年间，一些建筑渐次凋零。乾隆《临潼县志》在记述学宫之后慨叹：“学宫为造士地，为人文风化所自出，而荡废若此，非所以重师儒崇学校也!”自乾隆四十一年（1776年）至民国后期的 170 多年，未见整修记载。但到中华人民共和国成立前，文庙尚有一定规模，九间大殿尚属完好，还有一些附属建筑，门前有一九龙大影壁，院内有柏树数十棵，石碑十数通。估计在这期间一定是有人进行过整修。中华人民共和国成立后，中共临潼县委会住此址，原大殿已于 1959 年移于华清池建成飞霜殿，其他建筑已全部改建成现代建筑，碑石已散失，孔庙已不复存在[②]。

① 乾隆《临潼县志》，乾隆四十一年（1776年）刻本。

② 陕西省临潼县志编纂委员会编：《临潼县志》，上海：上海人民出版社，1991年，第 871 页。

二、形制与总体布局

据乾隆《临潼县志》载：“大成殿邑人因渭涨献得所浮大木以建，故极宏敞。殿左右为两庑，前戟门，又前泮池，引汤泉注之。桥亘其上，又前棂星门，左礼门，右义路，南宫墙抵街，街南为教育英才坊。”大成殿北为明伦堂、训导署；东侧有教谕署、崇圣殿、魁星楼、忠义祠等建筑；西侧有名宦、乡贤合祠，节孝祠、文昌祠等建筑（图 2-60）。

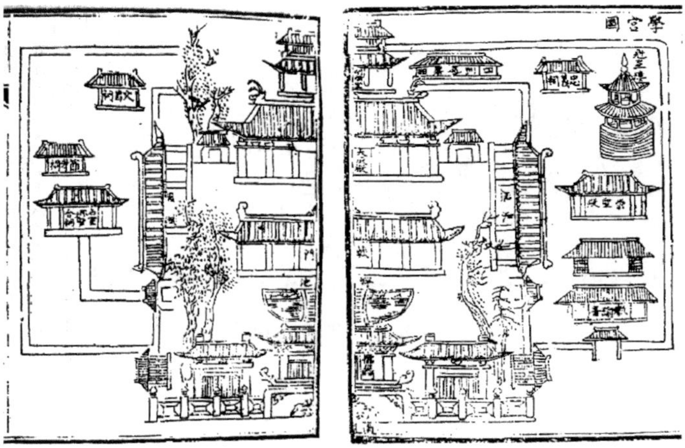

图 2-60　学宫图[①]

三、现存状况

大成殿于 1959 年移入华清池（图 2-61），建成飞霜殿（图 2-62），后又经重建，已不复原貌。飞霜殿据乾隆《临潼县志》载：“《长安志》瑶光楼南曰飞霜殿，《津阳门》诗：‘飞霜殿前月悄悄’。注飞霜殿即寝殿。” 飞霜殿因冬天温泉喷水，在寒冷的空气中，水汽凝成无数个美丽的霜蝶，故

① 乾隆《临潼县志》，乾隆四十一年（1776 年）刻本。

名飞霜殿。飞霜殿位于“九龙湖”北岸，坐北朝南，22 根朱红檐柱擎立在青石圆鼓形须弥座上，游廊宽敞，五开间的朱红户牖，画栋雕梁，青筒瓦单飞檐，九脊歇山顶，在角脊上，四条飞龙傲视蓝天。今飞霜殿为贵宾接待室。

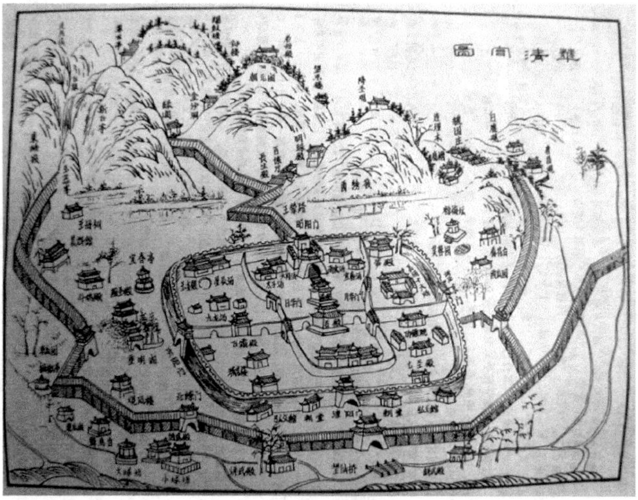

图 2-61　华清宫图[①]

图 2-62　飞霜殿[②]

① 乾隆《临潼县志》，乾隆四十一年（1776 年）刻本。

② 九月天：《陕西游记（八、临潼“华清池”和“秦始皇兵马俑”）》，http://360.mafengwo.cn/travels/info.php?id=5536161（2016-10-23）。

第三章　咸阳地区孔庙

咸阳地处陕西关中平原腹地，南与西安市隔渭河相望，北与甘肃相连，东与渭南、铜川市毗邻，西与宝鸡市接壤。因渭河北岸，九嵕山之南，山南水北俱为阳，故名咸阳。下辖秦都区、渭城区、兴平市和泾阳、永寿、乾县、礼泉、三原、武功、淳化、旬邑、彬县、长武 10 个县。咸阳地区现有孔庙遗存 8 处（表 3-1）。

表 3-1　咸阳地区文庙

序号	名称	地理位置	现存状况	时代	保护级别	备注
1	咸阳孔庙	咸阳市中山街 53 号	大成殿、东西庑	明	全国重点文物保护单位（2006.5.25）	民国初年将原明洪武四年（1371）所建城隍庙第一道木牌楼迁建于孔庙最南端（原棂星门位置）。1963 年将明代咸阳城隍庙的部分建筑拆迁，于原孔庙戟门、明伦堂位置建成现在的一殿和三殿，在明伦堂西侧建成现在的偏院正殿和偏院前的小牌楼
2	兴平孔庙	兴平市县门街东路 29 号	大成殿、东西庑	明	陕西省文物保护单位（1992.4.20）	戟门是在原址上重建的
3	旬邑孔庙	咸阳市旬邑县北大街 38 号	大成殿	清	陕西省文物保护单位（1992.4.20）	孔子及贤士塑像为 2006 年重建

续表

序号	名称	地理位置	现存状况	时代	保护级别	备注
4	泾阳孔庙	泾阳县孔庙街	大成殿、戟门、东西庑	清	陕西省文物保护单位（1992.4.20）	—
5	礼泉孔庙	礼泉县县城内中山街	大成殿、戟门、崇圣祠、东西庑	清	陕西省文物保护单位（2003.9.24）	—
6	三原孔庙	原址在南大街县府巷东南角，现三原县公安局办公楼处	木牌坊	清	—	仅存门前木牌坊一座，1982 年搬迁到城东南中王堡文峰木塔文管所门前
7	乾县孔庙	乾县黉学门中学院内	古柏三棵	明	县级文物保护单位	—
8	长武孔庙	长武中学院内	明柏一棵	明	—	—

第一节　咸阳孔庙

一、历史沿革

咸阳孔庙位于明清咸阳城区中山街中段路北（图 3-1）。据明万历《咸阳县新志》载："明洪武四年县丞孔文郁主持修建。"①后经过明天顺三年（1459 年）知县贾仁、万历四十三年（1615 年）教谕尹觉民、清康熙二十年（1681 年）知县范允恭、嘉庆二十年（1815 年）吴鸣捷、同治五年（1866 年）马毓华、光绪十四年（1888 年）严书麟等多次重修②。民国初期，将原明洪武四年（1371 年）所建城隍庙第一道木牌楼迁建于孔庙最南端（原棂星门位置，现为咸阳博物馆大门牌楼）③。戟门在 1943 年被

① 万历《咸阳县新志》，万历十九年（1591 年）刻本。

② 民国《重修咸阳县志》，1932 年铅印本。

③ 一说 1943 年咸阳县长刘法铥移建于此，一说中华人民共和国成立后移建，时间待考。

咸阳县长刘法钰拆除，1963 年将明代咸阳城隍庙的部分建筑拆迁，于原孔庙戟门、明伦堂位置建成现在的一殿[①]（前殿，原戟门处）和三殿（后殿，原明伦堂处），在明伦堂西侧建成现在的偏院正殿和偏院前的小牌楼[②]。1962 年辟为咸阳博物馆，2003 年公布为陕西省重点文物保护单位，2006 年 5 月 25 日咸阳文庙被公布为第六批全国重点文物保护单位。

二、形制与总体布局

据乾隆《咸阳县志》:“文庙在县署西，南向学道门，宫墙周围七十丈。”宫墙内由北向南“大成殿五楹，圣祖御书‘万世师表’匾，世宗御书‘生民未有’匾，今上御书‘与天地参’匾俱悬殿内。两庑各七楹，书东庑、西庑额。戟门五楹，名宦祠在戟门外东边，先贤祠在戟门外西边，泮池在戟门前。棂星门左坊‘德配天地’，右坊‘道冠古今’。大成门左金声门，右玉振门。[③]”宫墙外南为大成坊。东为崇圣祠，享殿三楹，献殿三楹，前为连三门，又前大门为文昌楼三间。北为明伦堂、五楹，左右斋舍各五间。明伦堂北为尊经阁，为咸阳最早的学府明伦堂内的主要建筑之一，明弘治十四年（1501 年）利用洪武城城基所建，台基高二丈五尺，方六丈许，阁高二丈，藏有图书典籍，为咸阳最早的图书馆（图 3-2）。明嘉靖三十四年（1555 年）为华县大地震震损，明隆庆三年（1569 年）加固复修。此后明清虽有修葺，终于塌废。“经阁舒眺”为渭阳十胜之一。明伦堂西有教谕署、训导署。又“忠孝祠在棂星门内西边，节孝祠在文昌祠后，省牲所在棂星门内。”[④]

① 另有一说系民国时用周康王陵献殿材料修建而成。

② 另一说为 1978 年，时间待考。

③ 乾隆《咸阳县志》，乾隆十六年（1751 年）刻本。

④ 乾隆《咸阳县志》，乾隆十六年（1751 年）刻本。

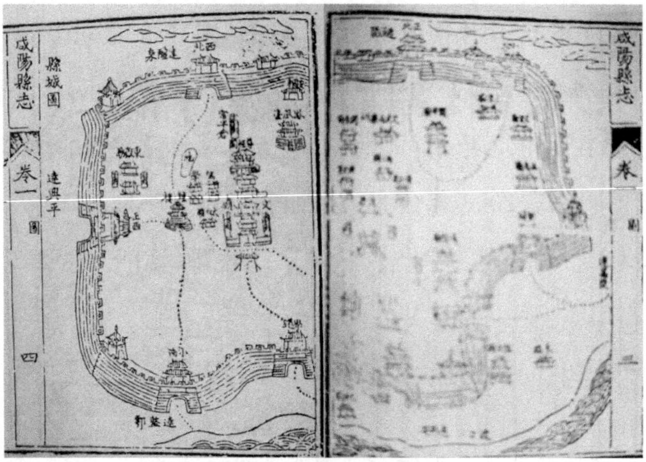

图 3-1　咸阳县城图[①]

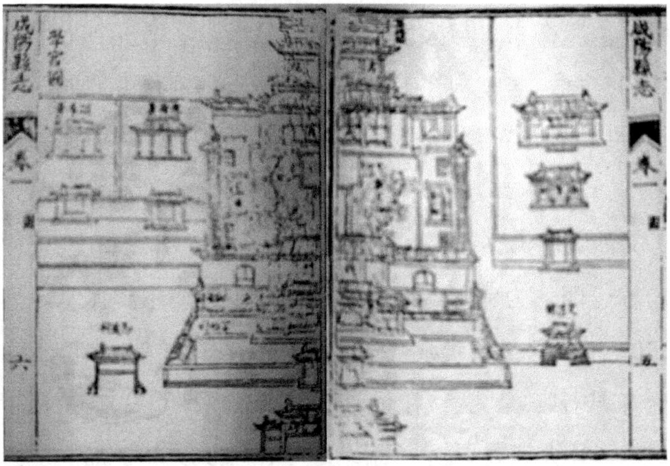

图 3-2　学宫图[②]

三、现存状况

咸阳孔庙现为咸阳博物馆，是咸阳城区目前保存较为完整的明清古建

① 乾隆《咸阳县志》，乾隆十六年（1751 年）刻本。

② 乾隆《咸阳县志》，乾隆十六年（1751 年）刻本。

筑群。孔庙坐北向南，共有四进院落，总面积 8531 平方米，建筑面积 2212 平方米，平面为曲尺形。主要建筑由南向北依次为牌楼、一殿（原戟门处）、东西两庑、二殿（大成殿）、三殿（原明伦堂处）、小牌楼、偏院正殿（小殿）等。大成殿及东西两庑为原孔庙建筑，大门牌楼、一殿、明伦堂、小牌楼、偏院正殿为明洪武四年（1371 年）咸阳城隍庙建筑先后迁建于孔庙（图 3-3）。

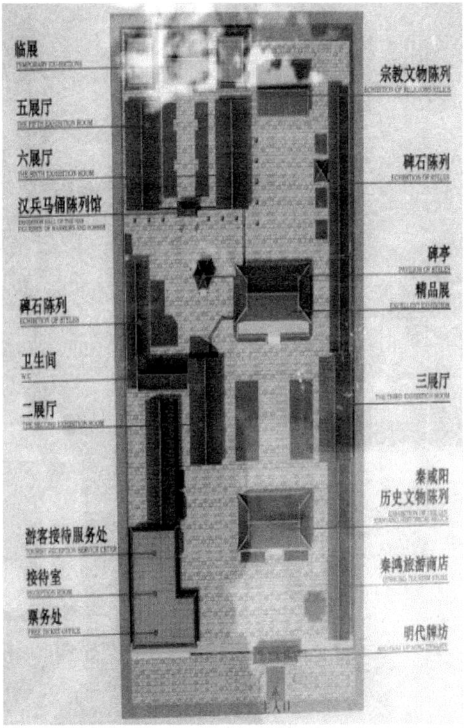

图 3-3 孔庙游览图

大成殿（图 3-4、图 3-7）为明初建筑，面阔五间，进深三间，东西长 21.7 米，南北通宽 11.9 米，台基高 1.1 米，单檐歇山顶，青灰筒瓦屋面，在前台明左右两边有砖雕八字形小影壁（图 3-5）。正脊、垂脊、戗脊、博脊搭配紧凑。前檐有廊，廊深 3.4 米，檐柱六根。三踩单昂斗拱，翼角起翘。前有正座月台（图 3-6），月台部分的踏跺、垂带、象眼基本保存完好。现为馆藏玉器精品展。东庑（图 3-8）、西庑（图 3-9）各面阔七间，进深两间，东西通宽 7.2 米，南北长 13.6 米，五脊硬山式顶，青灰板瓦屋面，前有回廊，廊深各 2.4 米，各有檐柱六根。

图 3-4　大成殿正面

图 3-5　大成殿侧面

图 3-6　台基[①]

图 3-7　大成殿后面

① 台基由台明、台阶、月台和栏杆四部分组成。台明是台基的主体部分，从形式上分为普通式（平台式）和须弥座两大类。台阶又称踏道，是上下台基的阶梯，通常有阶梯型踏步和坡道两种类型。栏杆又称勾阑，起到防护安全，分隔空间、装饰台基的作用。月台又称“露台”或“平台”，它是台明的扩大和延伸，有扩大建筑前活动空间及壮大建筑体量和气势的作用。其形式和做法与台明相同，根据月台与台明的关系，月台可以分为“正座月台”和“包台基月台”。正座月台的高度比台明低“五寸”，也就是一个踏级，而包台基月台要比台明低很多。月台、台阶、栏杆都是台基的附件，并非台基所必有的，只有高体制的台基才用月台和勾阑，当台明很矮时，则连台阶也可以不用。

图 3-8　东庑

图 3-9　西庑

后殿（原文庙明伦堂处、图 3-10）面阔为明三暗五（前金柱两根，内金柱四根），进深三间，东西长 16.8 米，南北宽 12.3 米，台基高 0.45 米，五脊硬山式屋顶，青灰筒瓦屋面。梁架结构为四椽袱带前后乳袱，檩下有斗拱平枋、立枋。檐斗拱为一斗三升，云朵花板拱。现为宗教文物陈列厅。

今戟门处为前殿（图 3-11、图 3-12）。面阔五间，进深三间，东西长 20.6 米，台基高 0.8 米，南北宽 9.7 米，单檐歇山式屋顶，青灰板瓦屋面。有脊饰，檐下施三踩斗拱，斗拱为一斗三升。台基部分的踏跺、垂带、象眼保存完好。现为秦咸阳历史文物陈列厅。

图 3-10 后殿（三殿）

图 3-11 前殿正面

图 3-12 前殿后面

城隍庙牌坊（图 3-13、图 3-14）即现在咸阳博物馆大门。全木斗拱式结构，东西长 13 米，高 12 米，四柱三间三楼式，有主楼和次楼，歇山顶。明间斗拱十五踩、翘，云朵拱，出檐深远，木雕精细，结构严谨。彩釉琉璃花脊，绿色琉璃筒瓦铺面，造型庄重深厚。门前有清代石狮 1 对。

图 3-13　牌坊正面

图 3-14　牌坊背面

大成殿西北有小牌楼（图 3-15）、小殿（图 3-16）和东西厢房，现为西汉兵马俑馆。小牌楼为两柱三楼式，柱宽 3 米，庑殿顶，斗拱为九踩、翘，花雕板栱。绿色琉璃筒瓦铺面，飞檐翘翼。四根戗柱支撑，玲珑精巧。小殿面阔三间，进深二间，东西长 13.4 米，南北通宽 7 米，台基高 0.6 米。单檐歇山式屋顶，青灰筒瓦屋面，角梁起翘，高飞檐明显。前檐有廊，廊深 3.4 米，檐柱 4 根，五踩重昂斗拱，明间前檐为重翘斜昂斗拱，斗拱用材硕大，转角飞檐翘翼，十分壮观。

图 3-15　小牌楼

图 3-16　小殿

大成殿西碑亭系 1985 年修建。内有与孔庙相关的石碑 2 块：光绪十四年（1888 年）《重修文庙碑记》（图 3-17）、顺治十年（1653 年）《大清重修咸阳县学记》(图 3-18)。博物馆大门外立有省文物保护碑(图 3-19)。

图 3-17　光绪十四年《重修文庙碑记》

图 3-18　顺治十年《大清重修咸阳县学记》

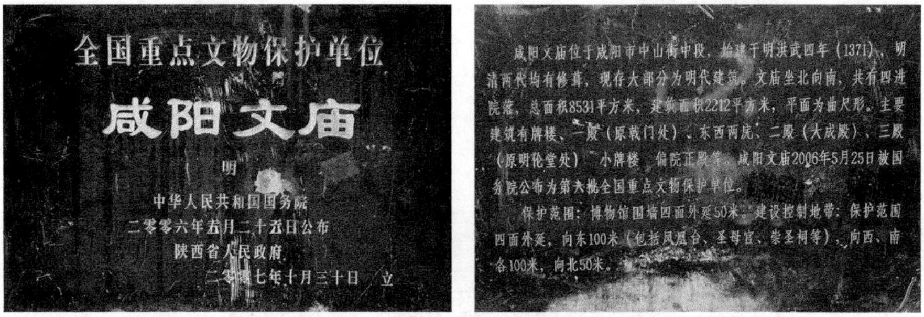

图 3-19　文物保护碑及碑文

第二节　兴平孔庙

一、历史沿革

兴平市的前身叫始平县、金城县，唐至德二年（757 年），兵马使李奂统领兴平军驻扎金城县，因平“安史之乱”有功，取“兴唐平叛”之意，故改金城县为兴平县，自此兴平县名沿用至今。兴平一带有多家大中型国企，1993年6月撤县设市，是为县级兴平市。

兴平孔庙位于兴平市县门街东路29号。据民国《重纂兴平县志》载：“文庙在县治西（图 3-20），旧志未详所始。武功、三原各志皆谓元世祖时建，或亦建于是时。”[①]明洪武时知县沈讷，成化时知县王琮，弘治时知县朱瑄，正德时知县李应阳，嘉靖中知县郭孔完、朱文，万历中知县刘腾霄，清顺治十六年知县徐开熙、康熙三十八年知县张宏图、雍正六年知县胡蛟龄、乾隆四十三年知县顾声雷俱曾为添建重修[②]。“1922 年知事王廷珪捐廉三百金令徐怀璋制补祭器，残缺复完，知事李居义拨款修葺正殿。”[③]中华人民共和国成立后，因孔庙大殿年久失修，殿内木构件整体向西北方向倾斜达一米多，屋面覆瓦破坏较多，长年漏雨。1964 年省人民政府拨出专款，落架大修孔庙大殿。县上成立了领导小组，由县委书记吴江声、副县长样微波、文教局长高忠仕任组长，周向荣具体负责基建工作。工程由西安市古建队承担，省文物管理委员会何修龄负责技术指导，这次维修的部分木料来自拆毁的阜寨乡南佐村玉清观，瓦、脊兽等构件，也使用兴平明代的其他古建材料（因此，大殿的总体风格受到了影响）。维修工程从5月开始，到国庆节竣工。后因“文化大革命”的干扰，彩绘工程一直没有进行。1956 年，陕西省人民政府公布文庙大成殿为拟公布的省级重点文物保护单位[④]。1992 年 4 月 20 日被公布为陕西省重点文物保护单位。

---

① 民国《重纂兴平县志》，西安：艺林印书局，1923年铅印本。

② 乾隆《兴平县志》，光绪二年（1876年）刻本。

③ 民国《重纂兴平县志》，西安：艺林印书局，1923年铅印本。

④ 兴平县地方志编纂委员会：《兴平县志》，西安：陕西人民出版社，1994年，第737页。

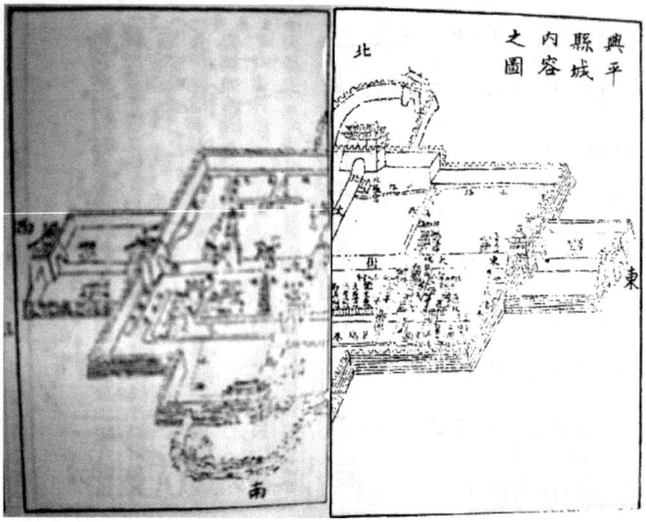

图 3-20　兴平县城内容之图[①]

二、形制与总体布局

据乾隆《兴平县志》，兴平孔庙坐北朝南，由南到北依次为棂星门、泮池、仪门（仪门左右为乡贤、名宦祠）、东西庑、大成殿。大成殿北为明伦堂，明伦堂东西为博文约礼斋、讲堂，明伦堂北为教谕宅，西为训导宅，西南为崇圣祠，崇圣祠南为文昌宫，文昌宫西南为忠孝、节义祠。

三、现存状况

兴平孔庙现为兴平市博物馆，占地面积 3700 平方米，1986 年建立博物馆。孔庙坐北向南，以院中的戟门将孔庙分为前后两院，除了大成殿为老建筑外，其余建筑都是近年重新建造的。大成殿（图 3-21）位于后院正北，是文庙的主体建筑之一。据碑石资料和民国《兴平县志》记载，孔庙大殿始建

① 民国《重纂兴平县志》，西安：艺林印书局，1923 年铅印本。

于明洪武五年（1372 年），明嘉靖、万历及清代屡有修护，现保存完整。大成殿面阔五间，平面呈长方形，东西长 17.6 米，南北宽 14.5 米。前檐有回廊，廊深 3.4 米。柱径 0.47 米，柱高 3.82 米，前后及东西檐均有斗拱，斗拱用材硕大。前檐斗拱为一斗三升出双杪双昂。后檐及东西檐斗拱为一斗三升双杪一昂，分置柱头和补间，昂面为琴面。大殿的梁架结构为三架梁，前后檐代单步梁。屋顶为歇山顶，琉璃筒瓦铺面，双龙小瓦当。屋脊正中为丹珠崇楼，两端为蟠螭琉璃吻。屋面脊部陡峭，檐部平缓。前檐明间和次间四扇格子门，稍间有后代补做的正六边形格子窗，其他三面为土坯墙体，墙体外涂草泥。从大殿残留的彩绘痕迹看，原以旋子彩绘为主①。大成殿总体造型沉稳浑厚，雄伟壮观，保留了金、元时代的艺术特点。大成殿内陈列唐、明两代大型造像十余尊（图 3-22），有面目安详的铁城隍、仪容威严的铜关羽、神态平和的玉石老君、笑口常开的铜弥勒、慈善和蔼的铜观音等，实为铸造、雕刻艺术的上乘之作。

大成殿两侧为近年新修的东庑（图 3-23）、西庑（图 3-24），现作为博物馆展厅。

图 3-21　大成殿

① 兴平县地方志编纂委员会：《兴平县志》，西安：陕西人民出版社，1994 年，第 737 页。

图 3-22　大成殿内陈列的观音、城隍造像

图 3-23　东庑

图 3-24　西庑

戟门（图 3-25）为近年复建。面阔三间，硬山顶，灰瓦覆顶。

图 3-25　戟门

前院两侧为博物馆的办公室，院内立着两通古碑。戟门正南方为陕西省文保中心古建公司 2003 年 5 月承建的兴平孔庙牌楼（图 3-26），现为孔庙大门。

图 3-26　牌坊

戟门北侧东西立有两座明代铁焦炉，系原城隍庙内香炉，后移到孔庙博物馆保管。孔庙内最有价值的是露天摆放的那些古碑，这些古碑中有《隋贺若谊碑》、《兴平县重修孔庙儒学碑记》、《兴平县孔庙重修记》（图 3-27）、《重修兴平县孔庙碑记》等。《隋贺若谊碑》（图 3-28）立于戟门西南侧，隋开皇十六年（596 年）立，砂质岩，螭首圭额，首高浮雕六螭盘旋下垂，圭额小篆《大隋使持节柱国灵州总管海陵郡贺若使君之碑》。碑身上窄下宽，有斜刹。碑文正书，共 28 行，满行 66 字，为国家级书法艺术名碑，碑阴为北宋徽宗御制《大观圣作之碑》，大观是宋徽宗赵佶的年号。终宋之世，抑武扬文，自开国皇帝赵匡胤起，便多用力于文治，赵佶秉承了这种遗风，大观元年即 1107 年 3 月，开始推行一项与文治配套的新政，下诏以八行取士。所谓八行，即“善父母为孝，善兄弟为悌，善内亲为睦，善外亲为姻，信于朋友为任，仁于州里为恤，知君臣之义为忠，达义利之分为和”，有此八行的学人，进学可获得优惠政策和奖励，比如“凡有八行实状，乡上之县，县延入学，审考无伪，上其名于州”，“苟备八行，不俟终岁，即奏贡入太学，免试补为上舍”等。同时又制定“不忠、不孝、不悌、不和、不姻、不睦、不任、不恤之刑”，诸犯八刑者，也要接受相应的惩罚。八行八刑新政主要关乎学人命脉，当年 9 月，就有大臣奏请将“诏旨摹刻于石，立之宫学，次及太学辟雍天下郡邑”，转年刻石相继立于各地，新政的内容于是快速传布。记载八行八刑新政内容的刻石，就是大观圣作之碑。这样的碑石当年遍布宋境，如今存世数量非常稀少。陕西此碑笔者仅见兴平文庙一处[①]，碑额楷书，碑文为宋徽宗赵佶的瘦金体楷书，满行 68 字，共 27 行，郑久中摹刻，李时雍摹写，蔡京题额，该碑字体钢筋铁骨，瘦硬峻峭，为摹写宋徽宗瘦金体书法作品之精华，具有较高的史料价值和书法研究价值。

---

① 据清代王昶《金石萃编》记载，此碑今存者山左较多，河南次之。“山左”指山东省。另外，此书中还记载了陕西兴平、淳化、临潼、高陵四地的大观碑四种，今此碑陕西仅存兴平。

图 3-27　兴平县孔庙重修记碑

图 3-28　隋贺若谊碑、大观圣作之碑

第三节　旬邑孔庙

一、历史沿革

旬邑孔庙位于陕西省旬邑县北大街 38 号。据同治《三水县志》载："文庙在东门内南偏，枕广原而环汃水（图 3-29）。"孔庙始建于明成化十五年（1479 年），由知县杨豫修建大成殿及两庑戟门。嘉靖十年（1531 年）知县刘仪修建棂星门、泮池、敬一亭。嘉靖十二年（1533 年）、嘉靖十三年（1534 年）知县张珩修建启圣祠、名宦祠、乡贤祠。明万历十一年（1583 年）知县李先改建，岁久倾圮。康熙十年（1671 年）知县林逢泰捐俸重修，清乾隆、嘉庆、道光年间相继重修并置祭器等物。"同治五、六、七等年，回逆猖獗，大兵驻扎城外，庙内门窗并两庑、名宦、先贤各神牌尽行毁坏。"[①]光绪十四年（1888 年）县令伦肇纪复重修，至宣统三年（1911 年）各殿均完整，祭器、书籍齐备，当年议升大祀后祀典极为隆重。民国初年孔庙屡遭破坏，仅剩大殿和两庑，1941 年在旧址上建立县立初中。中华人民共和国成立后改为城关完小，20 世纪 60 年代

① 同治《三水县志》，同治十一年（1872 年）刻本。

被县机械厂作为钢材仓库用（图 3-30）。2000 年 5 月县政府决定县机械厂将孔庙交付县博物馆抢救维修保护，2006 年 4—7 月，在旬邑县委和县政府支持下，旬邑县博物馆多方筹措资金 60 多万元，按照“就旧修旧，不改变原样”的文物维修原则，对孔庙进行落架维修，按历史原形原样对残缺的木门木窗及木雕、砖雕进行修补，恢复古建筑旧有风貌。[①]旬邑孔庙在 1982 年 5 月被旬邑县人民政府公布为县级文物保护单位，2008 年 9 月 16 日被陕西省人民政府公布为陕西省第五批重点文物保护单位。

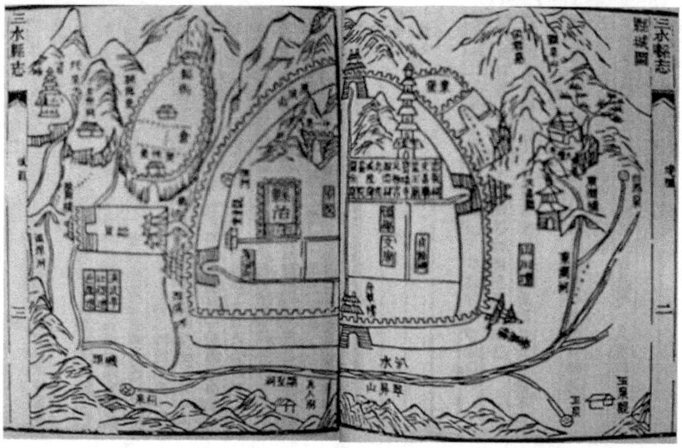

图 3-29　县城图[②]

图 3-30　维修前的大成殿[③]

① 张永超：《旬邑全力拯救明代文庙》，《咸阳日报》，2006 年 4 月 11 日，第 1 版。

② 同治《三水县志》，同治十一年（1872 年）刻本。

③ 据旬邑县文化旅游局档案翻拍。

二、形制与总体布局

据同治《三水县志》载："康熙辛亥知县林逢泰重修大成殿七间、东西庑各七间、戟门三间、棂星门三座、泮池一区、太和门一座。"[①]启圣祠在先师殿左，敬一亭、祭库、名宦祠、乡贤祠在先师殿前。

三、现存状况

孔庙现仅存大成殿一座。翻修后的大成殿（图3-31、图3-32）坐北面南，建筑在0.9米高的地基之上，面阔五间长16米，进深三间宽11.5米，屋面为歇山顶，是典型的七檩六椽式建筑，屋面中心施绿色琉璃瓦，屋面施用灰板瓦、灰筒瓦，四檐施斗拱，斗拱为一斗三升，五彩重昂，各角柱均施转角斗拱，檐部施勾头滴水，四个翼角角梁顶施彩色琉璃套兽。正脊两端鸱吻有一米多高，垂脊各端均有脊兽。整个建筑布局合理，结构严谨，肃穆壮观，体现了明代庑殿式建筑的风格。

图3-31 大成殿正面

① 同治《三水县志》，同治十一年（1872年）刻本。

图 3-32　大成殿背面

2008 年县委县政府投资 40 万元在大成殿内布置儒家文化陈列，主要有孔子玻璃钢仿铜坐像（图 3-33）和四个弟子玻璃钢彩绘站像，孔子塑像左侧为颜回、子路立像（3-34），右侧为曾子、端木赐立像（图 3-35）。孔子圣迹图壁画（图 3-36），孔子及弟子的生平简介（图 3-37），祭孔签名榜（图 3-38）等。孔子塑像两侧对联为："德配天地名垂青史，道冠古今誉满全球。" 传统孔庙祭祀等级为孔子居中，左面为颜回和孔伋、右面为曾参和孟轲等"四配"，"十二哲" 分列东西两侧，子路、端木赐应置放在东侧"十二哲"的陪祀位置。大成殿外立有省文物保护碑（图 3-39）。

图 3-33　至圣先师孔子塑像

图 3-34　颜回、子路塑像

图 3-35　曾子、端木赐塑像

图 3-36　孔子圣迹图壁画

图 3-37　孔门七十二贤简介

图 3-38　祭孔签名榜

图 3-39　保护碑

第四节　泾阳孔庙

一、历史沿革

泾阳孔庙位于泾阳县孔庙街（图 3-40），始建年代不详，但据院内所立宋代邑人所著《重修孔庙碑记》中载有宋元祐五年（1090 年）十月重修孔庙的情况，说明孔庙至少是在宋元祐五年（1090 年）之前所建。据乾隆《泾阳县志》载："儒学在南门西，前与文庙连，东抵街，西抵射圃后，民居门乃东出，学址故促。明伦堂后即敬一亭，亭后仅数仞。知县朱友达拓之建尊经阁，然卑陋，知县傅好礼又拓而增缮焉。崇祯五年知县梁士淳重修。本朝顺治五年知县张应召重修。""文庙在儒学前，逼城。明嘉靖间地震，城圮，知县钟岱拓其前址，修之为半规状，万历四年知县傅好礼又凿其南傍城处为泮，引泮水环而注之，崇祯五年知县梁士淳重修。本朝顺治五年知县张应召重修。康熙年间知县章裕、训导安其位重修，雍正十二年知县张成德率阖邑绅衿耆庶重加修葺。"[①]宣统《重修泾阳县志》载："文庙在县城内西南隅，创始未详。明嘉靖间地震，城圮，知县钟岱重修之，拓其址。万历四年知县傅好礼、崇祯五年知县梁士淳皆复修之。国朝乾隆二十九年知县张炳鲲、嘉庆年间知县秦梅、道光四年知县恒亮皆屡有修葺。同治元年城陷被焚，四年知县黄传绅筹修大成殿，光绪十一年安吴堡吴周氏捐银四万两有奇重修。"[②]中华人民共和国成立初期，孔庙被学校占用，之后改为粮站、种子公司。1985 年，县文物管理委员会迁入办公，现为泾阳县博物馆所在地。1980 年泾阳孔庙被列为泾阳县第一批重点文物保护单位，1992 年 4 月 20 日被列为陕西省重点文物保护单位。

---

① 乾隆《泾阳县志》，乾隆四十三年（1778 年）刻本。

② 宣统《重修泾阳县志》，天津：华新印刷局，1911 年铅印本。

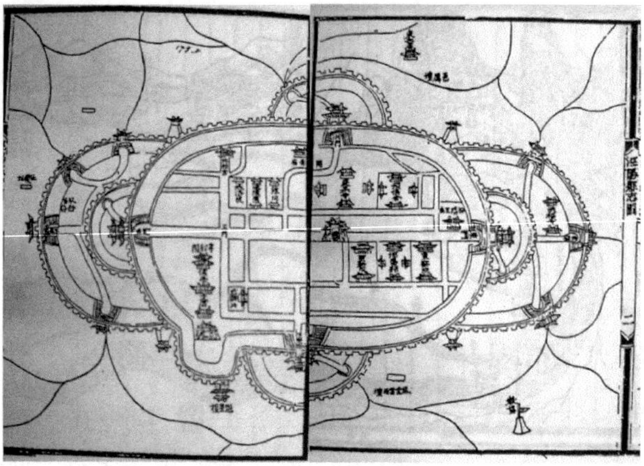

图 3-40　乾隆年间泾阳县城图[①]

二、形制与总体布局

据道光《重修泾阳县志》载：孔庙“计戟门鞍架房十二间，棂星门牌楼一座，泮池周围长一十四丈，石栏砌护，照壁五间，东西两边角门二合，大殿六椽，房七间，凤翅成造。两庑椽房二十八间。”崇圣祠在儒学右射圃前，名宦祠在棂星门内东庑、乡贤祠在棂星门内西庑，文昌祠在儒学门街东稍北，忠孝祠在学宫前，节孝祠在城隍庙东偏[②]（图 3-41）。光绪十一年（1885 年）重修后，“计大成殿九架、七楹，殿东翼门三架一间，东西庑四架各十间，东西乐器室四架各五间。戟门五架、三间，东西二门三架各一间，翼室各三架、三间。名宦、乡贤各四架、三间。棂星门五架、三间，月台前后泮池，石栏。圣域、贤关门东西各三架、一间。”文昌宫在儒学门东，崇圣祠在儒学门右，魁星楼在南城上。名宦祠在棂星门东，乡贤祠在棂星门西，忠孝祠在明伦堂东，节义祠在忠孝祠后[③]。

① 乾隆《泾阳县志》，乾隆四十三年（1778 年）刻本。
② 道光《重修泾阳县志》，道光二十二年（1842 年）刻本。
③ 宣统《重修泾阳县志》，天津：华新印刷局，1911 年铅印本。

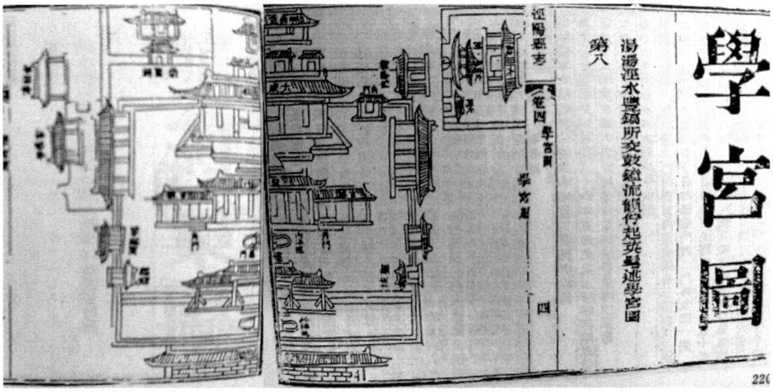

图 3-41　道光年间泾阳学宫图[①]

三、现存状况

泾阳孔庙现为泾阳县博物馆，占地面积 5289 平方米，建筑面积 1358 平方米，1985 年建立博物馆。文庙整体建筑坐北朝南，以南北中轴线对称排列，形成完全四合院群落，现存建筑分为大成殿、戟门、东西庑殿、东西翼室四大部分，为清代建筑（图 3-42）。

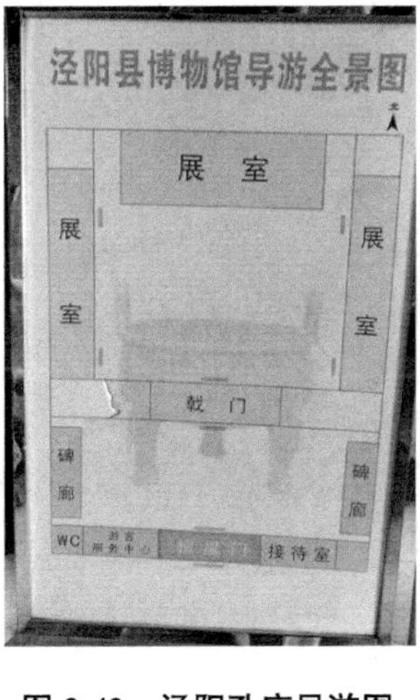

图 3-42　泾阳孔庙导游图

① 道光《重修泾阳县志》，道光二十二年（1842 年）刻本。

大成殿是孔庙的主体建筑（图 3-43），位于中轴线的正北方。面阔七间，进深四椽，歇山顶。九架梁，抬梁式结构，檐带双步梁。顶施布纹灰瓦、黄琉璃筒瓦，檐施黄琉璃沟头滴水。各脊施绿琉璃构件装饰。前檐转角斗拱为五踩重昂，昂间檐枋浮雕熏炉、焰火。檐交角柱木雕龙首，口含珠。铁制龙须嵌抱垂鱼，垂鱼四面阳刻篆文“寿”字。角檩外端套黄琉璃龙首。8 根前檐柱（图 3-44）为整青石雕成，四棱体，四角双圆倒棱。柱础为青石雕须弥座。其上层四石浮雕文房四宝、博古等，束腰为水波纹，下层边角雕以几何纹。明间两柱柱础（图 3-45）通体高浮雕游龙戏浪，柱头嵌木雕龙首。斗拱为三跳单昂，挑尖梁头亦木雕龙首代昂[①]。大成殿前有月台（图 3-46），月台前有“二龙戏珠”御路丹陛（图 3-47）。

图 3-43　大成殿正面

图 3-44　大成殿前檐石柱

① 泾阳县县志编纂委员会编：《泾阳县志》，西安：陕西人民出版社，2001 年，第 681 页。

图 3-45　月台

图 3-46　石柱造型

图 3-47　御路丹陛

孔庙的主要功能是祭祀孔子，大成殿内正中供奉的就是至圣先师孔子（图 3-48），塑像为玻璃钢坐像，坐像两旁楹联：“气修四时，与天地鬼神日月合其德；教垂万世，继尧舜禹汤文武作之师。”孔子塑像东侧依次为子路（图 3-49）、言偃（图 3-50）立像，颜回、曾参坐像（图 3-51）；东侧依次为闵损（图 3-52）、子贡（图 3-53）立像，孔伋、孟子坐像（图 3-54）。传统文庙塑像孔子两边是“四配”，右边是复圣颜回、述圣子思，左边是宗圣曾参、亚圣孟轲；大殿东西两侧为“十二哲”塑像。泾阳孔庙将子路、言偃、闵损、子贡立于孔子两侧不知出于何故？

图 3-48　至圣先师孔子塑像

图 3-49　子路塑像

图 3-50　言偃塑像

图 3-51　颜回、曾参塑像

图 3-52　闵损塑像

图 3-53　子贡塑像

图 3-54　孔伋、孟子塑像

大成殿两侧东庑（图 3-55）、西庑（图 3-56）相向而建，格局相同，通面阔十二间，进深一间，前带廊。三架梁，抬梁式结构，前带单步梁，硬山式屋顶。顶施灰布纹筒、板瓦，檐施灰布纹沟头滴水。脊施灰平，顺花脊。铺间斗拱二攒，一斗三升，柱头亦同。柱础为八棱须弥座，浮雕花卉①，今做展室用。

图 3-55　东庑

① 泾阳县县志编纂委员会编：《泾阳县志》，西安：陕西人民出版社，2001 年，第 681 页。

图 3-56　西庑

戟门（图 3-57）位于大成殿正南方，面阔三间，进深两间。五架梁，抬梁式结构歇山屋顶，顶施灰布纹筒、板瓦，黄琉璃色边。脊施绿琉璃构件装饰，转角斗拱为五踩重昂，柱头形式及拱同大成殿相似。明间斗拱二攒，五踩重昂，为“品”字形，次间三跳单昂，有左、右耳各一间（图 3-58），硬山式屋顶，顶施灰布纹筒、板瓦。斗拱三攒，中为五彩重昂，两侧为单昂。台阶长 19.95 米，宽 9.2 米，高 0.73 米，边镶青石条。戟门两侧为 东、西翼室，建筑格局相同。三架梁，抬梁式结构，面阔三间，进深一间。屋顶前同庑殿相接，侧与耳室相连，顶施瓦件及斗拱等同庑殿[①]。戟门有仿山东曲阜孔庙大成门的楹联：“先觉先知为万古伦常立极，至诚至圣与两间功化同流。”为清雍正皇帝所撰题。

图 3-57　戟门

① 泾阳县县志编纂委员会编：《泾阳县志》，西安：陕西人民出版社，2001 年，第 681 页。

图 3-58　戟门及东、西翼室

戟门外至孔庙大门处为一院落，东西两侧为碑廊，戟门外东侧立有下马石和文物保护碑（图 3-59）。棂星门不知毁于何时，现院内还残余原棂星门基石（图 3-60）。现孔庙大门（图 3-61）修于原孔庙棂星门处，“棂星门是文庙中轴线上的牌坊或牌楼式石结构、木结构或石木结构的建筑，主要位于泮池前后。这是孔庙特有的建筑形式，使文庙显得更为庄严”[①]。今孔庙大门为悬山建筑，面阔三间，进深一间，灰瓦覆顶，前有门廊。今泾阳孔庙称其为棂星门，似为不妥，应将其改建为牌坊或牌楼式的建筑。

图 3-59　下马碑

---

① 刘新：《儒家建筑——文庙》，北京：中国建筑工业出版社，2013 年，第 102 页。

图 3-60 原棂星门基石

图 3-61 孔庙大门

孔庙大门外为 2010 年 9 月 29 日正式落成的孔庙广场，工程投资 750 万元。广场呈矩形，南北长 105 米，东西宽 51 米，总占地面积 5120 平方米。广场由南至北分为绿化休闲区、论语文化区、孔子习作区及孔庙敬仰四大功能分区，内设仿古牌坊（图 3-62）、孔子雕塑文化墙（图 3-63）、拱桥（图 3-64）等建筑[①]。新建的仿古牌坊位于广场最南端，石牌坊横批“雍熙穆若”，有对联“祖述尧舜宪章文武，德参天地道贯古今”。

① 黄桂彬：《泾阳文庙和郑国广场竣工孔像落成》，《咸阳日报》，2010 年 9 月 30 日。

图 3-62　仿古石牌坊

图 3-63　孔子雕塑及文化墙

图 3-64　拱桥

孔子塑像高 4.9 米，通体白色，以孔子老年讲学形象而塑造，孔子塑像呈抱拳状立像，似在向后人讲述中华民族的文明史。孔子塑像身后为孔子简介的文化墙，文化墙背侧刻有泾阳乡贤录（图 3-65）。

图 3-65　泾阳乡贤录文化墙

第五节　礼泉孔庙

一、历史沿革

礼泉历史悠久，秦始皇二十六年（前 221 年）建县，名谷口县（一作瓠口），西汉置谷口邑，属左冯翊管辖，后改为谷喙县，东汉并入池阳，南北朝时改称宁夷县。隋文帝开皇十八年（598 年），因境内有泉，味甘如醴，且旁有醴泉宫，故更名为醴泉县。礼泉孔庙位于县城内中山东街（图 3-66），据《重修文庙碑记》载："洪武二年，县治西移，土木肇兴，即创庙宇。"清代的康熙、雍正、嘉庆、咸丰年间均进行过修葺或扩建。1940 年昭陵中学成立时，设立在孔庙内，后一直为礼泉县第二中学使用，2003 年 9 月 24 日被陕西省政府公布为第四批省级重点文物保护单位。

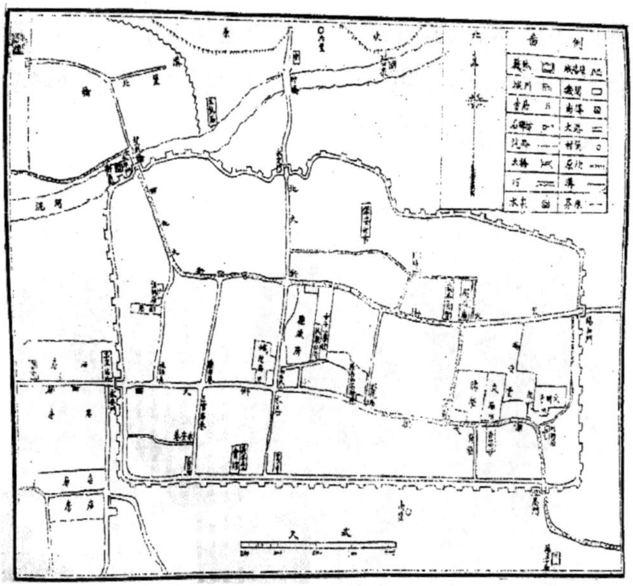

图 3-66　礼泉县治城全图[①]

二、形制与总体布局

据民国《续修礼泉县志稿》载：

文庙在县治南，东北俱抵民居，西抵儒学，南抵大街。大成殿五间，左右有库房，藏祭器。戟门三间，两庑二十六间，棂星门三间。万历二十三年知县张大美重修，康熙十三年知县郑廷秀继府幕署县事王尔谦会同训导梁招凤重修。其两庑于康熙二年知县查辈英协同训导申旨重修。旧庙泮池在棂星门内，天启五年知县萧如尹移置大门外，东有文昌阁，南有魁星楼。《旧志》云：雍正九年十一月十二日大成殿火，知县钱界率绅士捐修，功垂成复火，再捐修于十一年工竣，颇失旧制之宏丽。前《志》所载祭器并失，知县宫耀亮制大尊一、大鼎一、中鼎三、香鼎五、烛台

① 民国《续修礼泉县志稿》，1935 年铅印本。

十七具、香炉九、笾豆簠簋各九、锡爵六十九，见蒋《志》。嘉庆七年知县周庚修葺。咸丰七年知县王泽春、教谕傅诗、训导杨瀚藻、典吏袁椿重修。光绪十五年知县张凤岐、教谕罗士鑣、训导樊楷率邑绅重修。升筑大成殿，地基七尺有奇，崇圣祠地基五尺有奇。东西朝房各三间。

“崇圣祠旧在文庙东，明嘉靖十一年知县张良辅建，万历二十九年知县张大美徙建大成殿东，嘉庆七年知县周庚修葺，咸丰七年知县王泽春、光绪十五年知县张凤岐又与文庙同时重修。”[①]戟门外东西两侧有名宦祠、乡贤祠。

三、现存状况

礼泉孔庙建筑群坐北朝南，前庙后学，气势恢宏。孔庙长 128.8 米，宽 36.5 米，占地 4701 平方米，除棂星门 1975 年被拆除外，其他建筑大都保存完好。原棂星门为三楼四柱，歇山顶木构建筑，门内有一砖砌半圆形泮池，2008 年重修孔庙时恢复重建了棂星门（图 3-67）和泮池（图 3-68）。

图 3-67　棂星门

① 民国《续修礼泉县志稿》，1935 年铅印本。

图 3-68　泮池

泮池后有硬山顶出单昂三间戟门(图 3-69)一座，檐高 4.23 米，面阔 11.33 米，进深 9.88 米。

图 3-69　戟门

戟门北面东西两厢有面阔各七间的庑房（图 3-70、图 3-71），庑檐高 3.53 米，宽 7.18 米，长 23.4 米，两庑之间为相距 18.86 米之院落。

图 3-70　东庑

图 3-71　西庑

东西庑北面为"大成至圣先师"正殿（图 3-72、图 3-73、图 3-74、图 3-75），坐北向南，坐落在高 1.96 米、面积 212.8 平方米的砖砌台基上。月台面积 46.8 平方米，两侧有踏步。殿为硬山顶，屋正脊两端有鸱尾，中有"高明"。屋面、脊兽等覆以青色琉璃瓦，殿面阔 16 米，进深 10.3 米，面积为 164.8 平方米，殿前两面有丛墙。

图 3-72　大成殿正面

图 3-73　大成殿背面

图 3-74　大成殿侧面

图 3-75　屋顶

大成殿东北侧为崇圣祠（图 3-76）。祠屋面阔 9.47 米，进深 9.3 米亦为硬山顶建筑[①]。

图 3-76　崇圣祠

礼泉孔庙 2008 年后得到礼泉县委、县政府的关注和保护（图 3-77），2011 年 1 月 10 日礼泉孔庙保护维修工程得到验收。礼泉第二中学也已搬出，现成立礼泉县文物旅游局孔庙文管所进行管理，经常举行一些书画展等活动，门口立有省级重点文物保护单位碑（图 3-78）。

① 礼泉县志编纂委员会：《礼泉县志》，西安：三秦出版社，1999 年，第 867 页。

图 3-77　重修文庙碑记

图 3-78　文物保护碑

第六节　三原孔庙

一、历史沿革

三原孔庙原址在三原县南大街县府巷东南角，今三原县公安局办公楼处。据光绪《三原县志》载：孔庙“在县治右，元大德十年邑人张德明输财度地创建于此。县尹真定郭真始构大成殿三楹，后长安王天民增建戟门五楹，东西两庑各九楹，至正十年县尹李诚、二十八年河南行省左丞陈思道，明洪熙元年知县宋麟、县丞樊用、主薄范敬士、夫张景皆重修。”“道光十六年知县陆铨以岁久就圮，议重新。邑人郎中胡肇基输资鸠工垂成，旋被火，复修如制。”① “文化大革命”中，孔庙仅存的建筑尽遭焚毁，荡然无存，仅余原文庙前的棂星门木牌坊。

二、形制与总体布局

昔日孔庙主要建筑有大成殿、戟门、棂星门等数十间，且有名宦祠、乡贤祠列于戟门外东西两边（图 3-79）。

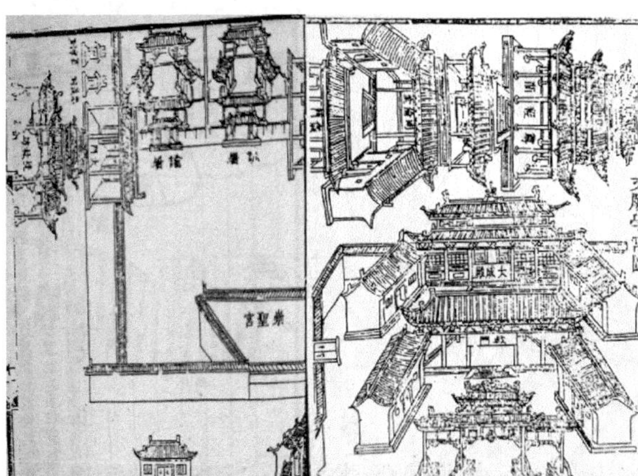

图 3-79　孔庙学宫图②

三、现存状况

焚毁后的孔庙旧址改作三原县公安局。孔庙仅存的棂星门木牌坊（图 3-80）

① 光绪《三原县志》，光绪六年（1880 年）刻本。
② 光绪《三原县志》，光绪六年（1880 年）刻本。

在1983年被移置于县城东南十里的安乐乡中王堡村文峰木塔文管所保存。棂星门木牌坊始建于元大德七年（1303 年），历元、明、清三代屡有改建和修葺，清道光十六年（1836年）重修。木牌楼结构为四柱八撑三楼式，通高约15米、面宽10米，顶覆琉璃瓦，檐下施如意斗拱。

图 3-80　三原孔庙仅存的建筑——棂星门木牌坊

第七节　乾县孔庙

唐昭宗乾宁二年（895 年）以奉天县置乾州，1913 年改乾州为乾县。乾县孔庙位于县城内东新街中段南侧（图 3-81），现乾县黉学门中学内。据光绪《乾州志稿》载：

> 文庙在城东南街，唐武德初建，宋、元失考。明成化元年知州何节市民地恢而广之修如制。大成殿五楹，殿后为敬一亭，御制训饬士子文在焉。东西庑各十间内属于殿，外接戟门。有永新刘定之撰记。戟门三楹，万历己卯知州杨时行合两庑重新之。南为棂星门，又南为泮池。天启元年知州周应泰刱修也。万历十九年知州贾一敬于泮池之南添砌照墙。四十五年训导李珍建栅栏坊于左右，左曰“义路”、右曰“礼门”。国朝顺治、康熙间知州戴圣聪、佟有信、汪源泽各重修。雍正二年学使王暮捐俸修，知州黄

炜成之。乾隆四十年知州郭愈博次第补葺，各有碑记。道光二十九年知州常瀚撤旧更新，戟门西增斋宿房，又添修照壁绕以花墙焉。[①]

1945年9月，陕西省省立乾州师范学校在乾县孔庙（图3-82）建立，1949年，陕西省立乾州师范学校更名为陕甘宁边区乾县师范学校，1950年又更名为陕西省乾县师范学校。乾县孔庙一直为乾县师范学校使用，中华人民共和国成立后尚存大殿及东西庑，后因乾县师范学校扩大校舍，原有建筑全被拆毁，仅留古柏3棵（图3-83、图3-84），东侧2棵（图3-85），西侧1棵（图3-86），地面还残余有基石等物（图3-87）。1983年12月18日被列为乾县第一批文物保护单位（图3-88），4通石碑据笔者考察均已失踪。2005年9月，乾县师范学校与其他学校合并升格为咸阳职业技术学院迁往今西咸新区，现校区2011年2月为新合并成立的乾县黉学门中学（图3-89）使用。

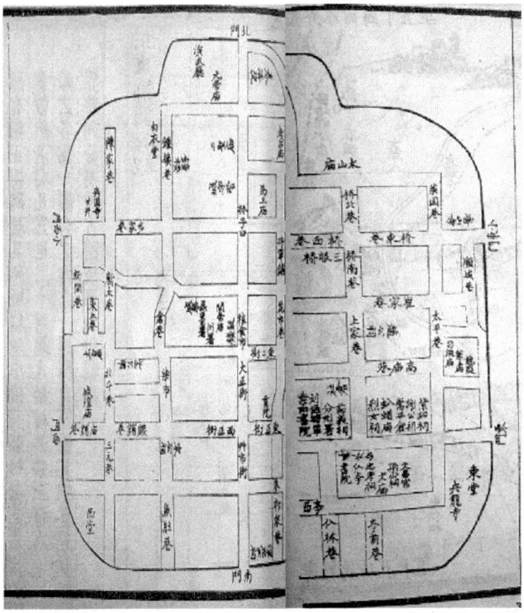

图3-81　城郭图[②]

① 光绪《乾州志稿》卷7《祠祀志》，光绪十年（1884年）刊本。
② 光绪《乾州志稿》卷1《城郭图》，光绪十年（1884年）刊本。

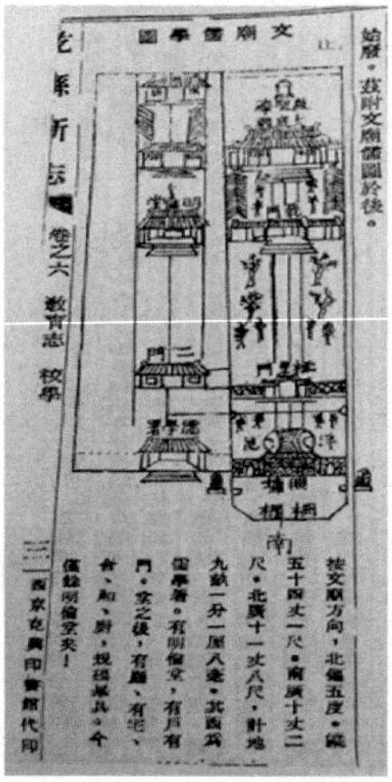

始厤。茲附文廟儒圖於後。

文廟儒學圖

按文廟方向，北偏五度。縱五十四丈一尺，南廣十丈二尺，北廣十一丈八尺，計地九畝一分一厘八毫。其西爲儒學署，有明倫堂，有戶有門。堂之後，有齋、有宅、有倉、廁、廚，規模粗具。今僅餘明倫堂矣！

乾縣新志 卷之六 教育志 校學 三

西京克興印書館代印

图 3-82　孔庙儒学图①

图 3-83　古柏南侧

图 3-84　古柏北侧

① 民国《乾县新志》卷 6《教育志 · 校学》，西京：克兴印书馆，1941 年。

图 3-85　东侧古柏

图 3-86　西侧古柏

图 3-87　基石

图 3-88　保护碑

图 3-89 乾县黉学门中学

第八节 长武孔庙

长武县因历史上是“常常用武之地”而得名“长武”。据明万历十五年（1587 年）三月督学使者德清许孚远撰《建修文庙碑记》载：“长武创自万历之十一年。其地故隶豳州，即古者公刘自邰徙居处。汉名鹑觚县，魏改宜禄县。”明万历十一年（1583 年）三月，复建长武县置。议部选授梁道凝首任县知事，夏六月入关莅任。到职视事之初，迁县治由冉店镇至宜禄镇，当年秋八月动工修筑。万历十二年（1584 年）夏六月建成，规制具备。明万历十一年（1583 年）始置长武县时，在当时的县城西街修建了孔庙，据宣统《长武县志》载：“在县城西南有文庙，旧志知县梁道凝建后尽焚，止存大殿，嗣陆续增修备列于左。”有戟门三间、名宦祠一间、乡贤祠一间、东西两庑各五间、启圣祠三间、明伦堂、尊经阁一间、敬一亭一间、博文斋三间、约礼斋三间、大门一间、仪门三间、魁星楼一间等[1]。孔庙殿堂、庭院依定式规格布局，结构严谨，1944 年，尚有殿、堂 37 间，有碑碣 9 通[2]。今仅存古柏一株（图 3-90），位于长武县实验中学院内，挺拔苍劲，四季滴翠，依稀可见昔日孔庙风采。

① 宣统《长武县志》，宣统二年（1910 年）刊本。
② 佚名：《长武县城变迁》，http://www.sanqinyou.com/shaanxi/info/129214474587217.html（2015-12-12）。

图 3-90 古柏

古柏前立有《长武县初级实验中学古柏》（图 3-91）诗碑，刻有高云峰的赞古柏诗云：“昂首凌苍碧，葳蕤缘根深。浑颜彰浩魄，泮侧覆浓荫。韵致谐黉馆，胸怀壮锦鳞。铮铮风骨峭，一似北豳人。”碑有小注：“长武县初级实验中学校园古柏，为明万历十五年（1587 年）建文庙时所植，树高 13.5 米，主杆 7 米，树身 2.8 米，是长武县境内最古老的一棵树。”

图 3-91 碑文

长武孔庙及其遗存是长武文化的根和魂，正如明万历十五年（1587 年）《建修文庙碑记》云：

先儒盖言：雍州土厚水深，民性重厚质直，不为浮靡道之善，固易驱之猛亦疾。故周用之以兴二南之化，而秦用之以为富强之资。嗟乎！及秦之流毒固已久矣！我国家建学育材，一仿成周辟雍泮水之制。其大端以崇礼、明义、忠君、孝亲为急。幸而生逢当世，必其为周不为秦，为善不为猛，可知也！而况先王之遗泽尚存，新邑之政教伊始，其从善宜有易易者哉？书曰："惟民生厚，因物有迁"。言反薄归厚存乎其人也。语云："新沐者必弹冠，新浴者必振衣"。言舍旧从新存乎其时也。尔多士勖之，吾将延颈拭目，以观长武之士兴，与朝而善其俗者。

我们期待着儒学和孔庙的复兴。

附录：《建修孔庙碑记》[①]

按长武创自万历之十一年。其地故隶邠州，即古者公刘自邠徙居处。汉名鹑觚县，魏改宜禄县。历唐宋元明而邑废，置宜禄驿，驿又他徙。顷，巡抚御史萧公廪、巡按御史龚公懋贤、陈公荐，相继为民疏请。若曰：宜禄距豳远，当途冲，时有盗警为民患。先抚臣张瀚奏添州同知，分牧其地。事复掣肘，官与民两病之。无若置邑，便环宜禄，编立九里，居邠三之一。有城可守，有众可依，有生徒可教。易佐为令，裁训为谕。在转移之间，创构宫室，取赎锾为费，无烦公帑，一劳永逸。以丕从民志，盗贼可息，德化可行。天子曰：俞其割宜禄为邑，名长武，仍隶邠州。主爵者以郧西梁道凝补令长武任其役。于是邑治既兴，学宫鼎建。左为孔庙，右为明伦堂，两庑两斋如制。庙北为启圣祠，堂北为尊经阁，迤西为敬一亭。堂之东偏为教谕宅。宫墙之外，东为社学，西为射圃，焕然一新，期月而功告成。诸生籍宜禄改从新学者，凡五十有余人。邑令爰请于两台，檄提学副使许孚远为之记。浮远

① 明万历十五年（1587年）三月，县孔庙、学宫建成。督学使许孚远撰文树碑，为之记述。原碑断裂残缺，弃置长武中学。《长武县志》中载碑文912字，现附录之。详见宣统《长武县志》，宣统二年（1910年）刊本。

尝读《诗》至《豳风·七月》，而知豳俗之勤厚，周之所由以兴也。读《诗》至《公刘》，而知周之先公笃于豳者，如此其至也。

夫公刘避西戎之难，始迁于豳。当其陟巘降原，逝泉构京，以庐处斯民者，无所不善。而其民一务于农桑耕织业。《七月》诸篇，要以先时备豫。盖终岁勤动，而不敢有一意之怠荒焉！及其为裳与裘，为酒与食，率缓私而急公，优老而薄将，礼义之风，蔼然俱存。故民劳则善心生，化行而俗美。数十世至于古公亶父，避狄迁岐，而邠之人相与从之，固结而不可解，何其厚也。呜呼！此周公之所为，诗以告戒成王者乎！今邠实豳地，长武为邠西境。度诗所为，“度其夕阳，豳居允荒”。民于斯时生长，大半固不知有戎狄之患，迁徙之劳。独旧邑久废，今始恢复。上之人以庶几有匪居匪康，笃厚与民之意惟尔士。若民其视邠之先为何如也？吾闻此地寡商贩，专稼穑，犹有豳遗风。故为人多冥悍，士夫之家鲜克。由礼至婚娶而论财，尤近薄恶。岂数千载之下，厚道遂以凋丧欤？抑士未知学而礼教未明欤？先儒盖言：雍州土厚水深，民性重厚质直，不为浮靡道之善，固易驱之猛亦疾。故周用之以兴二南之化，而秦用之以为富强之资。嗟乎！及秦之流毒固已久矣！我国家建学育材，一仿成周辟雍泮水之制。其大端以崇礼、明义、忠君、孝亲为急。幸而生逢当世，必其为周不为秦，为善不为猛，可知也！而况先王之遗泽尚存，新邑之政教伊始，其从善宜有易易者哉？《书》曰：“惟民生厚，因物有迁”。言反薄归厚存乎其人也。语云：“新沐者必弹冠，新浴者必振衣”。言舍旧从新存乎其时也。尔多士勖之，吾将延颈拭目，以观长武之士兴，与朝而善其俗者。明万历十五年三月吉旦督学使者德清许孚远撰。

第四章　渭南地区孔庙

渭南地区地处陕西关中渭河平原东部，东濒黄河与山西、河南毗邻，西与西安、咸阳相接，南倚秦岭与商洛为界，北靠桥山与延安、铜川接壤。渭南市下辖11个县（市、区）：2个市辖区（临渭区、华州区）、2个县级市（华阴市、韩城市）、7个县（潼关、大荔、澄城、白水、合阳、富平、蒲城）。渭南地区现有孔庙遗存6处（表4-1）。

表4-1　渭南地区孔庙

序号	名称	地理位置	现存状况	时代	保护级别	备注
1	韩城孔庙	韩城市老城东学巷	总体院落保持完整	明	全国重点文物保护单位（2001.6.25）	—
2	蒲城孔庙	蒲城县红旗街1号	六龙壁、棂星门、戟门、明伦堂、崇圣祠	明	陕西省文物保护单位（1992.4.20）	大成殿于1976年因火灾被毁，现在的大成殿是2005年重新迁建的
3	合阳孔庙	合阳县城中心东大街中段	大成殿、明伦堂、尊经阁、两庑	明	陕西省文物保护单位（1992.4.20）	—
4	华县（今华州区）孔庙	县城东北角少华中学西侧	大成殿、东西庑	明	陕西省文物保护单位（2008.9.16）	—
5	渭南孔庙	渭南市临渭区老城街北侧95号	大成殿	明	陕西省文物保护单位（2003.9.24）	—
6	富平孔庙	富平县老城正街	大成殿、东西庑、泮池	明	陕西省文物保护单位(2014.6.9)	—

第一节　韩城孔庙

一、历史沿革

韩城市位于关中平原东北隅，西周初为韩侯封国。隋开皇十八年（598年）析置韩城县，唐天祐二年（905年）更名韩原县，五代唐天成元年（926年）复置韩城县。韩城孔庙位于陕西省韩城市老城东学巷，据《陕西通志》载："学宫在县治东，洪武四年知县周吉成重建。"形成前庙后学的格局，后多有修缮，但庙内主要建筑之结构形状，都基本未变。孔庙现占地面积13575平方米，建筑面积为8100平方米，主体和配列建筑共22座，计78间，古柏33棵，古槐7棵。由棂星门、戟门、大成殿、明伦堂、尊经阁等5个主体建筑和4个紧密相连的院落组成，其格局规范至今保存完好，整个建筑飞檐翘角、雕梁画栋、庭院宽阔、格局规范、结构严谨，为关中现存孔庙建筑之冠，是14世纪以来陕西省保存较完整、规模较大的一组古建筑群，在全国县（市）级孔庙中亦属罕见。自创建以来，孔庙一直是韩城的学府，是培养人才的摇篮，现为韩城博物馆所在地。1957年5月31日被韩城县人民政府公布为县级文物保护单位。1977年列为陕西省文物保护单位，2001年6月25日国务院公布为全国重点文物保护单位①。

二、形制与总体布局

据乾隆《韩城县志》载：

明伦堂五间，东西为斋，斋亦各五间。明伦堂北为敬一亭，厅南为

① 韩城地方志编纂委员会：《韩城市志（1990—2005）》，西安：陕西人民出版社，2012年，第466页。

先师庙，东西为庑，庑各十三间，前为庙门，又前为棂星门。庙之堧东有牲舍、神厨，俱兑向。厨舍之南为名宦祠，则离向。环庙为路，东曰“由仁”、西曰“行义”，皆师儒日所允蹈门，皆扁曰“儒学行义”。路之西为乡贤祠，北为启圣宫。“由仁”路之东为射圃厅，北为文昌祠、教谕宅一，在明伦堂左。训导宅二，一在文昌祠东少南，一在启圣宫西。庙学之前东有圣域坊，西有贤关坊，南有屏壁三（图 4-1）。[①]

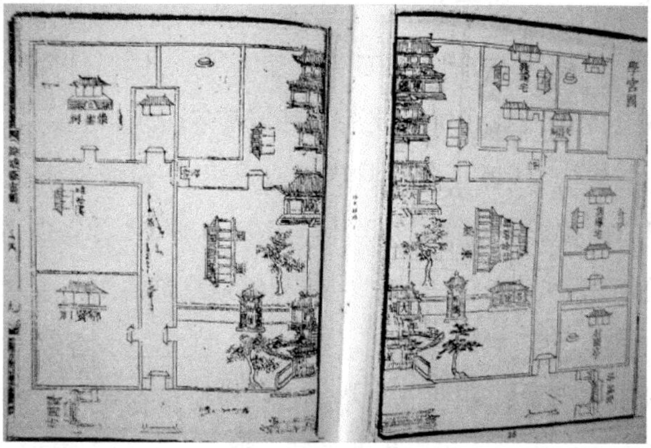

图 4-1　学宫图[②]

三、现存状况

孔庙坐北朝南，不设南门，主要建筑以照壁、棂星门、泮池、戟门、大成殿、明伦堂、尊经阁等构成一条南北长约 180 余米的中轴线。在轴线两侧设有牌楼、致斋所、更衣厅、碑楼、碑亭、东西庑、东西碑林、掌酒司、典库司、东西书斋等建筑。孔庙东西还有名宦祠、文昌阁等附属建筑，并与庙内相通。该庙在建筑设计上强调中轴线相对称的格局，利用层层递进的院落，按功能合理布置建筑，庙学结合，是研究明初地方孔庙建筑的范例。

① 乾隆《韩城县志》卷 2《学校》，乾隆四十九年（1784 年）刻本。
② 乾隆《韩城县志·图》，乾隆四十九年（1784 年）刻本。

孔庙门外有“贤关”（图 4-2）与“圣域”（图 4-3）两个木结构牌坊，东牌坊上书有“德配天地”，西牌坊上书“道冠古今”。由“贤关”“圣域”两门入庙，东西门口各竖立“文武百官军民等至此下马”的石碑（图 4-4）。门内南建有长 17 米、高 4.2 米的“万仞宫墙”（图 4-5），雕有体态生动、凌空欲飞、琉璃放彩的 5 条龙，琉璃龙体生动，纹彩工艺精美。两侧配以“鲤鱼嬉浪”砖雕，风急浪高，鲤鱼腾跃，寓有龙腾鱼跃，飞黄腾达，人才辈出之意。

图 4-2 贤关

图 4-3 圣域

图 4-4 下马石碑

图 4-5　万仞宫墙

“棂星门”（图 4-6）为孔庙正门，其门为悬山式，由 3 座木牌坊组成，五昂重拱，补间辅作分七、五、三朵饰以龙凤、仙人、狮马、花卉等。立柱直通屋外，俗称通天柱。顶饰琉璃盘龙，花卉套筒和宝葫芦攒头（图 4-7）。过此门，进入第一大院，院内古柏参天，树木成荫，鲜花盛开，清新雅致的环境使人赏心悦目。门前有泮池（图 4-8），池上中轴有双孔石桥，池四周有石栏围护。古代学宫前有泮水，故称学宫为泮宫。明清时，儒生经考试取入府、州、县学为生员，谓之“游泮”，也就是说古代具备秀才以上资格的人在祭孔时才能从桥上经过。院东侧有“更衣亭”、西侧有“致斋所”，这是祭孔前净心浴面、理衣整冠的地方。围墙上设四个角门，两边对称的 6 座碑楼（图 4-9），分别记载着明清两代的重修概况。

图 4-6　棂星门

图 4-7　花卉套筒和宝葫芦攒头

图 4-8　泮池

图 4-9　更衣亭和碑楼

“戟”是古代的一种兵器，“戟门”寓有庄严威武之意。院北三间为“戟门”（图 4-10），过“戟门”，进入第二院，此院是孔庙的中心建筑。正北面为孔庙主体建筑“大成殿”（图 4-11），这是摆放孔子牌位的地方。大成殿为孔庙主体建筑，位于中轴线上，此殿墙高壁厚，梁雕画栋，檐牙高啄，体态雄浑，颇具气势。它的结构体现了元代建筑“明三暗五”的特点，也就是说，明看三间，实际是五间。大成殿前有月台，月台周围有石栏雕蟠螭纹，是祭祀孔子时奏乐的场所。月台前中间有石雕陛道，也叫“御道”，专为皇上祭祀孔子时而铺设。上面雕刻着二龙戏珠、鲤鱼戏浪的图案，取“鲤鱼跃龙门”之意。御道上横置着一根同样雕刻着花纹的石柱，称为“龙杠”（图 4-12），据说只有当地的新科状元在祭孔时才能取杠而过，而进士、举人、秀才等其他人员，只能从两边通过。乾隆二十六年（1761 年），韩城人王杰考中状元，曾在御道上走过一回。大殿面阔三间，暗为五间，进深四间。屋面筒瓦包沟，歇山顶。殿内正中悬挂清康熙皇帝御笔“万世师表”镂雕华带横匾（图 4-13）。大殿两侧对称配建东西庑各 13 间，是古代放孔子七十二贤弟子牌位的地方。向北行大殿东西有坊式角门，殿后用花墙相隔。大院西南角有一颗千年古柏（图 4-14），胸围 4.82 米，五枝高攀，雄壮奇特，俗称“五子登科”。过去的文人学士赶考前都要到孔庙膜拜孔子，并且还要抚摸一下“五子登科”古柏的树干，以求科场高中。更有特点的是因为年代过于久远，其枯枝自然形成孔雀、仙鹤、鹿等动物造型，自然天成，形态逼真，妙趣横生。大成殿外东北角有一古槐（图 4-15），胸围 3.55 米，树龄也在千年以上。第二院建筑呈凹形，布局紧凑、结构严谨。

图 4-10　戟门

图 4-11　大成殿

图 4-12　孔庙的“御道”与“龙杠”

图 4-13　“万世师表”镂雕华带横匾

图 4-14　“五子登科”千年古柏

图 4-15 千年古槐

出了角门，过了马道巷，进入文庙第三、第四院落，这两院是古代的学宫。明伦堂（图 4-16）建于明洪武四年（1371 年），堂中五间，宽敞明亮，堂正上方悬挂着木刻“师道尊严”的大字匾（图 4-17），字体苍劲深厚，堂后中门上砖刻“由仁义行”（图 4-18），此堂是释经讲道的场所，也就是学生学习的地方。堂里分别设有东西碑林，院东西两侧各有 7 间廊屋（图 4-19），分别为“掌酒司”“典库司”，是古代存放祭品的地方。

图 4-16 明伦堂

图 4-17 “师道尊严”木匾

图 4-18 砖刻“由仁义行”

图 4-19 东西两侧的廊屋

穿过明伦堂后，从甬道北行来到第四院，拾级而上即为“尊经阁”（图 4-20）。“尊经阁”基地四周砖砌而成，中间夯土而添，地基高 3.65 米，四周有花栏墙围绕。阁为重檐歇山顶，结构宏伟，檐翅脊耸，椽绿柱红，富丽堂皇，周有四廊，明楹十八，补间辅以华拱，琉璃雕花脊，鸱吻而尾卷。绕台而望，古城风貌一览无余，尽收眼底。尊经阁为学官藏书之所，阁中曾藏有“十三经”和“二十一史”，阁前台下两侧配建东西书斋各六间。

图 4-20　尊经阁

韩城孔庙现为韩城市博物馆所在地，馆内陈列了历代珍奇，无有断代。展馆面积 2000 余平方米，共分文物精品、古代工艺、历代名人、石雕、石刻和临时性展物 5 个展室。馆藏文物 22 大类共 3 万多件，其中珍贵文物 500 余件，位居陕西省县级博物馆之首。

如今的韩城孔庙，经常开设一些文化活动（图 4-21、图 4-22），类似“国学大讲堂”、大成殿儒家礼仪演示、民间剪纸等别开生面的文化活动来传承中华传统文化，推进社会主义核心价值观教育，提升城市文化品位，丰富传统文化内涵。

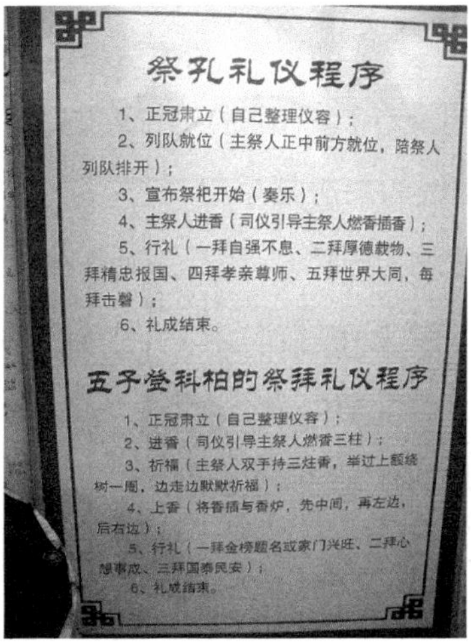

图 4-21　文化活动广告牌

图 4-22　文化活动广告牌

附录：韩城孔庙——走进文化的纵深①

坐落在韩城金城学巷东端的韩城孔庙，以其规模之宏大、主体建筑保存之完好，为陕西之冠。孔庙整体建筑是由四个院落组成的中心轴对称建筑，集宋、元、明、清四代建筑特色于一体，庙、堂、祠、阁主次分明，曲直有序，严密紧凑，错落有致。自创建以来，孔庙一直是韩城的学府，是培养人才的摇篮，造就了数以千计的出类拔萃的英才。现为韩城博物馆所在地。

走进韩城孔庙，这里建筑的一砖一瓦、一草一木所发散出来的浓郁文化气息，令记者强烈地感受着历史文化在此沉淀的氤氲；走进韩城孔庙，这里珍藏的秦砖汉瓦、金石碑刻所记录下来的悠久历史渊源，令记者深刻地领略到历史文化在此走向的纵深。

丰富的馆藏文物见证着历史的文明与沧桑，讲述着动人的故事、美丽的

---

① 本书在收录时有修改，详见黄玮，徐蕊：《韩城文庙——走进文化的纵深》，《渭南日报》，2008 年 9 月 23 日，第 B1 版。

传说、悠远的记忆……

展厅明净的玻璃里，静静地陈列着西周及春秋战国时期几个古城遗址的城堡模型：韩侯城、少梁城、魏长城。韩侯城的来历颇令记者心动。据考证，周成王四年（前 1039 年），周武王的小儿子被封到韩，被称为韩（侯）国，筑韩侯城，距今已有 3000 余年的历史。《诗经》中“溥彼韩城”描述的就是韩侯城的宏伟高大，据说，这也是韩城名字的最初由来。

今天，当韩原故地的村民在取土或犁地时，还不时地可以发现不少锈迹斑斑的青铜兵器。在韩城博物馆里就陈列着一大批戈、矛、戟等古代兵器，其中的一件内部铸有铭文“重”字的戈最为奇特。为什么戈内要铸一个“重”字？是铸造者的名字，还是包含着其他什么寓意？百思不得其解。一旁的解说员告诉记者，这件兵器应当是秦戈，铸造于当时的重泉，即今天的蒲城县。史料记载，战国时期，韩城地区亦成为秦、晋、魏等国的逐鹿之地。历史上著名的韩原大战就发生在这片土地上。公元前 645 年，秦穆公与其内弟晋惠公之间发生一场战争，结果晋惠公失败，呈献他的西河地，并把他的太子作为人质抵押在秦，从此秦地向东扩展至黄河。现在龙亭塬上的龙亭、三甲、论功、马陵、白眉、铜蹄等村庄名称，分别与秦穆公、甲士、战马有关，是古战场的产物。望着这些历史的残骸，我们宛如置身于群雄逐鹿、金戈铁马的古战场，弥漫在烽火硝烟之中。

博物馆里收藏的石刻石碑林立，其中的“梁奕西襟”城门额碑最引人注目，它是目前全国仅存的大顺王朝的一块石碑。此碑是韩城古城西城门额，是明崇祯十三年砖砌城池时题刻。因城池之西是南北横亘的梁山，宛若天然屏障，又取《诗·韩奕》中“奕奕梁山，维禹甸之”之意，故命名，是说城池西靠梁山，犹如城在梁山的怀抱里。

明末农民起义军首领李自成于 1644 年 2 月建立“大顺”朝，立年号为“永昌”，并于永昌元年（1644 年）率起义军自西京北至韩城，东渡黄河北上，推翻了明王朝。途经韩城时，李自成命令将西城门额上的“明崇祯岁次”凿掉，重刻上“大顺永昌元年孟冬吉旦”字样，以示灭明。这一举措给这块普通的城门额注入了新的历史内容，赋予了时代色彩。由于大顺王朝仅仅存续了一年零三个月时间，因而留下的石刻朝名年号仅此一块，在全国独一无二。北京原中国历史博物馆珍藏的为其拓片。

在大成殿陈列着一件气势磅礴、造型奇特的明代巨大根雕，被戏称为博物馆的“镇馆之宝”。根雕高 1.8 米，宽 1.76 米，重量达 300 千克，相传是民间艺人用一个完整的核桃木树根雕刻而成的。上面雕有山川河流、亭台楼阁、飞禽走兽以及神态各异的人物造型。最令人称奇的是雕刻者能以树根的自然形状为依托，独具匠心地雕刻出了十八里相送、老翁钓鱼、锄禾、牧童遥指杏花村、渔夫激流勇斗等故事意境，巧妙地将动与静、远与近、粗犷与细微结合在一起，使人百看不厌，回味无穷。1985 年，该木雕曾在北京展览近半年之久，令中外游人叹为观止，被誉为“根雕之王”“稀世瑰宝”。

“上了柿谷坡，秀才比牛多”的民谚歌谣诠释着韩城钟灵毓秀、士风醇茂的不老神话……

自古以来，韩城都是闻名遐迩的“文史之乡”，重教兴学的风气甚浓。

自战国初，孔子高徒子夏来韩设教，2000 多年来韩城办学之风兴盛，民重耕读，因而人才辈出。所以民间一直流传有“上了柿谷坡，秀才比牛多”的俗语。韩城市文化局原局长程宝山向记者娓娓道来这样一段顺口溜：“一代史圣、两朝状元、三朝宰相、四代世家，父子御史、父子知州、祖孙巡抚、兄弟侍郎、南北尚书，‘一母三进士、一举一贡生’传佳话。”据不完全统计，仅明清两代韩城考取进士、举人、贡生者就达 1400 多人。特别是在明万历年间，韩城人在朝廷做官者甚多，民间盛传“朝半陕，陕半韩”之说。

明代晚期，在韩城解家村有兄弟五人皆登科第，可谓“五子登科”，人称“一母三进士，一举一贡生”。解经邦，万历二十三年（1595 年）进士，官至巡抚、兵部侍郎；解经雅，万历二十九年（1601 年）进士，官至观察使；解经传，万历二十九年（1601 年）进士，官至巡抚、兵部侍郎；解经达，天启元年（1621 年）举人，官至知府、监军道副使；解经铉，崇祯七年（1634 年）优贡，未入仕途，人文玉立，善鼓瑟，工书法，气盖一世。

而今，在韩城市姚庄村就有兄弟四人皆考入高校，其中 3 人进入了清华大学，人称“一门四子三清华”的佳话。姚卫东，1983 年考入清华大学物理系，后在美国杜克大学作博士后研究工作，现任美国哈佛大学教授；姚卫国，1987 年考入清华大学土木工程系，毕业后留校，现在建筑设计院工作；姚卫锋，1997 年考入清华大学工程力学系，毕业后在上海工作；姚卫平，1986 年考入中国矿业大学，现在韩城矿务局工作。

从春秋义士程婴、史圣司马迁、清代状元宰相王杰，到近代师哲、杜鹏程等，浓厚的尊学重教之风，使得韩原大地人才济济、圣贤辈出，成为中华民族的精神脊梁。

第二节　蒲城孔庙

一、历史沿革

蒲城县历史悠久，自周代即有记载，迄今已三千余年。夏商属雍州，周封贾国，春秋属晋，战国初属魏，后隶秦。秦孝公置重泉县，北魏废重泉设南白水县，西魏更名为蒲城县，唐改名奉先县，宋复名蒲城县至今。蒲城孔庙位于蒲城县中心，据光绪《蒲城县新志》载：

在县治东，唐贞观时建，旧传今戟门即正殿。规制狭隘，后周广顺

> 三年庙与学分，始稍扩之。历宋元祐、政和，金承安，元至正间相继增修。……明初主薄曹则、教谕刘矩重修之，正德七年令张鍰拓起地创正殿、戟门、两庑，甚壮丽，又葺两掖。嘉靖三年令杨仲瓊继之建明伦堂，刻朱子、书《易·系辞》于壁，置东西斋房及讲堂。时教谕宅即在堂西，建号房东西各十间。令李全又建敬一亭于后，藏明世宗所颁敬一箴及程子四箴，重饬讲堂、仓库、宰牲、神厨，制益宏阔（今俱失）。万历四十六年令徐吉重修，甃甃庙垣，凿泮池，设戟门、棂星门，外竖翠屏，左右竖石坊，坊内竖石蹲踞二。国朝康熙三年令邓永芳、四十年令张澜，乾隆三年令郭芝，道光癸未令光朝奎，光绪癸未令李士恺均重修。[1]

辛亥革命后，孔庙日渐冷落，1933 年，中山图书馆迁入，改称“民众教育馆”，1942 年又改称“中山教育馆”。抗日战争初期，后院曾设立“抗敌后援会”，县参议会亦在此办公。中华人民共和国成立后，县文化馆、博物馆（1990 年）设立于此。今为浦城县博物馆所在地，1992 年被列为陕西省文物保护单位。

二、形制与总体布局

据光绪《蒲城县新志》载：蒲城孔庙“统计周围宫墙长二百一十六丈，前门琉璃翠屏一座，东西角门各一，棂星门、牌坊三楹，戟门三间、大成门三间即戟门，门内东西庑各十二楹，大成殿五楹，明伦堂五间三楹，东西斋房各五间。尊经阁二重，上楼房三楹（即敬一亭），咸丰时重修。”“崇圣祠明嘉靖九年建，更名启圣祠（图 4-23）。”

---

① 光绪《蒲城县新志》，光绪三十一年（1905 年）刻本。

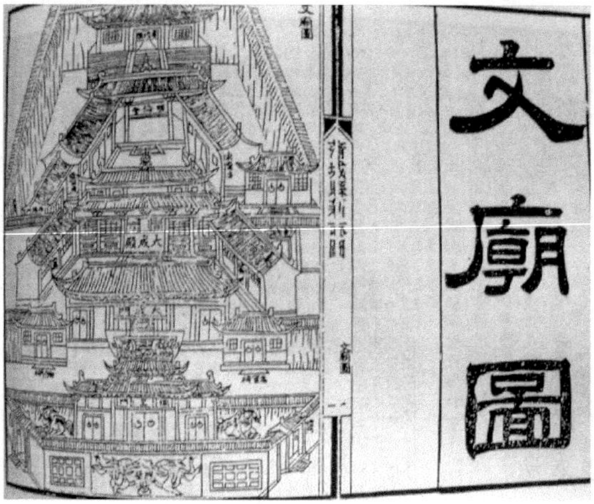

图 4-23　文庙图[①]

三、现存状况

蒲城孔庙古建筑群依旧保持较为完整的孔庙格局，中轴线尚有照壁、棂星门、泮池、大成殿和明伦堂，都是明清建筑，占地近 1700 平方米，建筑面积占到三分之一，共分四个院落，坐北朝南，结构对称，浑然一体。

从南到北依次为：六龙壁（又名“翠屏”）原在文庙南墙正中，民国 25 年（1936 年）拆除六龙壁牌坊两边的礼门、义路及棂星门前围墙，改棂星门为大门，改六龙壁及石牌坊为门前照壁。六龙壁通高 6 米，通长 17 米，主体用琉璃花砖砌城，它建立于明万历四十四年，距今四百余年，是陕西仅存的两处文庙龙壁之一。壁身用精制的琉璃花砖砌成，壁上有短檐，复黄、绿琉璃瓦，中间屋脊两头为螭形脊兽，中间原饰有琉璃花，可惜现已残缺不全。壁正面（图 4-24）为“六龙泳舞”图，塑金龙六条，鳞张爪舞，蜿蜒盘旋，畅游于粼粼碧波之中。在这六条龙下面有非常大的波涛，在波涛之间可以看得到穿插有鲤鱼或青蛙的造型。背面（图 4-25）塑“龙狮舞蹈图”，上、中层

① 光绪《蒲城县新志 · 文庙图》，光绪三十一年（1905 年）刻本。

人物穿绿袍，冠带楚楚，龙狮金黄色，舞态活现。下层汪洋碧海，汹涌澎湃。前后图案，造型逼真，神态生动，色彩绚丽，栩栩如生，代表着和谐、升平的景象。这个照壁最大的特点是在于它的壁身两旁建有仿木质的石牌坊，这种建造格式在全国是独此一处的。在这两座牌坊上面书写有“文章祖”（图 4-26）、“帝王师”（图 4-27）两块匾额，这是时任山西巡抚的蒲城人樊东谟所题，意在赞扬孔子是文章的师祖、帝王的老师。在石牌坊下面有两扇石门，每扇门上面都刻有方孔九个，俗称“石门九眼”。东西马道口曾立有下马石，上刻“文武官员军民人等至此下马”。

图 4-24　“六龙壁”正面

图 4-25　“六龙壁”背面

图 4-26　帝王师

图 4-27　文章祖

棂星门（实为木牌坊），狼牙斗拱，碧瓦彩绘，1992 年重修。门前原有石狮一对（现移至北寺宝塔前），现在这里是作为博物馆的大门（图 4-28、图 4-29）。棂星门北为半月形泮池（图 4-30、1979 年整修时改为椭圆形），有单孔桥架于正中。四围栏杆，泮水桥（图 4-31）两边的浮雕非常精美，雕刻了蒲城八景：南塬春晴、温汤晚浴、五陵闲云、双塔夜影、盘龙异石、漫泉秋月、尧山古柏、北岭积雪。过了泮水桥正对着的建筑是“戟门”（图 4-32），“戟”是古代的一种兵器，古代以列戟来表示地位、等级。据《唐六典》《新唐书》有关列戟制度记载，列戟是属于帝王一级的仪仗制度，从唐墓出土的壁画可以发现，一般东边列戟 12 个，西边列戟 13 个。在唐代制度里面也有明确规定，三品以上官员门前才可以设有戟门。孔子在唐代时期被封为“文宣王”，他的地位是非常高的，所以文庙里设有戟门。戟门三间宽，中间过道被封，现被改造为关公殿，供奉着武财神关公（图 4-33）。戟门东侧为乡贤祠（今为办公室、图 4-34）、西侧为名宦祠（今为宿舍、图 4-35）。

图 4-28　棂星门正面

图 4-29　棂星门背面

图 4-30　泮池

图 4-31　泮水桥

图 4-32　戟门

图 4-33　关公塑像

图 4-34　乡贤祠

图 4-35　名宦祠

从戟门左侧进入第二院落，院内有东庑（图 4-36）、西庑（图 4-37）各十二间，正中是文庙的主体建筑——大成殿。殿台基高 1.1 米，面积 505 平方米（图 4-38）。殿前有 150 平方米月台，月台前有垂带台阶。大成殿为歇山顶宫殿建筑，建于明正德七年（1512 年），两进五间，雕梁画栋、宏伟壮丽。殿之内外有红光大柱四十八根，最高者达九米之多。屋顶覆盖亮绿色琉璃瓦，相互辉映，金碧交辉。室内宽畅堂皇，外形雄伟，号称“渭北第一大殿”。殿内原塑有孔子坐像，十分高大，神情泰然，两旁塑有其四大弟子（颜、曾、思、孟）的泥像。可惜此殿不幸于 1976 年 10 月 31 日凌晨群众在纪念毛主席病逝时，因花圈失火引燃大殿被毁。现在的大成殿（图 4-39）是 2004 年实施“异地保护”，从渭南群众艺术馆搬来的一座单体古建筑，明三暗五，建筑面积 350 平方米，只占原大成殿遗址的三分之二，前后基址上显得空空荡荡。大殿里面依旧供奉着孔子泥像和四大弟子（图 4-40），四周墙壁上绘有孔子生平事迹图（图 4-41）。

图 4-36　东庑

图 4-37　西庑

图 4-38　大成殿西南侧

图 4-39　大成殿正面

图 4-40　孔子及四配塑像

图 4-41　孔子生平事迹图

从大成殿两侧进入第三院落，正北是元代建筑明伦堂（图 4-42），系明三暗五结构，现辟为蒲城碑林，陈放着蒲城历代名碑，院东侧是掌酒司（图 4-43），西侧是典库司（图 4-44），各五间。明伦堂后为第四院落，明代时建有 3 米高台，上有“敬一阁”，存放嘉靖皇帝所做《敬一箴》及程颐的《四箴》，清代改为“尊经阁”，中华人民共和国成立前被毁。明伦堂东侧有一小院，院东北角建崇圣祠（图 4-45）5 间，祭祀孔子祖先，今改为宿舍[①]。

① 刘福谦：《蒲城县志》，北京：中国人事出版社，1993 年，第 619 页。

图 4-42 明伦堂

图 4-43 掌酒司

图 4-44 典库司

图 4-45 崇圣祠

蒲城碑林建立在孔庙院内，以明伦堂展室为主，配以两廊石刻室等，组成了一个完整精巧的石刻艺术小天地。其陈列各类碑石 200 余通，包括碑碣、墓石、经幢、造像、华表、线刻、浮雕等石刻艺术品，陈列面积达 1000 多平方米。所列碑石，上起北周，下至民国，既有丰碑巨制，也有精美小品。尚有部分碑刻，堪称稀世珍宝。明伦堂内列有《云麾将军碑》（复制品），被列为全国第一批书法名碑。有李阳冰篆额、张少悌书丹的《高力士碑》（图 4-46），亦属名碑之列。大门内东西两面山墙嵌有“忠、廉、孝、节”四个大字，字高 190 厘米，宽 140 厘米，八块青石精刻而成，系明代关中名书法家王进德所书（图 4-47）。明伦堂西壁嵌有朱熹所书《易・系辞》两通。堂东北角有郭坚为其父郭瑞荫立的神道碑，正面由张维寅题书，背面由陈树藩撰文，宋伯鲁书丹。东西两廊展室陈列有清代于蒲城县苏坊乡出土的隋《苏孝慈墓志》（图 4-48）。墓志清晰优美，浑厚雄劲，多为书法家喜爱，其拓片一直在故宫展出。

图 4-46 《高力士碑》

图 4-47 王进德所书“节”字碑

图 4-48 《苏孝慈墓志》

第三节 合阳孔庙

一、历史沿革

合阳之名，缘自魏文侯十七年（前 429 年）于洽水北岸（今洽川镇莘里村）筑城，取名“合阳城”。合阳孔庙古建筑群位于合阳县城中心，据《合阳县全志》

载："文庙在县署东南，宋元祐年间知县李百禄建。"[①]明洪武二年（1369 年）知县徐元复建，清雍正七年（1729 年）知县朱闲圣、乾隆三十二年（1767 年）知县席奉乾又重修之。1992 年 4 月 20 日陕西省政府公布为省级文物保护单位。

二、形制与总体布局

合阳孔庙古建筑群前庙后学，气势恢宏。"庙之棂星门内即为学之泮池。泮之北为戟门，戟门之内为东西庑。其正北为大成殿。而明伦堂建于正北，与殿直。堂后为敬一亭，亭后为尊经阁，阁后有折桂台，学制止此。"[②]孔庙古建筑包括孔庙建筑和学宫建筑两部分，戟门和戟门以外诸建筑已毁。现有大成殿五间（图 4-49、图 4-50），明伦堂五间（图 4-51），尊经阁三间，两斋、两庑（图 4-52）、厢房五十四间，占地面积 6750 平方米，建筑面积 2173 平方米，是本县现存数量最多、规模最大的古建筑群。[③]孔庙主要建筑大成殿，始建于北宋大观年间（1107—1110 年），重建于明洪武二年（1369 年），单檐歇山顶，面阔五间，进深三间，五踩双下昂斗拱，风格古朴厚重。具有明显的明初建筑风格和地方特色，是明代建筑艺术的重要实物资料。殿前西侧竖有复刻的《汉合阳令曹全碑》，东侧竖有清乾隆三十二年（1767 年）镌刻的《重修学宫碑记》。1990 年，陕西省文物局拨款 12 万元维修大成殿。

图 4-49 大成殿正面

图 4-50 大成殿背面

① 乾隆《合阳县全志》，乾隆三十四年（1769 年）刻本。
② 乾隆《合阳县全志》，乾隆三十四年（1769 年）刻本。
③ 合阳县志编纂委员会编：《合阳县志》，西安：陕西人民出版社，1996 年，第 662 页。

图 4-51　明伦堂

图 4-52　西庑

尊经阁（图 4-53）是孔庙内最高的建筑，创建于明万历三十八年（1610 年），原为珍藏儒家经书的楼阁。重檐歇山顶，琉璃瓦面，中为尖顶式琉璃正脊，上为宝塔形琉璃宝顶（图 4-54），长条形正脊上有琉璃走兽，两段有琉璃吻兽。面阔三间，进深二间，立面三层，总高约 20 米。第一、二层四周有回廊，外廊柱 18 根，内柱 10 根（图 4-55）。五踩双下昂斗拱，柱头、补间、转角齐全，各翘角挂有键铃，一、二层有补间，下有明台，三层总面积约四百五十平方米。尊经阁建成已有四百余年，建成后，虽经历了 1633 年洛川 7 级地震，1789 年潼关 6 级地震，1815 年平陆 6.75 级地震（据历史记载，这次地震，合阳破坏民舍无数），1959 年韩城 5.4 级地震，以及 1960 年澄城 4 级地震，还有近 20 次较大地震的波及影响，阁的结构体系无任何变形或损坏，可见我国古代建筑具有很好的抗震性能（图 4-56）。[①]整个建筑比例匀称，坚实稳固，宏伟壮观，在我省同类建筑中尚属罕见，对研究我国古代建筑艺术和孔庙建制有重要价值。1957 年省文化厅拨款 1.5 万元维修尊经阁。1974 年和 1980 年又二次维修，翻修了楼板、楼梯，新做了门窗等。

图 4-53　尊经阁

图 4-54　屋脊的琉璃宝顶

① 雷俊才：《合阳县尊经阁抗震构造浅析》，《工程抗震》1986 年第 1 期，第 22—23 页。

图 4-55 尊经阁廊柱

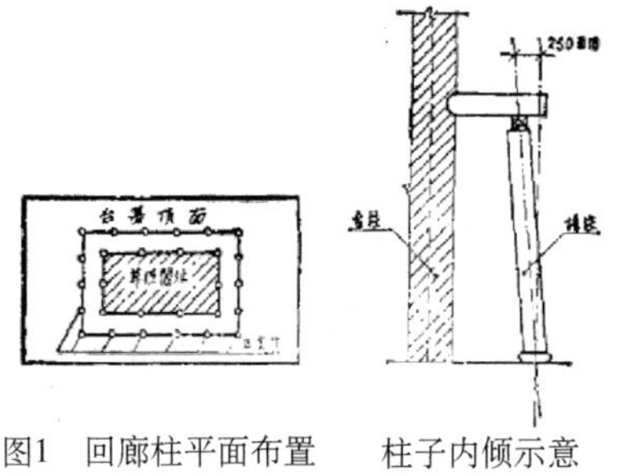

图 4-56 尊经阁廊柱结构示意图[①]

三、现存状况

合阳孔庙虽处闹市，但至今仍未对外开放，据笔者 2015 年 4 月初实地考察，现在孔庙正在维修之中（图 4-57），拟建成合阳县博物馆。合阳县博物馆位于合阳县城孔庙内，是 1989 年 5 月由合阳县文化馆分出后正式成立的一座集收藏、保护、研究、教育、考古调查等于一体的县级博物馆，隶属于合阳县文化局。现共有藏品 784 件（组），其中，国家一级文物 7 件（组），二级文物 5 件（组），三级文物 27 件（组）。藏品涵盖瓷器、陶器、石器、玉器、金属器、书画等 11 个大类。其中以彩陶罐、绿石铲、绳纹大陶鬲为代表的新石器时代文物，以夏阳邦工鼎、鸭头铜壶为代表的战国文物，以朱书陶盆、博山炉为代表的汉代文物，以砖塔铭残石、唐三彩扁壶为代表的唐代文物，以耀窑月白釉玉壶春瓶、耀窑仿建油滴釉碗为代表的宋金瓷器，以一刀平五千为代表的王莽货币等文物，具有很高的艺术价值，在文博界享有盛名。此外，清代中后期至民国年间一批 10128 册的图书也是馆藏精品，是研究历史的珍贵资料，是合阳历史文化进程的重要佐证。[②]据悉，待维修完成后，这批文物将在孔庙展出。但尊经阁外悬挂的“合阳县人民来访接待大厅”（图 4-58）

① 雷俊才：《合阳县尊经阁抗震构造浅析》，《工程抗震》1986 年第 1 期，第 22—23 页。

②《合阳县博物馆（文庙）》，http://www.china-citytour.com/city/scenic/1859.html（2015-04-01）。

的字样却与这四百年的古建筑、古文化格格不入！

图 4-57　新修庙门

图 4-58　魁星楼外景

附录：国宝级文物《曹全碑》的故乡

曹全碑，全称“汉郃阳令曹全碑”，是中国东汉时期重要的碑刻，立于东汉中平二年（185 年）。碑文为隶书，书法工整精细，秀美多姿，为东汉隶书极盛时期的精品，被历代金石家和书法家奉为至宝，其价值可与王羲之《兰亭序》相媲美，是我国现存汉碑中素负盛名的石碑之一。其秀润的风格在汉碑中可推首位，但秀润中又不乏骨力，有“绵里藏针”之说，是我国书法界公认的金石瑰宝。碑高约 1.7 米，宽约 0.86 米，长方形，无额，石质坚细。碑身两面均刻有隶书铭文。碑阳 20 行，满行 45 字，全文 840 余字；碑阴分 5 列，每列行数字数均不等。明万历四年（1576 年），该碑在陕西郃阳县东 20 千米的莘里村许家后院出土。在明代末年，相传碑石断裂，人们通常所见到的多是断裂后的拓本。1956 年移入陕西省西安博物馆碑林保存（图 4-59）。曹全碑是汉代隶书的代表作品，风格秀逸多姿和结体匀整著称，为历代书家推崇备至。抗日战争期间，西安、合阳等地屡遭空袭，曾经有一次，合阳遭到六架敌机轮番轰炸，死伤民众多达 57 人。在这个关键时刻，陕西省政府暨教育厅等有关单位为保护文物，曾严令各县采取措施。合阳县政府接到命令后，立即责成该县北护难村拓印碑石的工人行知省等人，在合阳文庙内就地用土构筑窑洞，保护《曹全碑》。为了保守秘密，严防汉奸破坏，行知省和同仁放出风声，假称“《曹全碑》已奉命运到省城”。从 1939 年到 1944 年，在长达 5 年的时间内，《曹全碑》能一次次地躲过敌机的狂轰滥炸，安然无恙，这与行知省的悉心保护是分不开的。1956 年，西安碑林博物馆派来工人，将藏在合阳孔庙夯土墙内的《曹全碑》挖出，用卡车运回碑林收藏。现大成殿前西侧竖有复刻的《汉合阳令曹全碑》(图 4-60)，供游人观赏。

图 4-59　西安碑林藏《曹全碑》

图 4-60　复刻的《汉合阳令曹全碑》

第四节　华县孔庙

一、历史沿革

华县古称华州，1913 年改名为华县，2015 年撤销华县设立渭南市华州区。华县（今华州区）孔庙位于华县县城新华路少华中学西侧城关粮站内（图 4-61）。据光绪《三续华州志》载：“文庙在州治东高阜。”[①]华县（今华州区）孔庙始建年代已无考证，明正德十四年（1519 年）知州桑溥兴工改修，嘉靖三十四年十二月（1556 年 1 月）毁于大地震。嘉靖三十八年（1559 年）知州朱茹重修，后于清乾隆四年（1739 年）、乾隆四十八年（1783 年）又相继重葺。清同治年间又毁于战乱。清光绪二十二年（1896 年）重建。1929 年，国民党驻军对孔庙大肆破坏，先后拆毁文昌宫、东庑、礼门、义路及忠孝、节义各祠。1935 年，政府对残存建筑进行了修整。1936 年，西安事变时国民党中央军进攻驻华县的东北军，孔庙大成殿又被炮火摧损。1943 年，又重新修理。“文化大革命”中，孔庙大成殿再遭破坏，檐下的龙首昂头被锯掉 460 多个。1984—1986 年，省文化文物厅拨款近 20 万元，由县文管会组织对大成殿进行了落架大修，使其焕然一新[②]。2008 年 5 月华县孔庙大成殿被陕西省人民政府列为第五批陕西省文物保护单位。

---

① 光绪《三续华州志》，光绪八年（1882 年）刻本。
② 华县地方志编纂委员会：《华县志》，西安：陕西人民出版社，1992 年，第 517 页。

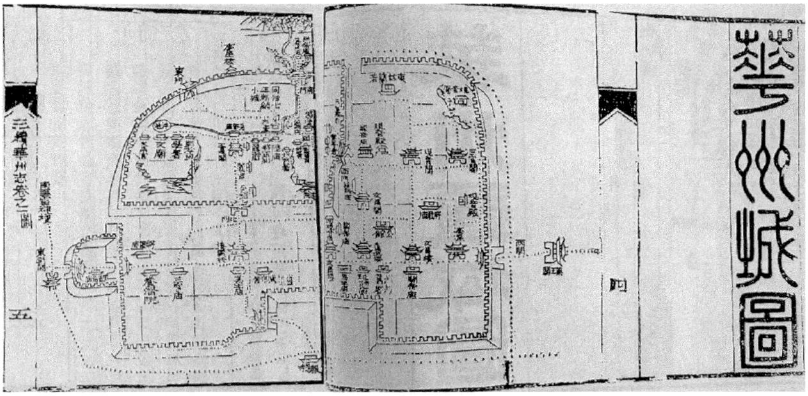

图 4-61　华州城图[①]

二、现存状况

华县（今华州区）孔庙原规模较大，占地面积 5000 多平方米，坐北朝南。现仅存大成殿，所在院落为华县文管会所在地。大成殿（图 4-62）位于院落的正北方，大成殿外围基座长 23.4 米，宽 19 米，总面积 444.6 平方米，屋脊距地面高达 11 米，虽经多次重修，但仍保存着明清时抬梁式木结构的建筑风格。大殿面阔五间，进深五间，单檐歇山顶。殿内有 12 根立柱（图 4-63），大梁彩画。屋面琉璃瓦覆盖，飞檐挑角，斗拱繁复华丽，昂头多为龙头。特别是该建筑前檐、东檐（图 4-64）的斗拱和后檐、西檐（图 4-65）的做法明显不同，据说是主持施工的两工匠各持己见分别制作的结果。孔庙南边东西两侧为新修的东庑（图 4-66）、西庑（图 4-67），里面陈放着几个收集上来的明清时期的石羊、石马等神道石刻。与孔庙对应的南面后建了一座现代三层办公楼，估计是当地文管会所用。

笔者 2016 年 4 月考察时，四野狂风，黄沙漫天，华县孔庙位于华县东南一隅，四周为农田和民居包围，荒草萋萋。孔庙大院在原来粮库的北面，恶狗狂吠，大门（图 4-68）紧锁，笔者在野狗环绕中叩击大门口良久才得以进

① 光绪《三续华州志》，光绪八年（1882 年）刻本。

入，文庙周围堆满建筑垃圾，大殿内杂物横陈，如此斯文之地何时得以重视和保护！文庙前立有省文物保护碑（图 4-69、图 4-70）。

图 4-62　大成殿

图 4-63　大成殿内景

图 4-64　大成殿东檐

图 4-65　大成殿西檐

图 4-66　东庑

图 4-67　西庑

图 4-68　文庙大门

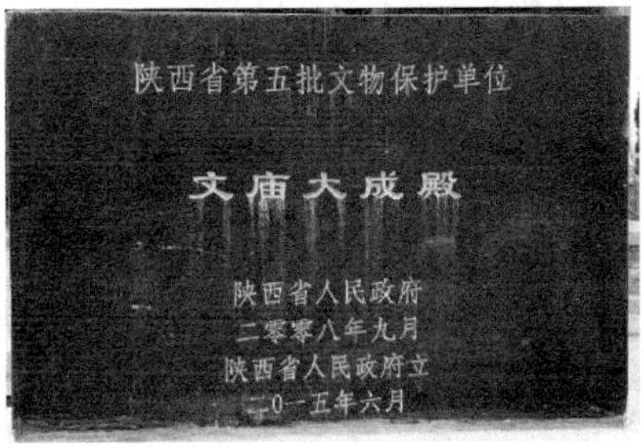

图 4-69　保护碑

图 4-70　碑文

第五节　渭南孔庙

一、历史沿革

渭南作为县名，始于前秦苻坚甘露二年（360 年），以县城在渭水之南而得名。渭南文庙位于渭南市临渭区老城街北侧 95 号。《文献通考·学校考》云："自唐以来，州县莫不有学，则凡学莫不有先圣之庙矣。"①据光绪《新续渭南县志》载："文庙在县治东人和街北，相传为唐鄂国公尉迟敬德造。明嘉靖年圮于地震，知县李希洛重建。"②万历及崇祯三年（1630 年）、清康熙初

① （元）马端临：《文献通考》，北京：中华书局，1986 年。
② 光绪《新续渭南县志》卷 4《祠祀志》，光绪十八年（1892 年）刻本。

年和乾隆四十二年（1777 年）年均有修葺[①]，民国时和中华人民共和国成立初期曾用做渭南县立中学和中共渭南县委机关，如今为渭南市博物馆所在地，2003 年 9 月被陕西省人民政府列为第四批陕西省文物保护单位。

二、形制与总体布局

据光绪《新续渭南县志》载："嘉庆十三年邑令奎丰率邑绅唐顺祖、雷超、董生春等易垣以砖，增大大成殿、东庑、西庑、祭器库、泮池、棂星门前后各宇，又增肃仪厅三楹于棂星门外。道光五年邑令吴曾贯又修之。崇圣祠在文庙戟门外名宦祠东，名宦祠在戟门外左，乡贤祠在戟门外右。忠义孝弟祠在儒学仪门外左，嘉庆十一年修。节孝祠在儒学仪门外右，旧在引华门路北（图 4-71）。"同治元年（1862 年），太平天国扶王陈得才率西征军进入陕西，攻克渭南城，战乱中孔庙建筑被全部焚毁。同治"十年邑令黄传绅、王珠炜相继集捐重修大成殿、东庑、西庑、崇圣祠暨棂星门、泮池、祭器库、名宦祠、乡贤祠、忠孝孝弟祠、节孝祠等署备。"[②]

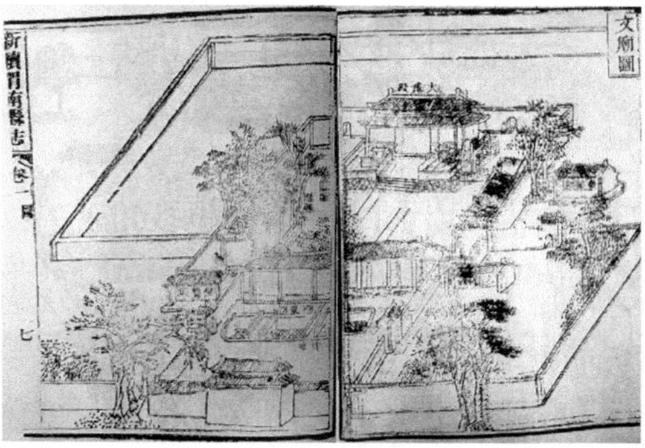

图 4-71　文庙图[③]

① 渭南县志编撰委员会：《渭南县志》，西安：陕西人民出版社，2005 年，第 97 页。

② 光绪《新续渭南县志》卷 4，光绪十六年（1892 年）刻本。

③ 光绪《新续渭南县志》卷 1《图》，光绪十八年（1892 年）刻本。

三、现存状况

如今的孔庙仅存大成殿（图 4-72、图 4-73）一座，孤零零地坐落在院中，占地面积约 370 平方米。大成殿坐北朝南，面阔七间，进深三间，单檐歇山顶，覆绿琉璃瓦，七架梁，檐下施五踩双昂斗拱。由于年久失修，加之 2007 年关中普降暴雨、2008 年雪灾和汶川大地震的影响，当时的大成殿屋面西北角坍塌，基础下沉，墙体裂缝倾斜，险情严重，惨不忍睹。当地文物局于 2009 年将对其进行了大建重修，恢复了原貌。如今孔庙为渭南市博物馆所在地，但馆藏的展品都藏在仓库中，院子内仅散落堆放着一些石刻和石碑而已。大成殿前立有省文物保护碑（图 4-74、图 4-75）

图 4-72　维修后的大成殿正面

图 4-73　大成殿背面

图 4-74　保护碑

图 4-75　碑文

第六节　富平孔庙

一、历史沿革

富平县位于陕西省中部，因取“富庶太平”之意而得名。据《辞源》：富平“县名。属陕西省。西汉置，故城在今宁夏灵武县。东汉改置于今甘肃庆阳市，晋移于今县西的怀德城，西魏大统五年移今治。”[①]富平老城位于富平县政府西北 1 千米处的杜村镇莲湖村，北临温泉河，东临杜村堡新县城，西临莲城，南临西禹路；老城为不规则长方形，长 520 米，宽 350 米，占地约 280 余亩。村落选址在中山塬余脉之上，为中高四周低的土丘低塬塬头，三面环水，当地称为“斩城”。刀劈称为斩。斩城，意思是建在四壁如刀劈般高台上的城池，风水书上记载这是以台为城，削壁为墙，以险代防，属于风水最佳的地方，全国只有两处：一处是新疆的交河故城（图 4-76），一处是陕西富平的老县城（图 4-77）。《富平县志》载：“县城本名窑桥寨，元末张思道据之，徐达经略关中因以为县。正统知县高应举始筑土为城，周三里，高三丈。自壕至堞高六丈，池深一丈，门三（南、北、东三门）。弘治中，知县陈润辟西门。嘉靖中巡抚谢兰增筑城外敌台（瓮城、马面），知县胡志夔砌以砖。”[②]

① 商务印书馆编辑部编：《辞源》，上海：商务印书馆，1988 年，第 462 页。

② 乾隆《富平县志》卷 2，乾隆四十三年（1778 年）刻本。

富平老城自明洪武二年（1369 年）大将徐达经略关中以窑桥寨为县治至 1970 年，作为富平县城所在地达 600 多年。中华人民共和国成立后，县城内主要古建筑县署、孔庙、城隍庙、关帝庙、望湖楼、图书楼、魁星楼、四门城楼及数处木石牌坊基本保存完好。但在“文化大革命”中，城内诸多古老建筑及木石牌坊等被视为“四旧”而遭破坏。20 世纪 70 年代初，随着富平县政府和下属机关陆续从老县城搬迁到以杜村为中心的新城区，老城逐步荒废，沦落为普通乡镇，但老城的格局因而没有被现代化改造破坏而保留下来。老城现存孔庙、武庙、望湖楼、藏书楼等古建筑，是关中平原上仅存的一座保持明清旧貌的老县城。

图 4-76　交河故城①

图 4-77　富平斩城一角

富平孔庙位于富平老城正街东段（图 4-78）。据乾隆《富平县志》载：

① 飞来石：《感受交河故城》，《中国民族报》，2015 年 2 月 25 日，第 12 版。

文庙在县署东，正殿五楹。圣祖御书“万世师表”匾，世宗御书‘生民未有’匾，乾隆四年今上御书“与天地参”匾俱悬殿内。东西庑各九楹，棂星门、戟门各三楹。明洪武三年主薄陈忠信建，九年县丞芮弼修。天顺五年知县王杰、成化十八年知县张本、弘治五年知县陈润、八年知县李良、正德六年知县刘藻、嘉靖三十五年知县赵桐、隆庆年间知县史燦、万历七年知县刘兑、崇祯十年知县贾太初相继增修。本朝顺治十八年知县邓崑璧、康熙十九年知县郭传芳、五十二年知县杨勤重修。”①

后于乾隆元年到1941年之间多次进行修缮，1954年、1964年、1997年、2002年又四次修缮。文庙曾作为县广播电视局驻地，1989年改作县博物馆至今。2004年8月30日列为富平县文物保护单位，2014年1月9日列为陕西省文物保护单位。

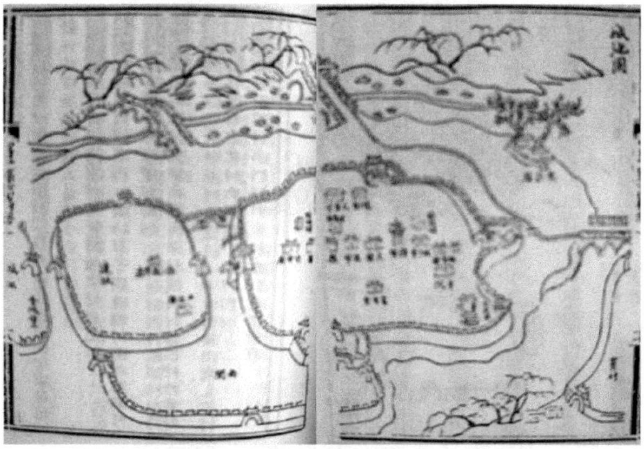

图 4-78　城池图②

二、形制与总体布局

据光绪《富平县志稿》：“文庙在治署左，面中街，屏儒学。”坐南朝北，

① 乾隆《富平县志》卷2《建置》，乾隆四十三年（1778年）刻本。

② 光绪《富平县志稿》卷1，光绪十七年（1891年）刻本。

由南向北依次为棂星门三楹，戟门三楹，东西庑各九楹，大成殿五楹。孔庙为庙学合一的形制，桂林坊三楹在大成殿后，明伦堂五楹及左右斋房各五间在桂林坊内。尊经阁三楹在明伦堂后，崇圣祠在尊经阁后，最北为魁星楼。另外在戟门左为名宦祠，右为乡贤祠[①]（图 4-79）。

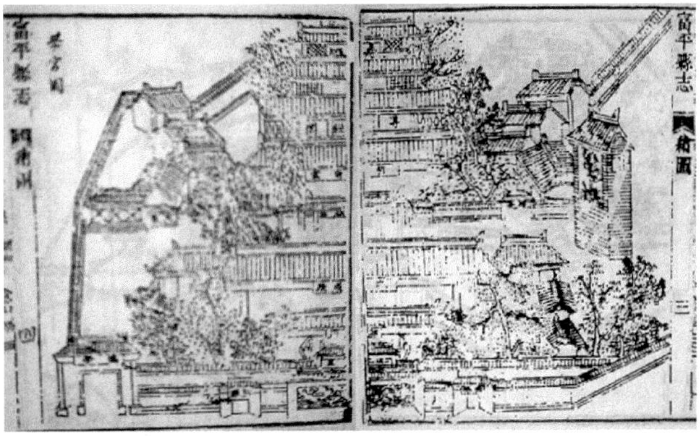

图 4-79　学宫图[②]

三、现存状况

富平孔庙现存大成殿（图 4-80）和两侧的东庑（图 4-81）、西庑（图 4-82）。大成殿坐北向南，坐落于长（东西）21.4 米，宽（南北）16.6 米，高 1.5 米的台基上。大殿为单檐歇山顶，四角有飞檐，有角柱，面阔五间，进深三间，面阔 17.7 米。进深 12.7 米，砖木结构，中间三间柱础有浮雕二龙戏珠图案。檐下重叠斗拱并有彩绘等，五架梁，前后檐带单步梁，四面檐下均施七踩三翘斗拱，屋面饰琉璃瓦。大殿内北壁有孔子的线刻画像（今佚），2000 年 6 月，殿内重塑孔圣人金身（图 4-83）。2009 年，大殿南台基增设御道石护栏。中院两侧有清代修筑的硬山式厢房各 9 间，西侧厢房内展有以佛教文化为主的石刻文物（图 4-84），东厢房内展有以墓志为主的石刻文物，廊间栽立有

① 光绪《富平县志稿》卷 2《坛庙》，光绪十七年（1891 年）刻本。

② 乾隆《富平县志 · 绘图》，乾隆四十三年（1778 年）刻本。

唐—清代翁仲及仕女石刻 12 件。在大成殿前右侧，立有清咸丰九年（1859 年）“重修文庙碑”一通（图 4-85），碑高 2.60 米、宽 0.82 米、厚 0.24 米，系富平知县江开撰文、书写，因风化字迹有剥落。

图 4-80　大成殿

图 4-81　东庑

图 4-82　西庑

图 4-83　孔子立像

图 4-84　西庑廊间石像

图 4-85　清咸丰《重修文庙碑》

前院中有明崇祯十二年（1639 年）邑中丞朱国栋修筑的泮池，“文化大革命”中被填平，今重新修复（图 4-86）。

图 4-86　新修复的泮池

泮池南为明万历八年（1580 年）知县刘兑增修的棂星门三楹，今重新修复（图 4-87、图 4-88）。

图 4-87　棂星门正面

图 4-88　棂星门背面

泮池与大成殿中原戟门处现有一排平房（图 4-89），棂星门西侧保留一段残墙（图 4-90），墙上秀美的砖雕仍显示着昔日的辉煌。今富平孔庙为富平县文庙博物馆和富平县文物旅游局城区文物管理所所在地。孔庙前立有省文物保护碑（图 4-91、图 4-92）。

图 4-89　平房

图 4-90　精美的砖墙

图 4-91　文物保护碑

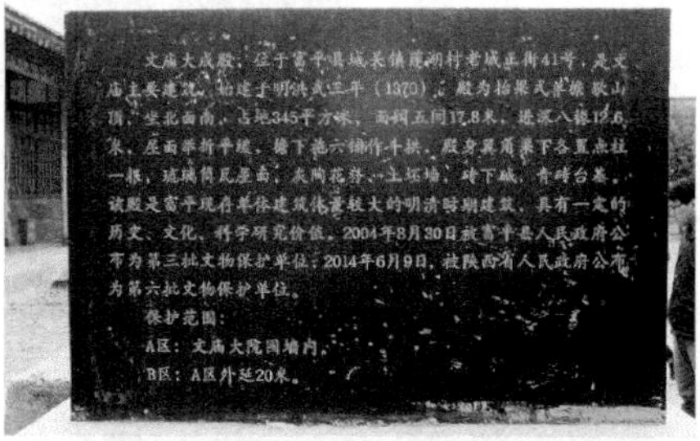

图 4-92　碑文

附录 1：华阴孔庙

华阴孔庙，又称“至圣先师庙”，遗址在今华阴市老城街华阴市公安局院内（图 4-93）。据乾隆《华阴县志》载：“旧在县治之东南隅，明初移建治东。洪武十五年诏天下儒学通祀孔子，故谓之文庙，祭以春秋仲月上丁。洪武初县丞黄文明建大成殿六楹，东西庑十四间，前棂星门四楹，傍列牲房神厨，中为泮池，架三桥于其上。前令李承科引黄神谷水注之。又前戟门三座。”“正统二年知县王贯重修，嘉靖年间知县李时芳、何祥，万历二年知县李承科相继修，三十九年知县王九畴增修。乾隆年教谕郭琰添建牌坊，乾隆年知县陆维垣复修。”[①]据民国《华阴县续志》载：“光绪三十一年知县崔肇琳再加重修。”有记云：“圣人之道，千古常昭，耳翼圣学，以正人心，则人心知向往，崇圣教，以敷治化则治化进文明。学校之废兴其关于世道之盛衰，盖罔鲜矣。”先后增建崇圣祠、文昌祠、魁星楼、名宦祠、乡贤祠等建筑群。名宦祠祀宋、明、清三朝知县及训导等十位名宦；乡贤祠祀汉太史公杨硕、汉太尉杨震等 44 位贤达。“民国初立，兵马扰攘，庙内暖阁木牌门窗墙垣屋瓦半遭毁折。五年奉祀官王之彦筹款补葺，焕然一新。十五年镇嵩军围攻长安时驻军庙内，门窗焚烧，月台折毁，两庑木主损失殆尽。”[②]除主殿外，其余建筑全部拆毁。1949 年中国人民解放军大荔军分区路东指挥部曾设于此。中华人民共和国成立后，孔庙大成殿经过修葺后一直作为华阴县委会议室使用。

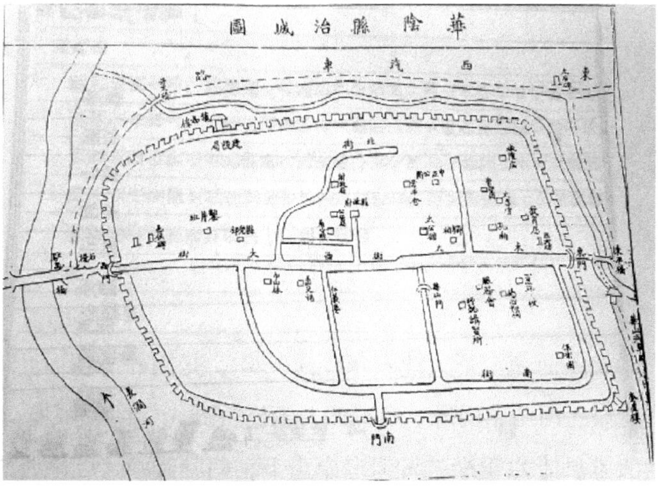

图 4-93　华阴县治城图[③]

① 乾隆《华阴县志》卷 3《崇祀》，西安：艺林印书社，1928 年铅印本。
② 民国《华阴县续志》卷 2《建置志 · 祠祀》，1932 年铅印本。
③ 民国《华阴县续志》，1932 年铅印本。

据 1995 年《华阴县志》载：大成殿“坐北朝南，面阔五间，进深三间，四周回廊环绕，廊深 1.8 米，整个建筑东西阔 19.62 米，南北深 12.4 米，砖石木结构。殿东西两侧有 8 根八棱石柱，砖墙、石台基高 1.04 米，柱径 0.5 米，柱高 4.8 米。单檐歇山顶。屋面为琉璃板筒瓦，檐部施勾头滴水，檐下有斗拱，前后檐斗拱形式均为一斗二升。明间的补作斗拱为二垛，东西两侧斗拱补间为一垛，梁架下有天花板，整个建筑雄伟壮观，殿堂基本完好，仍保持明清建筑风格。1989 年列为县级文物文物保护单位。”[①]此一建筑笔者 2016 年 4 月考察时，已荡然无存，原址已为华阴市公安局办公大楼（图 4-94），何时拆除，何人所拆，遗迹现在何处，不得而知！

图 4-94　华阴孔庙原址

附录 2：朝邑孔庙

朝邑一名始于西魏文帝大统六年（540 年），是因西靠朝坂而得名。朝邑古称临晋、五泉、河西、西塬、左冯翊，朝邑古城先建朝坂塬上，后迁塬下，遗址位于距大荔县十六千米处黄河老岸崖下。明韩邦靖《朝邑县志》载：明景帝景泰二年（1451 年）知县申润筑城，明宪宗成化三年（1467 年）竣工。城墙周长四里，高一丈五尺，护城壕深、宽各一丈[②]。清圣祖康熙十九年（1680

① 华阴县志编纂委员会：《华阴县志》，北京：作家出版社，1995 年，第 671 页。
② （明）韩邦靖：《朝邑志》，《四库全书 · 史部地理类》，上海：上海古籍出版社，1987 年。

年）知县陈昌言重修，康熙四十六年知县王兆鳌（1707 年）再修，有城门五处：东曰临河、西北曰金汤、西曰镇羌、南曰望岳、北曰迎恩。清时，河槽西移，每当秋霖黄河暴涨，常浸东、北、南三城门，有时也涌入城内，因此西关比较繁华。民国初期，朝邑是渭北、韩城、合阳、澄城通往陇海铁路的必由之路，也是棉花、花生、粮食、皮毛的集散地，素有“水旱码头”之称。1958 年因修建三门峡水库撤消朝邑县，并入大荔县，改为朝邑镇。

孔庙与原朝邑县政府仅一路之隔，在其南。距现在的朝邑农场场部东偏南 0.3 千米，距今县城东 16.5 千米。据康熙《朝邑县后志》载：“文庙在县治南，始于西汉，历代因之，先后增葺。大殿五间，东西庑各十三间，戟门三间在大殿前，棂星门三间在戟门前，泮池在棂星门外，明万历间知县郭实创开。”德配天地坊、道贯古今坊列东西衢，启圣祠三间在大殿东北，戟门东西侧为乡贤祠、名宦祠，尊经阁在东西通衢，砌有砖洞，以便行人，上筑敬一阁。明伦堂五间在尊经阁前，明伦堂左右为博文、约礼二斋，敬一亭三间，在启圣祠前，射圃、观德亭在戟门东（图 4-95）①。雍正、乾隆年间又曾多次修葺。

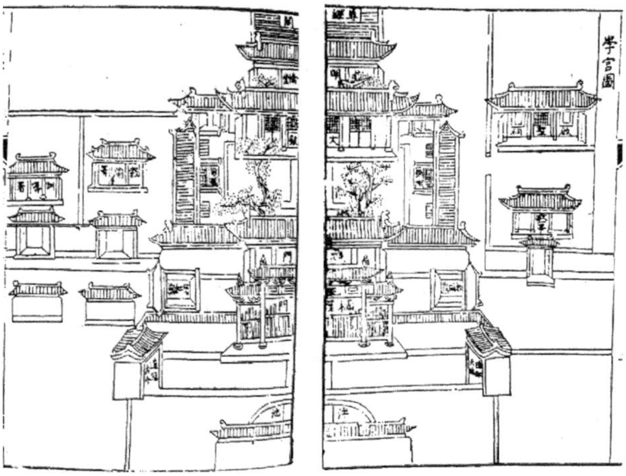

图 4-95　文庙图②

① 康熙《朝邑县后志》卷 2《学校》，康熙五十一年（1712 年）刻本。

② 康熙《朝邑县后志·图》，康熙五十一年（1712 年）刻本。

中华人民共和国成立后，朝邑孔庙一直为朝邑中学所占用，除拆去棂星门三间另建图书楼外，其他基本保护完好，1958—1960 年移民期间全部拆除。

附录 3：大荔孔庙

大荔，古称同州，为关中平原东部重镇。清雍正十三年（1735 年）升同州为府，所以大荔孔庙又称“同州府孔庙”。据咸丰《同州府志》载：“文庙在府治西南，因旧州学改府学而县学附焉。”大荔孔庙“初建无考，五代时冯道重修，宋庆历中又建。元季废于兵。洪武三年同知邬权重建。正统八年知州秦铭、景泰五年知州钱茂、成化间知州郝清、嘉靖八年知州刘启东、万历十七年知州郑璧、天启二年知州张一英，本朝康熙四十五年知州俞卿先后修。乾隆二年知府张奎祥率属捐资重修，二十八年知府李星曜、林文德，知县张炳鲲、刘大乐、陈学昌继修，三十四年落成。”[①]光绪三十一年（1905 年），孔庙大成殿毁于大火，椽子柱子尽成灰烬。光绪三十二年（1906 年），府县官员及士绅商议修复，埝桥乡同堤村赵松泉的祖母赵刘氏慷慨捐赠白银八千两，嗣后规模较之前倍增。竣工后，同州知府英琦撰文书丹记载此事。

大荔孔庙在同州府治西南，今学门前小学的位置。孔庙建筑庄严宏伟，气氛肃穆，由南向北依次有棂星门、泮池、戟门（大成门）、东西配庑、大成殿、崇圣祠、东西配庑、明伦堂、名宦祠、乡贤祠、碑亭、尊经阁等建筑。民国时借用东西庑办起了孔庙小学。后连年兵荒马乱，军队借其高大宽敞而驻兵，文庙祠宇之中的木制神主牌位均遭破坏。1931 年 9 月，陕西省政府主席杨虎城发布通告，禁止军人占驻孔庙，如有违反给予严惩。1932 年 6 月，国民政府电令各省严禁军队驻扎孔庙，并要求特别注意用心保护。民国

① 咸丰《同州府志》卷 14《祠祀志》，咸丰二年（1852 年）刻本。

时期，孔庙始有拆除。“文化大革命”期间，大荔孔庙遭遇了一场浩劫，碑石被推倒，牌匾、对联被拆毁，塑像被砸烂，祭孔的服装、乐器也遭焚烧。时至今日，大荔孔庙地表建筑已荡然无存，唯有周边西学巷、孔庙后巷等地名这些文化活化石遗存[1]。

① 王小民:《“大荔记忆”之：大荔文庙》, http://www.dalisn.gov.cn/gzcy/zytg/67734.htm（2017-01-01）。

第五章　铜川地区孔庙

铜川地区地处陕西省中部、关中盆地和陕北高原的交接地带，与延安、渭南、咸阳 3 个地市毗邻。全市下辖宜君县、王益区、印台区、耀州区。铜川地区现有孔庙遗存 2 处（表 5-1）。

表 5-1　铜川地区孔庙

序号	名称	地理位置	现存状况	时代	保护级别	备注
1	耀州孔庙	铜川市耀州区学古巷	棂星门、戟门、大成殿、东西庑	明	全国重点文物保护单位（2001.6.25）	耀州文庙大成殿被文物界的专家和学者誉为“西北第一殿”
2	铜川孔庙	铜川市印台区第一中学校园内	大成殿	清	陕西省文物保护单位（2003.9.24）	—

第一节　耀州孔庙

一、历史沿革

耀州孔庙位于古耀州城中轴线北端，今铜川市耀州区学古巷。据明嘉靖《耀州志》载：文庙“宋嘉祐中知州史炤建，元延祐中刺史张仲重修，太常廉悻记。元末尽烬，独古柏数十株存。明洪武五年知州魏必兴重建庙殿，九年同知陈季镛建两庑三十四间，棂星门、戟门、庖库皆备。”[①]后经明成化七年（1417年）、嘉靖三十六年（1557年）、隆庆四年（1507年）、崇祯八年（1635年）、清康熙九年（1670年）、康熙三十五年（1696年）、乾隆二年（1737年）、乾隆十八年（1753年）、嘉庆五年（1800年）、咸丰四年（1854年）、同治九年（1870年）都进行了规模不等的维修工程。同治九年（1870年）之后直到20世纪80年代成立博物馆前的百余年间，孔庙再无维修之举。耀州孔庙在古代作为祭祀孔子的场所，祭孔活动一直延续到1926年，此后，孔庙的用途逐渐改变。1925年8月，国民党爱国将领杨虎城曾在孔庙创办三民主义军官学校，并自任校长，后作为国民党军事委员会郃洛区军事组训民众动员指挥部。中华人民共和国成立后，孔庙被土产贸易公司、城关粮站、人民医院等单位占用，直到1994年全部收归博物馆。

1984年耀州区博物馆在耀州孔庙原址上修建，1986年起，国家先后对大成殿、棂星门、戟门、东西耳房、东西庑依次进行了抢救维修。2006年3月，又在孔庙前院修建了碑廊，用来陈列各种碑石。这次对孔庙的维修历时20年之久，维修面积达1500平方米，对孔庙内部的环境进行整治，增设了消防设施。在修葺时，整治了庭院环境，对大成殿、戟门、木牌楼进行单色油漆，完成文物陈列布展，建成前院东、西碑廊，并完成碑石布展工作[②]。1957年5月31日被公布为陕西省第二批文物保护单位，2001年6月25日公布为全国第五批重点文物保护单位。

二、形制与总体布局

耀州孔庙位于州城北部，约略在全城中轴线上，与县衙大堂、南城门等

① 嘉靖《耀州志》卷3《建置·文庙》，乾隆二十七年（1762年）刻本。

②《历时20年之久的耀县孔庙维修工作》，http://www.chinakongmiao.org/templates/T_CatalogList/index.aspx?nodeid=615&page=ContentPage&contentid=3146（2011-07-01）。

遥相对应，大门面南朝学古巷，后墙紧邻北城门，主要建筑有棂星门、戟门、大成殿等。

三、现存状况

耀州孔庙现占地近 10 亩，由南向北依次为棂星门、戟门、东西耳房、东西庑和大成殿，是一组基本保留了以宋代风格为主，兼具金元明清以来各时代特征的大型木构建筑群，是一部浓缩的古代建筑史，具有极高的观赏性和科学研究价值[①]。

棂星门（图 5-1、图 5-2）位于孔庙最南端，面临学古路，始建于明洪武九年（1376 年），是一座四柱三间重檐结构的精巧纯木构建筑，为非常少见的四柱重檐牌楼结构，四柱三间不用戗柱，楼顶与常见的三楼不同，而做成重檐屋顶，主楼为庑殿顶。上下两层斗拱和梁架结构相同，上檐、下檐均出五跳、十一踩，屋面全部用绿色琉璃瓦覆盖。复杂而华丽的结构由四根柱子承重，屹立六百多年，不歪不斜，岿然不动，在西北地区亦属少见。

图 5-1 棂星门正面

① 耀县志编撰委员会:《耀县志》，西安：陕西人民出版社，1995 年，第 174 页。

图 5-2　棂星门背面

前院（图 5-3、图 5-4）是博物馆管理员办公室和石刻碑石展览和耀州人物展。

图 5-3　前园东侧

图 5-4　前院西侧

戟门（图 5-5），位于孔庙中部，是孔庙的正门，又叫大成门。面阔三间，进深两间，单檐歇山顶，檐下不设斗拱，为小式木构建筑，并开三间大门。朱漆大门上装饰有金色门钉，明间五路九钉，寓意“九五之尊”，两边四扇均为五路七钉。屋顶进深与高度的比例为 3∶1，属宋代特征。屋面覆青瓦，用绿色琉璃瓦剪边。戟门有对联：“与国咸休，安富尊荣公府第；同天并老，文章道德圣人家。”据传此联为明朝李东阳所作，联语高度评价了古代伟大的先哲孔子的“文章道德，与天不老”，并说孔子的后人，同享福禄，世代尊荣。此联原挂在曲阜孔府的门口，放在孔庙的戟门是否合适？

图 5-5　戟门

东庑（图 5-6）、西庑（图 5-7）位于大成殿前东西两侧，相向而建，均为清代建筑。面阔各十一间。两庑原为历代奉祀孔门弟子和儒学代表人物的专门殿堂，现为文物展览室，东庑展览宗教艺术文物，西庑展览耀州出土文物精品。

图 5-6　东庑

图 5-7　西庑

东耳房（图 5-8）、西耳房（图 5-9）结构与东西庑相同，东西耳房原为名宦祠、先贤祠。

图 5-8　东耳房

图 5-9　西耳房

大成殿（图 5-10）作为孔庙的核心建筑，耸立在孔庙最北端，为单檐歇山式斗拱结构，面阔 7 间，进深 5 间，面积达 500 余平方米。屋顶以灰瓦覆顶，绿色琉璃瓦剪边，戗脊前部装饰仙人走兽 5 种，依次为仙人、龙、凤、狮、天马。根据史料记载，宋代初建时，原为五间悬山式，元末毁于兵燹，明初重建，弘治五年（1495 年）扩建，成为现在的规制。殿前中央五间的通额，用一整根圆木架在檐柱上，长达 18.7 米，上下省去枋材。殿前平身科的五朵斗拱中间各出一个龙头，形状各异。殿内七架梁和前后内额也以整根圆木制作，跨度三间，为国内罕见。大成殿自北宋创建后经过了 14 次维修，使其兼具了宋、金、元、明、清五个时代的建筑特点：屋架举折、歇山做法、叉手与脊瓜柱并用、梁架和檩条下使用斗拱，减柱移柱，都是典型的宋金元时期建筑手法；而檐前各组斗拱高度的缩小、机能减弱，出檐短小，屋面瓦作等，又是明清时期的手法。殿前有月台（图 5-11），月台前踏步中有“双龙戏水”御路丹陛（图 5-12）。继西安孔庙（今西安碑林）大成殿 1959 年毁于雷电火灾、蒲城孔庙大成殿 1976 年 9 月失火烧毁后，耀州孔庙大成殿便以其宏伟的气势、独特的结构和 503 平方米的建筑面积独领风骚，被文物界的专家和学者誉为“西北第一殿”。这座大成殿容汇了宋代以来各个时期的建筑特点，是一部浓缩的古代建筑史，具有极高的观赏性和科学研究价值[①]。

①《耀州文庙》，http://www.tcrbs.com/2015/1214/2850.shtml（2015-12-14）。

图 5-10　大成殿

图 5-11　月台

图 5-12　御路丹陛

孔庙的主要功能是祭祀孔子，大成殿内正中供奉的就是至圣先师孔子（图 5-13），两边是孔子的弟子——“四配”，东侧是复圣颜回、述圣子思（图 5-14）；西侧是宗圣曾参、亚圣孟轲（图 5-15）。

图 5-13　孔子塑像

图 5-14　东侧“四配”塑像

图 5-15　西侧“四配”塑像

大殿内东侧有刻制于明代正统末年的《宣圣画像碑》（图 5-16）及说明铭牌（图 5-17），十分珍贵。

图 5-16　明《宣圣画像碑》

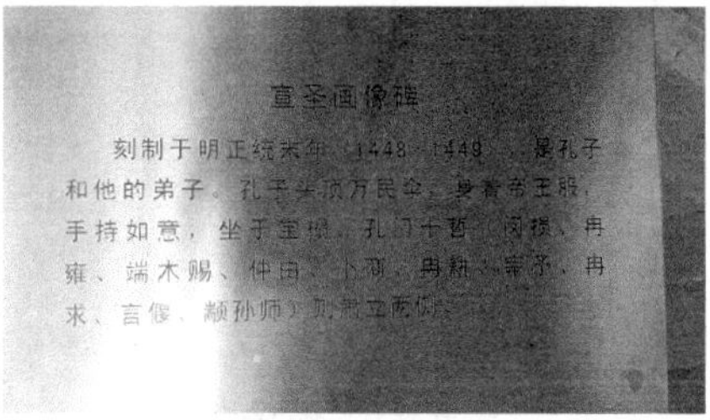

图 5-17　说明铭牌

在大成殿前分立了四尊宋元时期的石碑（图 5-18），以及北宋和元代的重修文庙题记碑；而戟门的门道两侧墙壁上镶嵌了两块明清时期的重修文庙题记碑，以及明代的《圣位陈设图》。另外，孔庙院内还有三棵昔日孔庙中遗存下来的古柏（图 5-19）。

图 5-18　古碑

图 5-19　古柏

明嘉靖三十四年农历十二月十二日夜（1556 年 1 月 23 日），陕西关中地区发生了以华（州）、渭（南）为中心的特大地震（后代科技工作者测断为 8 级地震）。耀州当时亲历地震的知州李廷宝在《重修庙学记》（图 5-20）中记载："地势摇动，震响如雷，一升一降，升如登山，降如坠井，即时墙屋倾圮，声震天地，灰飞尘扬，塞空蔽目……""城垣垛口，公私房舍倾塌者，不可胜计……其百姓压死，蒲、华二州各有八万，吾耀亦二千六百有奇。"这通碑石今仍镶嵌于戟门东侧墙壁上。

图 5-20　《重修庙学记》

明崇祯八年（1635 年），耀州儒学训导王允登对孔庙进行了维修。在棂星门以南（今巷道中）修建了围墙，东西设置侧门，一名“贤关”，一名“圣域”，并在围墙内正面树立照壁，北向正对棂星门，犹如今韩城孔庙之状。同时，刻立了《圣位陈设图》（图 5-21），把孔庙内的祭祀位置、祭品种类、名称数量及排列次序都刻在碑上，为后人留下了珍贵的历史资料。今下马石碑立于棂星门外东侧（图 5-22）。

图 5-21　《圣位陈设图》（戟门门道西侧）

图 5-22　下马碑

耀州孔庙建制沿用“左庙右学”的规制，即孔庙在左而学校（古称儒学，今耀州区委院内）在右，这种左庙右学、庙学并列的建置保留了宋代的规划式样，不同于明代以后庙学合一（即孔庙与儒学建在同一中轴线上）的格局，如韩城、蒲城孔庙（由南向北依次为影壁、棂星门、泮池、戟门、大成殿、明伦堂、尊经阁等建筑）。孔庙西侧的原耀州儒学是封建社会时全州（县）的官办正规学校，专门培养科举人才。进入民国，在此创办了学古巷小学，又被一些党政机关作办公用房。中华人民共和国成立后，成为中共耀县（耀州区）委员会的办公地，现今，区政协、纪检委等部门也在此办公。孔庙东侧原启圣宫、文昌殿、魁星楼等进入民国亦逐渐败落，中华人民共和国成立后改建为北街小学。

第二节　铜川孔庙

一、历史沿革

铜川原名“同官”，西汉景帝二年（前 155 年）开始置县，隶属左冯翊。三国魏时隶属北地郡。北魏太平真君七年（446 年）设置铜官县，隶属北地郡。北周建德四年（575 年），铜官县改名同官县，因与“潼关”同音，治所又设在铜水之川，故民国期间又更名铜川。铜川孔庙位于老城印台区第一中学校园内。据民国《同官县志》载：“文庙即孔庙，旧与儒学（即县学）合称学宫。在县署东南大成街。明洪武八年知县鲁俊因宋旧址修建。”[①]明宣德五年（1430 年）知县李公佑重修。万历十五年（1587）知县屠以钦增建，十九年（1591 年）知县马铎更新。清代康熙、乾隆时，几度修缮。光绪二十五年（1899 年），知县黄肇宏修复。1935 年，陕西省国民政府主席邵力子等于清明节拜谒黄帝陵阻雨，到文庙游览，叹其将倾，在县长刘学海请求下，后予拨款整修，工商教育界亦曾募款修葺。1941 年孔庙改用于县立初级中学，庙内老屋逐渐拆除，仅剩大成殿一座。1953 年和 1980 年，省、市人民政府先后拨款修葺大成殿，2003 年 9 月 24 日被陕西省人民政府公布为陕西省第四批文物保护单位。

二、形制与总体布局

据乾隆《同官县志》载：明清时之文庙，庙门即戟门也，三楹，“其称戟门者，以列戟故也”，宋太祖建隆三年（962 年）诏庙门立戟十六支，大观四年（1110 年）增为二十四支。戟门内有泮池，池中有桥，清乾隆三十年（1765

① 民国《同官县志》卷 23《宗教祠祀志》，1944 年铅印本。

年）知县袁文观引城西方泉水入池，改建两翼门，东曰圣城，西曰贤关。泮池内设棂星门、石柱三楹。经中道直上大成殿，殿内供至圣先师孔子位，两旁供四配，即复圣颜子、宗圣曾子、述圣思子、亚圣孟子，并有东西两庑，各五楹，供七十二贤及二十一儒牌位和画像。文庙东有崇圣祠、三楹，奉祀孔子五代祖先，并以四配之父及宋代理学家周、张、程、宋、蔡之父配享从祀。①

三、现存状况

今仅存大成殿（图 5-23）。大成殿坐北朝南，高 9.26 米，面阔 5 间，通长 21.62 米，进深 3 间，16.5 米。木结构，歇山顶，屋面下复板瓦上扣琉璃简瓦，施沟头、滴水、琉璃透花屋脊。大殿坐落巨型砂岩条石台基上，正面竖 6 根 8 棱石廊柱（图 5-24），均高 3.88 米，周长 1.74 米，涂朱漆，上承梁枋。殿内设金柱，铺青砖席纹地面。前面正、次间均为四扇雕花格子门、窗，后明间为六扇格子门（图 5-25）。飞檐斗拱，双昂五踩，四角各挑出一含珠木龙头，饰民间杂式彩绘。

图 5-23　大成殿

① 乾隆《同官县志》卷 5《学校》，乾隆三十年（1765 年）刻本。

图 5-24　大殿石廊柱

图 5-25　大成殿背面

殿前现存千年古柏 4 株（原 5 株，“文化大革命”中伐 1 株），高 13—18 米，围长 3.2—4 米，苍劲挺拔，黛色参天（图 5-26）。殿前立记事碑 2 通：一为康熙三十年（1691 年）款《重修庙学之辞碑》（图 5-27），记述了重修孔庙的经过与修后的景象；一为光绪二十五年（1899 年）款《重修文庙碑记》（图 5-28），叙述了重修孔庙的经过、范围及用度。大成殿现为铜川市第一中学校史展览馆（图 5-29），大殿正中塑有孔子行教像（图 5-30），左右有对联：“至圣无域泽天下，威德有范垂人间。”

图 5-26　古柏

图 5-27　康熙三十年《重修庙学之辞碑》

图 5-28　光绪二十五年《重修文庙碑记》

图 5-29　大殿内景

图 5-30　孔子行教像

第六章　宝鸡地区孔庙

宝鸡地区地处陕、甘、宁、川四省（区）结合部，位于西安、兰州、银川、成都四个省会城市的中心位置，东连咸阳，南接汉中，西北与甘肃省的天水和平凉毗邻。秦岭南屏，渭水中流，关陇西阻北横，渭北沃野平原。全市下辖 3 区：渭滨区、金台区、陈仓区，9 县：岐山县、眉县、凤县、凤翔县、太白县、扶风县、乾县、千阳县、麟游县，现有孔庙遗存 3 处（表 6-1）。

表 6-1　宝鸡地区孔庙

序号	孔庙名称	地理位置	保存现状	时代	保护级别	备注
1	凤县孔庙	凤县凤州镇凤州村	大成殿	清	县级文物保护单位（1984.11.27）	—
2	凤翔孔庙	凤翔博物馆	仅存《凤翔府重修文庙学宫记》石碑	—	—	—
	凤翔昭明堡孔庙	凤翔县城关镇高王寺村昭明堡	大成殿	清	—	—
3	岐山周公庙孔庙	岐山周公庙	大成殿	现代	—	—
4	扶风孔庙	扶风县博物馆	文庙石刻	明清	县级文物保护单位（1983.10.26）	失踪
5	千阳孔庙	千阳县面粉厂院内	重修明伦堂碑	清	县级文物保护单位（1989.12.7）	失踪

第一节　凤县孔庙

一、历史沿革

凤县孔庙位于县城东北 11 千米处的凤州镇凤州村（图 6-1）。凤县古称“凤州”，始建于秦朝。凤州历史悠久，有“岭南第一州”之称。“凤，古州名。鸑鷟尝鸣于岐，翱翔至南而集焉，是以西岐曰凤翔，南岐曰凤州。”①凤州村原为凤州老县城所在地，自秦设故道县至中华人民共和国成立初期，为历代州、郡、县治地，1949 年 11 月 27 日，凤县人民政府由黄牛铺迁凤州。1951 年 6 月 1 日，县人民政府迁双石铺，凤州古城便又降级为镇，名为凤州镇。2001 年凤州镇和龙口镇合并，结果镇政府和机关都搬到龙口镇，却把凤州镇的名号给了龙口镇，于是老凤州镇又降格为村。据光绪《凤县志》载：“文庙在县治东，明洪武四年知县王几建，崇祯末毁于兵。国朝康熙四十三年知县高光斗续修，日久圮颓；乾隆二十五年知县王廷钧建戟门并三祠；嘉庆十七年邑绅重加修葺；同治十二年知县郭建本重修。”②据《重修凤州文庙碑记》：近代以来“破旧立新，文庙为学校所代，仅存大成殿及古柏 5 株”。1984 年被凤县人民政府公布为第一批县级文物保护单位。

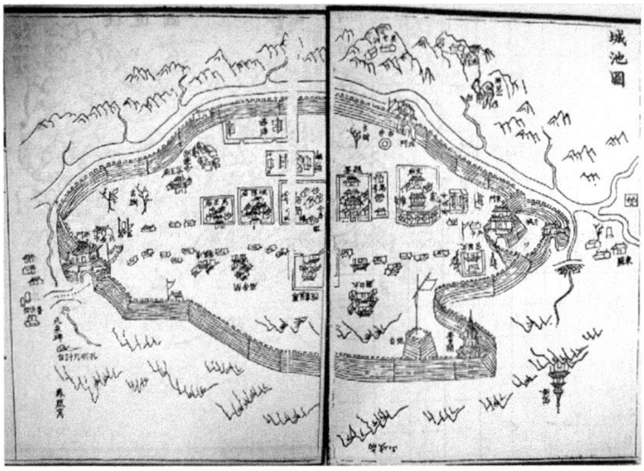

图 6-1　凤州城池图③

① 光绪《凤县志》卷 2《建置》，光绪十八年（1892 年）刻本。
② 光绪《凤县志》卷 4《典祀》，光绪十八年（1892 年）刻本。
③ 光绪《凤县志》卷 1《舆图》，光绪十八年（1892 年）刻本。

二、形制与总体布局

据光绪《凤县志》载：“内正中大成殿，两旁东西庑，前为戟门，门之东为名宦祠、西为乡贤祠，前为泮池，又前棂星门，周围宫墙。左礼门，右义路，其外立文武官员至此下马石。”（图 6-2）①

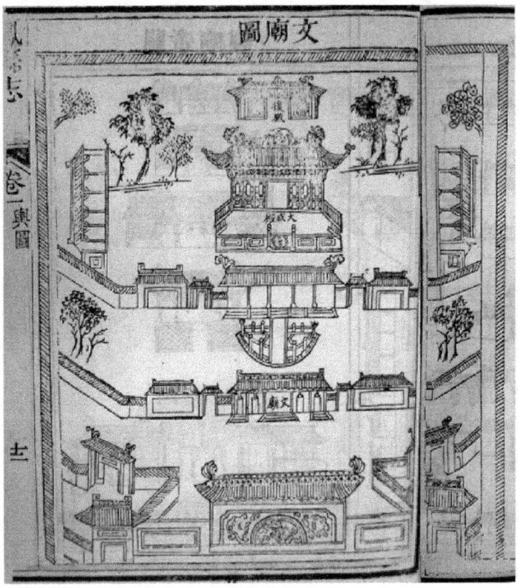

图 6-2　凤州文庙图②

三、现存状况

凤州孔庙原为凤州村西街民族小学所在地，仅存大成殿，高 7.77 米，宽 9.8 米，深 15.8 米，建筑面积 155 平方米，为九脊歇山顶，两斗两昂，彩栋飞檐，气势宏伟。③近年来，凤县政府保护性开发建设凤州古城，2014 年按古制对凤县孔庙进行了修复。新修复孔庙由大成殿、崇圣祠、东西庑和影壁

① 光绪《凤县志》卷 4《典祀》，光绪十八年（1892 年）刻本。

② 光绪《凤县志》卷 1《舆图》，光绪十八年（1892 年）刻本。

③ 凤县志编纂委员会：《凤县志》，西安：陕西人民出版社，1994 年，第 488 页。

组成，坐北朝南，为四合院建筑风格，紧邻凤州村西街民族小学和两当兵变策源地革命纪念馆。

孔庙最南端为新修的“万仞宫墙”照壁（图 6-3），“万仞宫墙”原名仰圣门，意在将孔庙屏蔽于闹市之中，让人进入时，有神圣之感。子贡曾经说过：“夫子之墙数仞，不得其门而入，不见宗庙之美，百官之富。”称赞孔子学识渊博高深，可达“数仞”，但后人认为孔子学识的奥妙是一般人无法领悟的，故称赞为“万仞”，以借此来表达对孔子的尊敬和赞扬。照壁两侧有明柏 5 株（图 6-4、图 6-5），立有《重修凤州文庙碑记》（图 6-6）和明碑（图 6-7）。

图 6-3　照壁

图 6-4　明柏

图 6-5　明柏

图 6-6　《重修凤州文庙碑记》

图 6-7　明碑

照壁后为大成殿（图 6-8）。2014 年凤县政府按“修旧如旧，保持原貌”的原则，对清代孔庙大成殿进行了修复。大成殿位于 1.2 米高的台基上，属于单檐庑殿式寺庙建筑（图 6-9），周檐口均为五踩角科斗拱，宽 5 间，进深 2 间，总面积 155 平方米。大成殿前后为木结构雕花的窗户，极具地方特色。大成殿前门和后门两侧各悬挂颂联：前门两侧为“儒学垂世集十三经典书香远溢耀中华，文圣临凡诲七十二精英人气高飏卫宇宙”；后门两侧是“豆积山奇不让尼山文章圣祖沛千秋，嘉陵水秀恍如泗水道德真源同一脉”（图 6-10）。大成殿前后门对联均为本土知名书法家王朗坤先生书就。

图 6-8　大成殿正面

图 6-9　大成殿侧面

图 6-10 大成殿背面

大成殿正中塑有大成至圣先师孔子神像，两侧为复圣颜回、宗圣曾参、亚圣孟轲、述圣孔伋四配塑像（图 6-11）。在大成殿东墙面绘有闵子损、冉子雍、端木子赐、仲子由、卜子商、有子若（图 6-12）；西面墙绘有冉子耕、宰子予、冉子求、言子偃、颛孙子师、朱子熹十二哲像（图 6-13）。塑像背光墙上绘有孔子及七十二弟子群贤图（图 6-14）。在大成殿左右梁柱上悬挂由康熙御笔所书“万世师表”和雍正御笔所书“生民未有”两块牌匾。

图 6-11 孔子及“四配”塑像

图 6-12 东面“十二哲”画像

图 6-13 西面“十二哲”画像

图 6-14　孔门七十二贤画像

大成殿后为新修的东庑（图 6-15）、西庑（图 6-16），东西两庑应在大成殿前东西两侧，是后世供奉历代先贤先儒的地方。这配享的贤儒大都是后世儒家学派中著名的人物，如董仲舒、韩愈、王阳明等。在唐朝仅有 20 余人，经过历代增添更换，到民国时，多达 156 人。这些配享的人原为画像，金代改为塑像，明成化年间一律改为写有名字的木制牌位，供奉在一座座的神龛中。凤县孔庙名宦祠和乡贤祠原建在戟门两侧，现受地形限制，未能恢复。现将先贤、先儒祭祀于东庑，西庑作为名宦祠和乡贤祠功能，将凤县历代名官、先贤整合予以展示。据光绪《凤县志》载，自汉代张良至清代王得胜，本县名宦祠共祀名宦 30 名。自唐代吴郁至清代杨守身，本县乡贤祠共祀乡贤 27 名。另有忠节人物共计 279 名,孝行人物共计 24 名，义行人物共计 8 名，列女 239 人。

图 6-15　东庑

图 6-16　西庑

大成殿正北方（图 6-17）为新修的供奉孔子五世祖牌位的崇圣祠（图 6-18）。崇圣祠原称启圣祠，明嘉靖时皇帝下诏令各地孔庙设立启圣祠以祀启圣公，清雍正元年（1723 年）追封孔子五代祖先为王爵并予入祀，改启圣祠为崇圣祠，以祭祀孔子的五世祖。崇圣祠阔 5 间，深 1 间，硬山顶，灰瓦覆顶。大门两侧有对联："今来古往儒学精华照凤州，海阔天高先师功德披龙图。"祠内绘孔子五代祖肇圣王木金父、高祖裕圣王祈父、曾祖诒圣王防叔、祖父昌圣王伯夏、启圣王叔梁纥画像（图 6-19）。并绘先贤孔孟皮（孔子兄）、曾点（宗圣曾参之父）、孟孙激（亚圣孟轲之父）、颜无繇（复圣颜回之父）、孔鲤（述圣孔伋之父）以配享。两侧以先贤周敦颐之父周辅成、先儒张载之父张迪、先贤二程（程颐、程颢）之父程珦、先哲朱熹之父朱松、先儒蔡沈之父蔡元定为从祀（图 6-20、图 6-21）。崇圣祠后有一小巧秀丽的花园，孔庙四周青瓦粉墙围绕，饰以文竹绿草，孔庙建筑墙壁上绘有"仁、智、礼、仪、信"等一些代表儒家经典理念和思想的文字和绘画。

图 6-17　孔庙后院

图 6-18　崇圣祠

图 6-19　孔子五代祖画像

图 6-20　东侧从祀画像

图 6-21　西侧从祀画像

由于受地形限制，文庙建制中的泮池、戟门和棂星门未能完全恢复，而且大门开在了崇圣祠北面。文昌宫和书院（图 6-22）原分别位于孔庙的东西两侧，形成三角构造的布局模式，今尚未恢复。

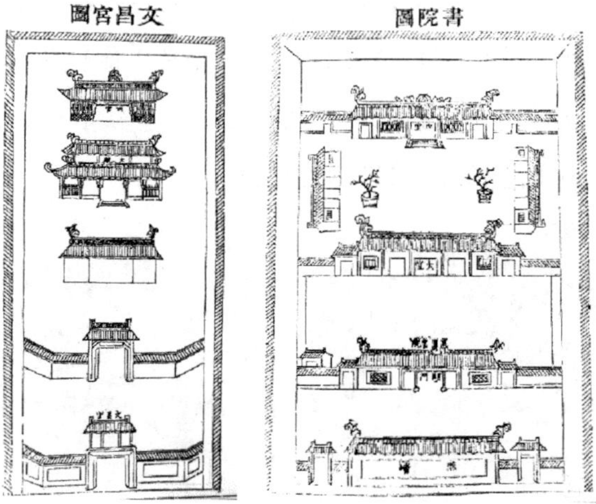

图 6-22　文昌宫图和书院图[①]

第二节　凤翔孔庙

文庙，即孔子庙。据清乾隆《重修凤翔府志》载：“文庙，府东南，凤翔县同创建，年代不详。明景泰初知府扈暹重修，成化七年忝议杨璧塑

① 光绪《凤县志》卷 1《舆图》，光绪十八年（1892 年）刻本。

两庑贤像，十五年知府张本济复修。”凤翔孔庙位于今凤翔师范学校西院（图 6-23），“大成殿（七楹），两庑（各十四间），神库（三间、殿西），神厨（三间、庑北），戟门（三间），棂星门（三间），泮池（棂星门外），泮宫牌坊一座（泮池前），德配天地坊（泮池东），道冠古今坊（泮池西），宰牲所（庙外街南），崇圣祠（五楹，大成殿后），名宦祠（戟门外东），乡贤祠（戟门外西）（图 6-24）”。[1]孔庙西为府儒学（图 6-25），有明伦堂、尊经阁、射圃、训导宅等建筑。孔庙大成殿地基高出地面五尺，七级而堂，巨柱重檐，绿瓦黄瓴，为士林敬仰之区。城外西北隅之凤凰泉水穿城而过，一暗渠经城隍庙至承流巷向东南注入泮池，以此象征凤凰肠胃之意，工程大而用意颇深，与武庙遥遥相对。以上建筑今已无存，仅存有 1983 年在宝鸡市凤翔师范学校出土的明嘉靖三十六年（1557 年）所立《凤翔府重修文庙学宫记》石碑（图 6-26），此石碑 2013 年移于凤翔县博物馆碑廊收藏，现为国家三级文物（图 6-27）。

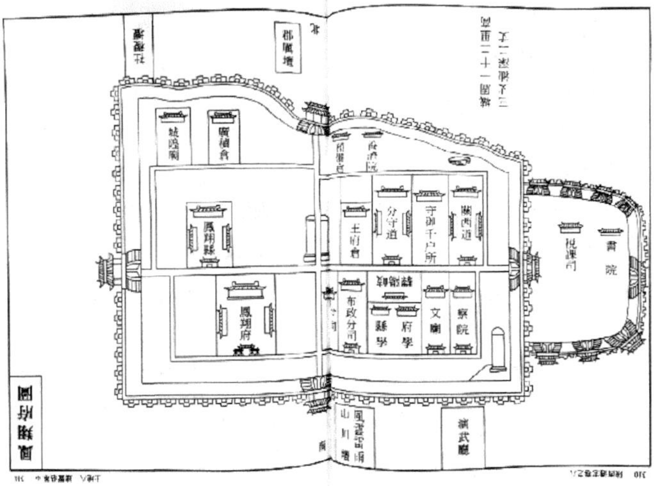

图 6-23　凤翔府图[2]

① 乾隆《重修凤翔府志》卷 6《学校》，乾隆三十一年（1766 年）刻本。

②（明）马理等篡，董健桥等校注：《陕西通志》，西安：三秦出版社，2006 年，第 311 页。

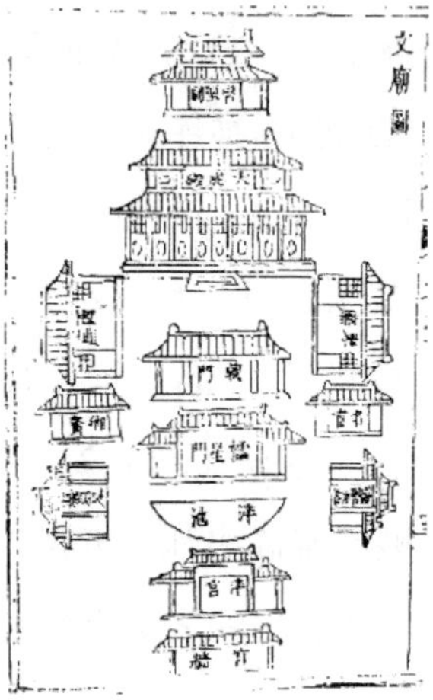

图 6-24　文庙图

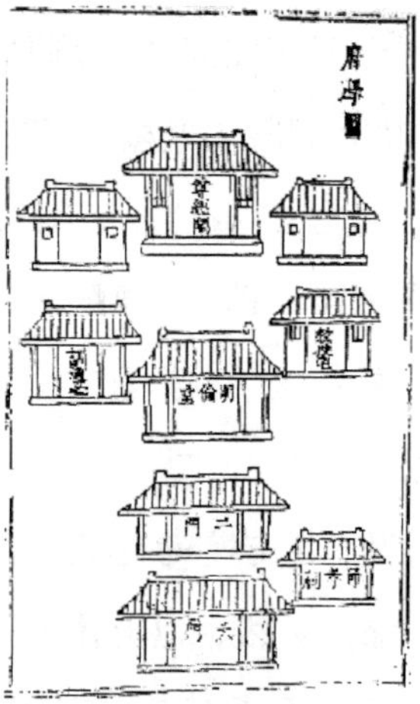

图 6-25　府学图①

图 6-26　《凤翔府重修文庙学宫记》石碑

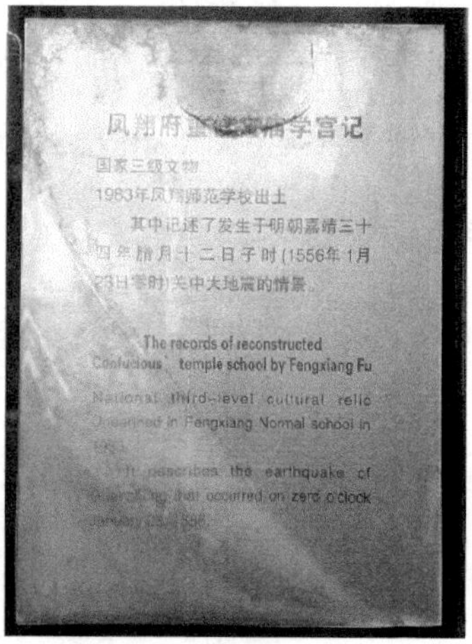

图 6-27　铭牌

明代华县大地震是中国历史上最为强烈的地震之一，震中地区在渭河下游的渭南、华县、华阴、潼关和山西的永济一带，波及陕西、甘肃、山西、河南、宁夏、河北、山东、湖北、安徽、江苏等省区。据《明史》记载："（嘉靖）三十四年十二月壬寅，山西、陕西、河南同时地震，声如雷。渭南、华州、朝邑、三原、蒲州等处尤甚。或地裂泉涌，中有鱼物，或城郭房屋，陷入地中，

① 乾隆《重修凤翔府志》卷首《图考》，乾隆三十一年（1766 年）刻本。

或平地突成山阜，或一日数震，或累日震不止。河、渭大泛，华岳、终南山鸣，河清数日。官吏、军民压死八十三万有奇。”

《凤翔府重修文庙学宫记》石碑，立于明嘉靖三十六年（1557 年）岁次丁巳夏四月。长方形，砂质岩，由碑首、碑身、碑座组成，高 235 厘米，宽 80.9 厘米，厚 20 厘米。竖排楷书，由总督蓟辽保定等处军务兼督粮饷长安何栋撰，巡抚辽东兼赞理军务西京许宗鲁书，文林郎河南道监察御史岐阳李守仁篆。记述明嘉靖三十四年腊月（1556 年 1 月）华县大地震波及凤翔后，造成的极大破坏。坚固的孔庙、学宫都被震塌，于第二年重修时立此碑为记。碑文还记载了这次地震波及凤翔后所造成的破坏、伤亡情况。碑文记载道：“嘉靖乙卯季冬，秦晋之交，地忽大震，袤延千里，振撼盘荡，川原析裂，郊墟迁移，壅为冈阜，陷作沟渠，山鸣谷响，水涌沙溢，城垣庙宇，官衙民庐，倾颓摧圮，十局其半，军民被害者盖千万计也。”对研究华县大地震具有重要史料价值。

附录：凤翔县城关镇高王寺村昭明堡孔庙

昭明堡孔庙，位于凤翔县城东南约 1 千米处的高王寺村。清康熙四十六年（1707 年），居住在这里的郑氏祖先修建城门楼时，将刻有“昭明”二字的石匾（图 6-28）嵌于其上，昭明堡因此而得名。“昭明”出自《左传·定公四年》“以昭周公之明德”，意为孔子对周公的推崇。昭明堡以前建筑完整，有城墙、城门、城壕、更道及更房等。堡外有照壁、魁星楼、郑氏花园、涝池等。

图 6-28　孔子文化广场

据郑氏族谱记载，先世传闻明初自山西洪洞县大槐树下迁来，耕读传家，勤勉好学。道光二年（1822 年），郑氏族人郑士范（1795—1873 年）乡试第一，俗称解元。后多次参加会试未中进士，道光十五年（1835 年）赴京大挑一等，分发贵州，历任印江、安化、清溪、贵筑等四县知县，道光二十五年（1845 年）迁平越直隶州知州。郑士范善于处理民族关系，在贵州各地县令任上，“所至革陋弊，兴学校，悬锣听讼，禁暴安良，善政累累”①。道光二十五年（1845 年），郑士范从贵州平越州知州任上告病辞官回到家乡陕西凤翔昭明堡村，咸丰九年（1859 年）在村里修建了一座孔子庙，据郑书香（1847—1928 年）《郑冶亭先生碑记》记载：从此“辟家塾，与二三同志，朝夕论学，教人以立品为先”。郑士范创建孔庙是为了教育后世子孙，要以圣人的法则为根本，勤学力耕，诗书立家，做到正心诚意，致知格物，修身齐家。据郑氏族谱记载，郑士范修建的孔庙，位于昭明堡门外北侧约 40 米处，占地约 1 亩，坐北向南，门内有三间大殿，为砖土木结构，四周有土围墙（图 6-29）。昭明堡孔庙毁于清同治年间的回民大起义，只为后世留下一间残破衰败的正殿。1958 年，村大队将孔庙正殿改为澡堂。到了 1964 年春天，村里人在翻修昭明堡旧门楼时，旧庙拆迁至新城楼南侧。原城楼拆除，只留下了那块刻有“昭明”的石匾。

图 6-29　大成殿原址街景

① 凤翔县志编纂委员会：《凤翔县志》，西安：陕西人民出版社，1991 年，第 781 页。

1990 年前后，村人重将此房恢复为孔子大成殿。2013 年夏初，由许有琴、郑佰锁、郑崇明等人发起，成立了孔子文化广场修缮筹委会，“意在弘扬传承道德文化，整饬美化村容环境”。此一倡议得到了村民的积极响应，大家有力的出力，有钱的出钱，从规划、筹资、除旧，到孔子文化广场建成，仅用了一年时间，2014 年 4 月 12 日，广场顺利竣工，广场的修建“凝聚了人心，既美化了村容，也净化了民风”。特别是 2014 年 4 月 24 日，为解决建设资金不足，在广场举行了筹资捐款大会，盛况空前，出现了人人慷慨、户户争先的感人场面，共筹款 7.2 万多元，筹委会感念于此，立碑为记《修复昭明堡孔子文化广场记》（图 6-30），碑另一侧刻《孔子文化广场功德碑》（图 6-31）。

图 6-30 《修复昭明堡孔子文化广场记》

图 6-31 《功德碑》

今昭明堡孔子文化广场占地 1000 多平方米，青石砖铺地，干净整洁，广场北侧放置了一排健身器材。大成殿（图 6-32）位于广场西南角，坐西朝东，面阔三间，深两间，砖木结构，硬山顶。殿内左侧供奉着文昌画像（图 6-33），正中供奉着孔子像（图 6-34），右侧供奉着魁星像（图 6-35）。大成殿前方立《昭明堡碑记》，记录了昭明堡村的历史（图 6-36）。

图 6-32　大成殿

图 6-33　文昌画像

图 6-34　孔子画像

图 6-35　魁星画像

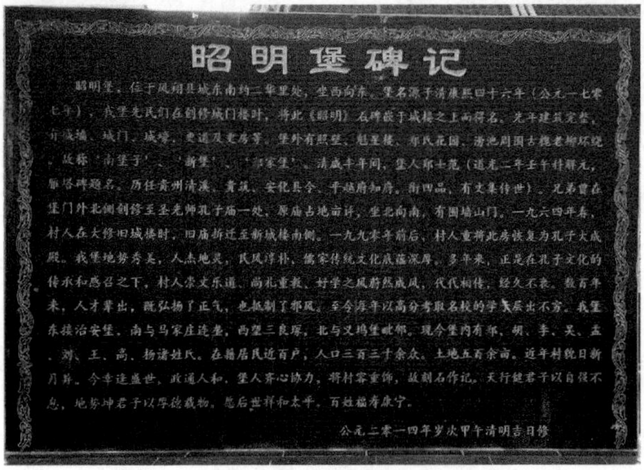

图 6-36　昭明堡碑记

昭明堡地势秀美，人杰地灵，民风淳朴，在郑士范提倡的孔子思想文化的传承和感召下，村里崇文乐道、尚礼重教，好学之风盛行，代代相传，数百年来，人才辈出，经久不衰。正如《凤翔昭明郑氏族谱》（图 6-37）所载：“奉先思孝，永世无穷。成家立业，祖德宗功。先言追远，再讲慎终。香烟勿替，祀典宜崇。精诚有感，灵爽讵空。嗟余始祖，德动苍穹。传殿璧世，生冶亭公。大贤大德，惟孝惟忠。入名宦内，祀乡贤中。于今十世，后嗣独隆。绳绳子息，继继儿童。勤耕力学，世守家风。”昭明堡孔庙是陕西唯一一座由当地学者兴建，150 多年后由当地村民自发重修的孔庙，正如《修复昭明堡孔子文化广场记》所载：“为了伸张正义，加强人们的荣辱道德观念，传承中华传统美德，激励后人努力学习，自强自立，为天地立心，继往圣之绝学，为生民立命，开万世之太平，建设家乡报效国家。”这无疑是村民重建孔庙的初衷和目的。有专家指出，凤翔昭明堡群众重建孔庙，既是对自身行为观念的探寻，也是对中华传统文化的弘扬，这座乡村孔庙不仅是一座建筑景观，更是一个文化道德的标杆，引导、教育村民树立正确价值观、弘扬社会正能量。①

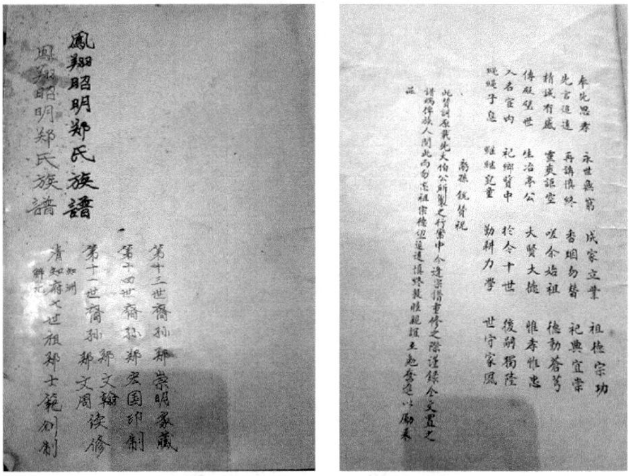

图 6-37　凤翔昭明堡郑氏族谱

① 祝嘉：《凤翔一座乡村孔庙的文化传承》，《宝鸡日报》，2014 年 12 月 6 日。

第三节　岐山周公庙孔庙

岐山县以境内有岐山而得名，始建于隋开皇十六年（596 年）。据民国《岐山县志》卷三《祠祀》载：孔庙“在学署西，唐时建，金末毁于兵，元至元二十八年重建。”[①]明洪武八年（1375 年）、景泰六年（1455 年）、正德十三年（1518 年）、嘉靖三十九年（1560 年）、万历十九年（1591 年）、清顺治五年（1648 年）、康熙二十四年（1685 年）、乾隆五年（1740 年）、同治十年（1871 年）重修。岐山文庙位于今岐山中学院内（图 6-38、图 6-39），有大成殿 5 间，坐北向南，宽 17.5 米，进深 10.2 米，砖木结构，琉璃瓦歇山顶。正面戟门 3 间，东、西庑各 7 间。1976 年秋，大成殿因大梁断裂而崩塌，遂全部拆除，今已不存。

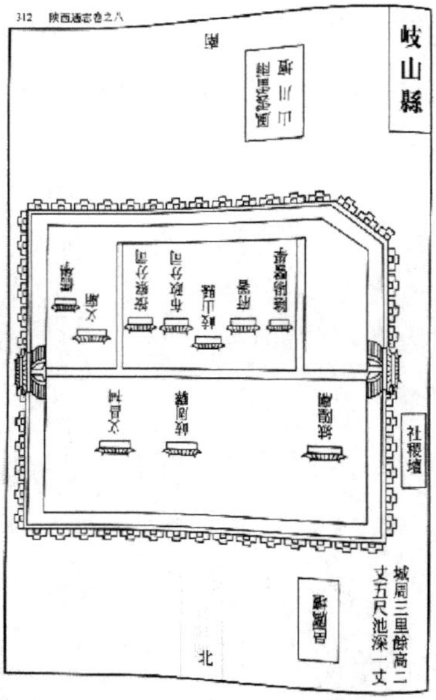

图 6-38　岐山县城池图[②]

① 民国《岐山县志》卷 3《祠祀》，西安：酉山书局，1935 年铅印本。

②（明）马理等纂，董健桥等校注：《陕西通志》，西安：三秦出版社，2006 年，第 312 页。

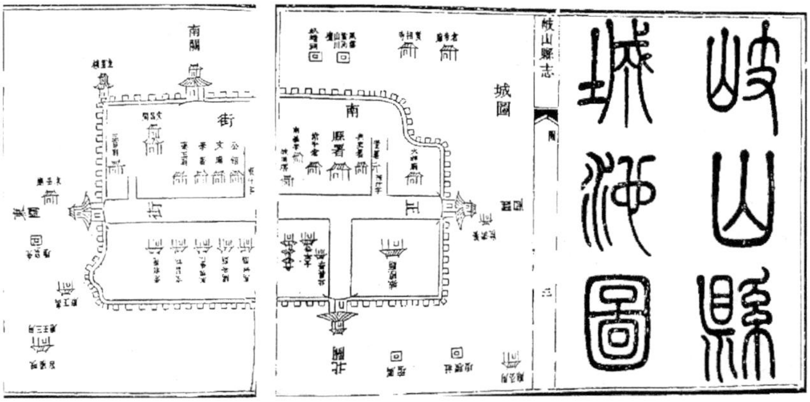

图 6-39 岐山县城池图[①]

岐山县周公庙位于岐山县城西北六千米处的凤凰山南麓,《诗经·大雅·卷阿》中描述此地为:“有卷者阿,飘风自南。”周公旦晚年归隐于卷阿,逝世后即建祠祭祀,周公庙由此而始。西周末年古卷阿建筑遭毁坏,秦汉以后曾重修。唐武德元年(618 年),唐高祖李渊为纪念曾助武王灭商立国、辅成王平叛安邦的周公旦,下诏在其制礼作乐的“卷阿”创建周公祠。后经宋、元、明、清历代修葺、扩建,形成了以周三公(周公、召公、太公)殿为主体,姜嫄、后稷殿为辅,亭、台、楼阁点缀辉映的古建筑群,是中国同类建筑中存世规模最大,形制最完整的周公庙。

北京大学哲学系教授陈来在《古代宗教与伦理》中写道:“历史赋予古代某些人物以巨大的文化选择权能,他们的思想方向决定,或在相当程度上决定了后来文化与价值的方向,从而对后来文化的发展产生了决定性的作用。在中国历史上,这个人先是周公,后是孔子,而孔子是把周公所做的一切进一步加以发展和普遍化。没有周公和西周文化养育的文化气质,孔子的出现是不可想象的。”[②]所以汉唐之间一直以“周孔”并称。而孔子终生仰慕周公,年轻时就十分赞羡“周公之才之美”。直到晚年,还在惦念自己心目中的老师:

---

① 光绪《岐山县志·图》,光绪十年(1884 年)刻本。

② 陈来:《古代宗教与伦理》,北京:生活 读书 新知三联书店,2009 年,第 5 页。

"甚矣吾衰也！久矣！吾不复梦见周公（图 6-40）。"所以周公庙景区 2009 年修复时，专门重建了祭祀孔子的大成殿（图 6-41）。大成殿创建于 1923 年，坐西朝东，位于周公庙主体建筑的西侧，为一纪念性仿古建筑，三间宽，深二间，灰瓦硬山顶，廊柱两侧有对联："梦周公克己复礼，游列国独不到秦。"大殿正中神龛内供奉孔子圣像（图 6-42），神龛两侧有副对联："子入太庙事每问，凤鸣岐山泉自流。"周公庙内还有魁星楼一座（图 6-43）。

图 6-40 "梦见周公"刻石

图 6-41 大成殿

图 6-42 殿内孔子塑像

图 6-43 魁星楼

附录 1：扶风县孔庙

据嘉庆《扶风县志》载："圣庙在东街（图 6-44），北为大门、为棂星门、为戟门、为大成殿、为两庑。旧《志》云建庙年代无考，唐大历二年尉袁弁修，尚书驾部郎中程浩有《记》。"[①]以后历代均有重修，今已不存。

---

① 嘉庆《扶风县志》卷 6《祠祀》，嘉庆二十四年（1819 年）刻本。

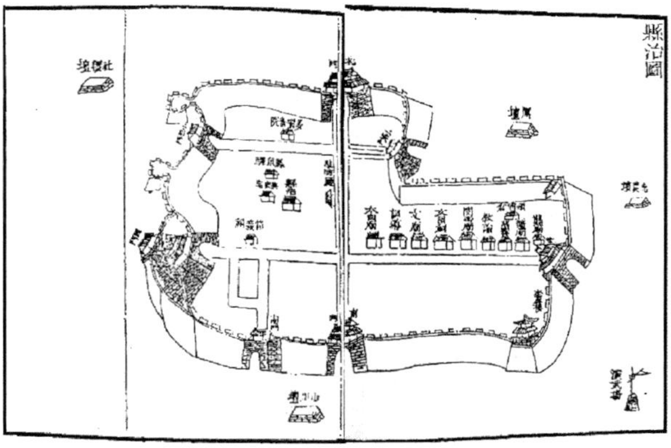

图 6-44　扶风县治图①

扶风县 1983 年公布为县级文物保护单位的文庙石刻，近年普查时已不存在。②

附录 2：千阳孔庙

千阳县位于陕西省西部，北周天和五年（570 年）置汧阳县。据《太平寰宇记》："以在汧山之阳为名。"1964 年简化为千阳县。据道光《重修千阳县志》载："文庙，明嘉靖二十六年建，道光八年正殿与两庑知县钟锡瑞重修。启圣祠，康熙癸巳年知县吴宸梧建，道光十四年知县罗日璧重修。"罗日璧又于大成门东西两侧修乡贤、名宦祠各三楹，改凿泮池于棂星门外，新修金声玉振两门，重修大成门、照壁、宫墙、斋房等建筑（图 6-45）③。中华人民共和国成立后，孔庙改为粮仓，后相继将启圣祠、大成殿、大成门、照壁以及孔庙两侧之东学、西学等拆除，仅余的东西庑也于 2012 年春县法院扩建时拆除。千阳县与孔庙有关的一块清雍正吴宸梧所立"重修明伦堂碑"，1989 年文物普查时，公布为县级文物保护单位，这次调查时踪迹难寻，还有一些碑刻，由于零散的裸露于野外，面临毁坏、遗失危险，而地方保护条件、能力有限，当地

---

① 嘉庆《扶风县志》卷 1《图》，嘉庆二十四年（1819 年）刻本。

② 马志祥：《西安碑林博物馆完成宝鸡地区孔庙调查工作》，http://www.wenwu.gov.cn/contents/520/40554.html（2017-01-01）。

③ 道光《重修千阳县志》卷 3《坛所》，道光二十一年（1841 年）刻本。

的同志希望有能力、专业相关的文博单位予以征集，以利保护研究①。

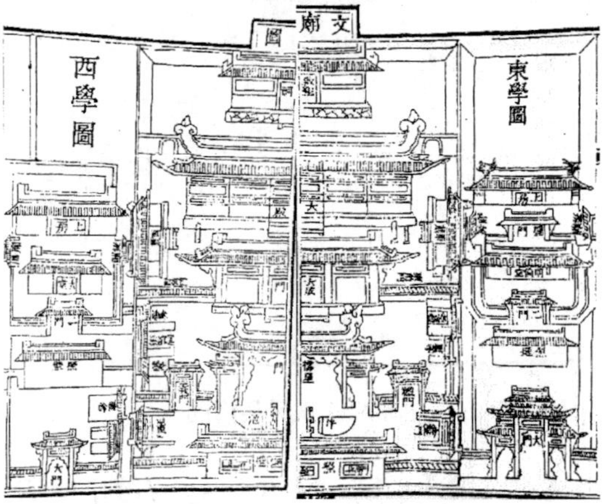

图 6-45　文庙图②

文昌庙在“城内后街，嘉庆八年（1803 年）知县王廷璧重修，生员蒲天经捐地一段以作香火之资。坐落本庙东边，东至岳庙墙根，西至本庙墙根。（图 6-46）”坐北朝南，有文明坊、大门、献殿、大殿等建筑，今已不存。

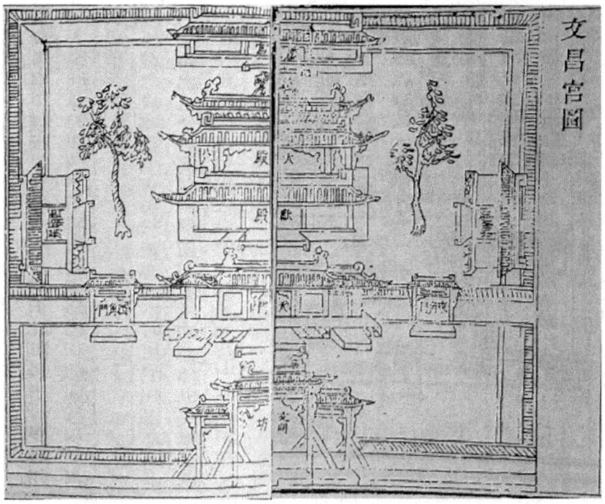

图 6-46　文昌宫图③

① 马志祥：《西安碑林博物馆完成宝鸡地区孔庙调查工作》，http://www.wenwu.gov.cn/contents/520/40554.html（2017-01-01）。

② 道光《重修千阳县志》卷首《图》，道光二十一年（1841 年）刻本。

③ 道光《重修千阳县志》卷首《图》，道光二十一年（1841 年）刻本。

第七章　汉中地区孔庙

汉中地区位于陕西省西南部，汉江上游，北倚秦岭、南屏大巴山，地势南北高，中间低，中部是汉中盆地。辖汉台区、南郑区和镇巴、留坝、勉县、西乡、城固、宁强、洋县、佛坪、略阳 9 个县。汉中地区现有孔庙遗存 4 处（表 7-1）。

表 7-1　汉中地区孔庙

序号	孔庙名称	地理位置	保存现状	时代	保护级别	备注
1	汉中孔庙	位于汉中市天汉大道南段，汉中市政府院内	存有棂星门、泮池、大成殿等建筑，及记录孔庙维修的相关碑刻	明	陕西省文物保护单位（2014）	—
2	城固孔庙	位于城固师范附小院内	仅存大成殿正在维修	清	陕西省第五批文物保护单位（2008.9.16）	—
3	洋县孔庙	位于现洋县中学校内	现存大成殿等	唐	县级文物保护单位（1994）	—
4	西乡孔庙	位于县城关镇西大街县委驻地	遗存有照壁、泮池等	明	县级文物保护单位（1985）	—

第一节　汉中孔庙

一、历史沿革

汉中因汉水而得名。公元前 451 年，楚国在汉江中游的安康设汉中郡（辖今安康、汉中）；东汉初，郡治迁入本地后仍称汉中，“地名漂移”延用至今。汉中府文庙位于汉中市天汉大道南段，今汉中市政府院内（图 7-1），始建于明洪武五年（1372 年），万历年间重修，清代亦多修葺。汉中孔庙距今已 600 多年的历史，是儒学在汉中地区传播和发展的重要历史见证和象征，是古代道德教育的重要场所。据《嘉庆汉中府志校勘》云：

> 文庙在县署南，大成殿，东西两庑，前为棂星门、戟门、泮池，后为尊经阁，左为明伦堂。明万历间，知府李有实、崔应科重修。本朝顺治五年，知府张元初、康熙二十五年，知府滕天绶相继修葺。嘉庆十六年九月，知县杨大坦详请修理大成殿五间、启圣祠三间、东西两庑，并名宦、忠孝、节烈、敬一亭、乡贤等祠二十间。启圣祠，文庙东北。名宦祠，文庙左，祀汉丞相萧何、曾参、汉中太守田叔、晋梁州刺史张轨、后魏梁州刺史寇隽、齐梁州刺史范柏年、梁梁州刺史萧循、唐兴州刺史严砺、宋兴元开府虞允文、明汉中知府潘文、费震、冯上宾。乡贤祠，文庙右。[①]

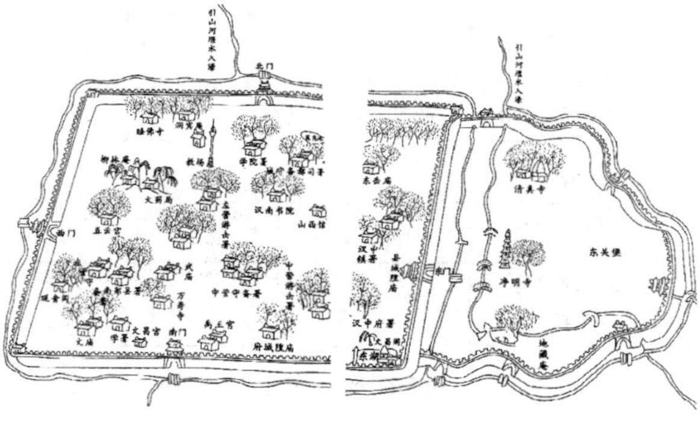

图 7-1　汉中府城图[②]

二、形制与总体布局

孔庙的主要建筑为祭祀孔子的大成殿。殿九楹，高五丈，宽十丈，进深

① （清）严如煜主修、郭鹏校勘：《嘉庆汉中府志校勘》，西安：三秦出版社，2012 年。
② （清）严如煜主修、郭鹏校勘：《嘉庆汉中府志校勘》，西安：三秦出版社，2012 年。

四丈，上施琉璃筒瓦，斜山九脊顶，四角上翘，坡度陡急。殿中间一对石柱，上雕龙形花纹，四角石柱各雕伏狮一头，狮背花瓶上再立一柱。殿外四周，砌以石楯板栏。殿内全饰以金碧彩绘。其建筑构思及工艺水平，均异常精致，堪称当时一流水平。

大成殿外有东西廊房48间，殿前有棂星门、戟门、泮池。棂星门以左建有名宦祠，祀历代外籍在汉中为政的贤良官吏。棂星门之右建有乡贤祠，祀历代汉中人在外地为官政绩卓越者。殿后有尊经阁，高五丈，檐牙四出，层构逸飞；宽四丈，深一丈六尺；阁前左右，为诸生学习之文房；阁后为会食堂。大成殿东侧尚有明伦堂，西侧即为汉中府学，再西为南郑县儒学。另外，还有宿舍、库房、厨房以及习武射箭的场所。

三、现存状况

中华人民共和国成立后于1956年又经修缮，基本保持了原貌。庙的建筑规模宏大，占地数十亩，各类殿堂房舍数十间。原有雕梁画栋面阔五间的大成殿，侧有东西庑，前有宽敞的月台、牌坊、棂星门、泮池、经幢、高大的石狮，后有尊经阁、明伦堂等设施，堪称汉中建筑大观。可惜主体建筑均毁于“文化大革命”中，景致被破坏，古建筑被改造得面目全非，今仅存棂星门、泮池、经幢、大成殿、石狮、碑石等。

棂星门（图7-2）始建于明洪武五年（1372年），是汉中孔庙现存唯一完整的建筑。棂星门为牌坊式建筑，共五门，正中门最高最宽，两边门高宽渐减，由六根方石柱擎顶，每石柱下部又由抱鼓石稳定。抱鼓石鼓面或刻栩栩如生的花卉鸟兽，或雕神话传说故事。石柱上部斗拱并架，错落有致，彩绘醒目，正中嵌有一匾，隶书金字“棂星门”。顶为庑殿式，两边门顶部依次降低，均覆盖黄琉璃瓦，远远看去，高大宏伟、气势非凡（图7-3）。配上左右两侧一对雕刻精良的石狮（图7-4），又增添了许多威严。2008年5·12大地震受损，汉中市政府于2008年11月拨专款18万元予以维修加固，按原样油漆彩绘（图7-5）。

图 7-2　棂星门北侧（祁韵涵摄）

图 7-3　棂星门东南侧面（祁韵涵摄）

图 7-4　石狮（祁韵涵摄）

图 7-5　《维修加固文庙棂星门记》（祁韵涵摄）

棂星门下北为方形元宝顶经幢（图 7-6），高约 3 米，“文化大革命”时被人用水泥封刷，文字很难卒读。经幢后为弧形泮池，池壁用条石砌成，正中有桥，桥两边及泮池周均有石栏与望柱护围（图 7-7）。池水碧绿，鱼儿徜徉，绿树环绕，环境清幽。

图 7-6　经幢（祁韵涵摄）

图 7-7　泮池、泮桥（祁韵涵摄）

大成殿（图 7-8）在市政府两幢办公大楼之间，屋面虽覆盖红机瓦，但歇山式依存，四周石栏杆石栏板犹在（图 7-9）。大成殿现作为市政府会议室，仍保留古色精美格调。

图 7-8　大成殿（祁韵涵摄）

图 7-9　大成殿侧面（祁韵涵摄）

近年来，汉中市政府拨款维修了棂星门，竖立了散落在院内的石碑（图 7-10、图 7-11）。在新修政府客房和新办公楼时，都加了传统屋顶，使之与棂星门、泮池等古迹风格一致，并在泮池周围栽植名贵树木，使政府大院内形成了古色古香的优雅气氛。2000 年被列为汉中市文物保护单位，2014 年被列为陕西省文物保护单位（图 7-12）。

图 7-10　古碑之一（祁韵涵摄）

图 7-11　古碑之二（祁韵涵摄）

图 7-12　文物保护碑（祁韵涵摄）

第二节　城固孔庙

一、历史沿革及形制与总体布局

秦朝时于今县城东置成固县，秦、汉属汉中郡。南朝宋改名城固县，取“城池坚固”之意。城固孔庙位于城固县博望镇钟楼办事处城固师范附小校内。据光绪四年（1878 年）重修《城固县志》记载：

先师庙旧称大成殿，在县治东。儒学宋崇宁二年改昔在巽方者建于东之南，广九十步，袤一百二十步。中为大成殿，前列两庑，前戟门外名宦、乡贤二祠，中为泮池。又外东礼门、西义路，其南向系民居。明嘉靖初，以生员夏正请开道通大东街，从之，立黉宫、正路坊。庙之西为旧学，巷口有学舍十一间，碑载本府仪门嘉靖四十五年，令杨守正力为整饬。万历癸酉、乙酉，令乔起凤、刘克义相继修理后遭寇圮毁。本朝康熙戊辰，令胡一俊经营完美。康熙丙申，署令王穆复建。启圣祠在文庙北，嘉靖中奉旨新建。四十三年，令杨永茂以其逼亥改移三十步，工未竟。次年令杨正成之增祭器房六间于祠前之左右。尊经阁向在文庙后，久废。明万历中邑绅赵名弼重修又废。本朝顺治六年，推官衣璟如署事重修。康熙二十四年，学宫门毁，县令胡一俊修葺文庙，栈枚悉易以梶朽败得坚固矣。明伦堂三间在文庙西。[1]

可见城固孔庙初建于宋崇宁二年（1103 年），明万历元年（1573 年）和三十七年（1609 年）乔起凤、刘克义任内相继修理，后毁圮。清康熙二十七年（1688 年）胡一俊任内重修。康熙五十五年（1716 年）王穆任内又重修。后又于 1956 年大修，“文化大革命”时期破四旧时屋脊檐饰被毁。1984 年元月被城固县人民政府公布为县级文物保护单位，2008 年孔庙大成殿被陕西省人民政府公布为陕西省第五批文物保护单位。

二、现存状况

城固孔庙现仅存大成殿，大成殿为砖木结构，坐北向南，面阔 5 间，单檐歇山式建筑，房面施黄色琉璃筒瓦，花格门，明三暗五，九梁柱式，面阔 30 米，进身三间，约 12 米，高约 12 米，斗拱并架，飞檐翘角，铁马风铃，宫殿式建筑，歇山顶，壮观大方。2014 年以前的大成殿破败不堪（图 7-13），屋顶坍塌，房内堆满垃圾，房屋摇摇欲坠，堪称“庙坚强”。校方没有能力维修，又因为是文物而不敢拆除，摆在院内实在有损学校形象，左右为难之际，只好在大殿前砌了堵砖墙，将残破的大殿挡住，旁边开了通道，看上去感觉像个公厕。

图 7-13　修复前的城固孔庙[2]

---

① 康熙《城固县志》卷 1《学宫》，光绪四年（1878 年）重刊本。

②《城固县文庙“庙坚强”》，http://www.hanzhong5.com/html/201702/264.html（2017-02-26）。

2014 年 7 月 30 日城固县文物旅游局发布《城固县文庙大成殿抢救性保护维修工程招标公告》，对大成殿进行维修，笔者 2015 年 8 月赴城固调研，此一工程将要结束。现在的大成殿在城固县宾馆院内南侧，四周被围墙紧绕，空间逼仄。大成殿距南墙不足 5 米（图 7-14），北墙不足 2 米（图 7-15），东北角的飞檐直插临街楼房（图 7-16），西面开阔，如今却被作为宾馆的垃圾台（图 7-17）。这一环境与孔庙所要求的辽阔、肃穆大相径庭，令人惋惜。大殿前立有文物保护碑（图 7-18、图 7-19）。

图 7-14　大成殿

图 7-15　大成殿北侧

图 7-16　大成殿东北角

图 7-17　大成殿西侧

图 7-18　保护碑

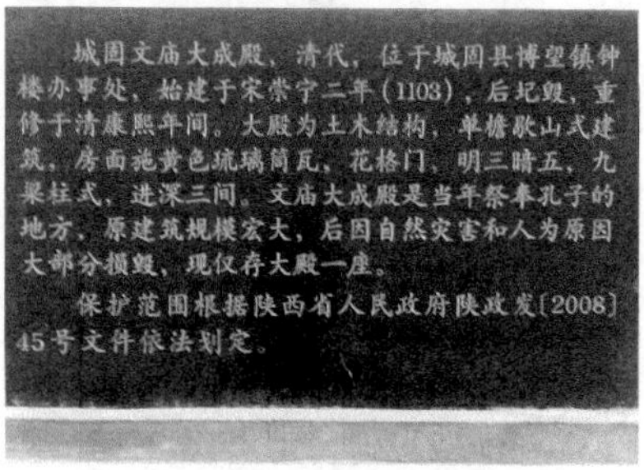

图 7-19　碑文

第三节　洋县孔庙

一、历史沿革

洋县西晋以前为城固县辖地。西晋泰始三年（267 年），始在境内置兴道县、黄金县。其后，时局多变，郡县频设。西魏废帝二年（553 年）设洋州，明洪武三年（1370 年）改洋州为洋县。洋县孔庙位于洋县县城内西文明路（现洋县中学内），据康熙《洋县志》载："洋学历汉迄隋，州郡迭更，迥不可考。自唐天宝初治移今地，始建州学于治东，宋治平中知州蔡交迁于治之西南，元末毁废。明洪武四年县丞潘谨言创建县学于城东，嘉靖九年御史方远宜捐金命知县李维几改建于城西北隅，嘉靖十年告成（图 7-20）。"[①] 民国期间孔庙西侧兴建县初级中学，后改为省立洋县中学，孔庙成为中学校舍。1994 年被列为县级文物保护单位。

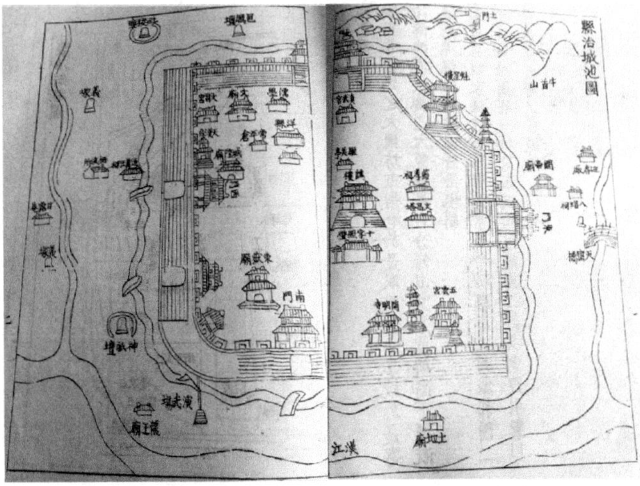

图 7-20　洋县治城池图[②]

① 康熙《洋县志》卷 2《学校》，康熙三十三年（1694 年）刻本。

② 光绪《洋县志》，光绪二十四年（1898 年）抄本。

二、形制与总体布局

据康熙《洋县志》载：孔庙

大成殿从前殿制卑隘，康熙四年知县柯栋改建五间，规模始宏敞。康熙二十四年奉旨通颁御书“万世师表”匾额悬殿中，二十五年知县刘嗣季重修。东庑十二间，西庑十二间俱康熙二十八年知县谢景安重修。泮桥在棂星门前，跨官池上五环洞，明万历十八年知县李文芳、教谕张鳳翼、训导范希镇建。棂星门，康熙二十三年，知县刘嗣季重修。又于门前创建照壁一座，旁建二坊，左曰义路，右曰礼门，规制始整。泮池在棂星门内、戟门之外，上又有砖桥为洞三制，颇狭小。知县刘嗣季谋扩之，砖石已具，惜以泾误去，遂寝。戟门按史宋太祖诏文庙门立戟十六。徽宗增至二十四，故名戟门。旧止三楹。康熙二十三年知县刘嗣季重建五楹。……启圣祠三间，明嘉靖九年诏天下儒学立启圣公祠，洋学适于是年迁建今地，祠盖同时所建，后毁于乱。清顺治十六年知县李天叙重建于大成殿后，康熙四年知县柯栋重修。名宦祠三间，在戟门左，年久将圮。知县邹溶谋以次修理。乡贤祠三间在戟门右。明伦堂五间，明嘉靖二十五年知县王言重修。大门前有照壁，仪门两旁角门。……尊经阁上下五间在启圣祠后，巍峨壮丽。……遭吴逆之乱楼板俱毁。[①]

又据光绪《洋县志》载：

文庙前制卑隘，康熙四年知县柯栋改建扩大成殿为五间，二十五年知县刘嗣季重修。东西庑二十四间，知县谢景安重修。泮桥、泮池、棂星门、戟门俱知县刘嗣季同教谕张凤翼、训导范希镇修建。启圣祠在大殿后，知县柯栋建，知县李天叙重修。更衣亭、官厅在戟门左，宰牲所在戟门右，尊经阁在启圣祠后，斋戒所在戟门前。蓝逆陷城毁其半。光绪三年知县刘大炳兴修，十一年知县陈泽春承修，完竣如初（图 7-21）。[②]

① 康熙《洋县志》卷 2《学校》，康熙三十三年（1694 年）刻本。
② 光绪《洋县志》卷 3《祠祀志》，光绪二十四年（1898 年）抄本。

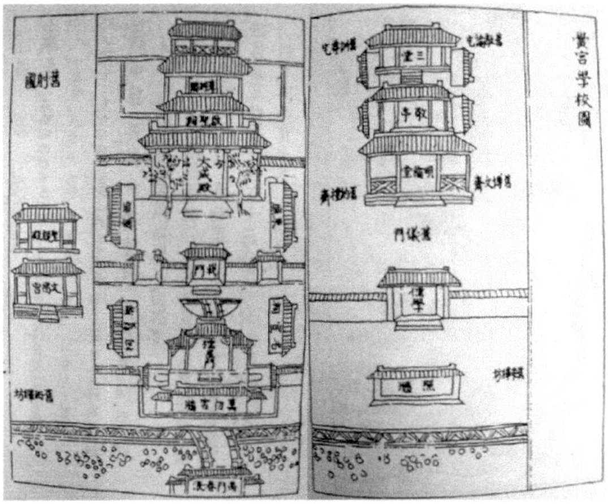

图 7-21　黉宫学校图[1]

三、现存状况

洋县中学门前是个丁字街，门前东西是西文明路，南面正对着学巷，学巷穿过小桥对着洋县中学。小桥现只剩两边的护栏（图 7-22），河沟早已被填平。护栏为青石，雕有精美鱼、龙等花纹。洋县中学大门为仿古建筑——棂星门（图 7-23），据碑文（图 7-24）记载 1993 年因文明西路拓宽，校门需后退 12 米重建。校方与各方协议定为：旧大门（图 7-25）拆移至蔡伦墓，由政府拨款按原式样 1.2 倍重建为钢筋混凝土仿古建筑大门。大门东侧镶有“一应文武官员军民人等至此下马”碑（图 7-26）。

图 7-22　文庙前小桥护栏

图 7-23　新修的棂星门

① 光绪《洋县志 · 图》，光绪二十四年（1898 年）抄本。

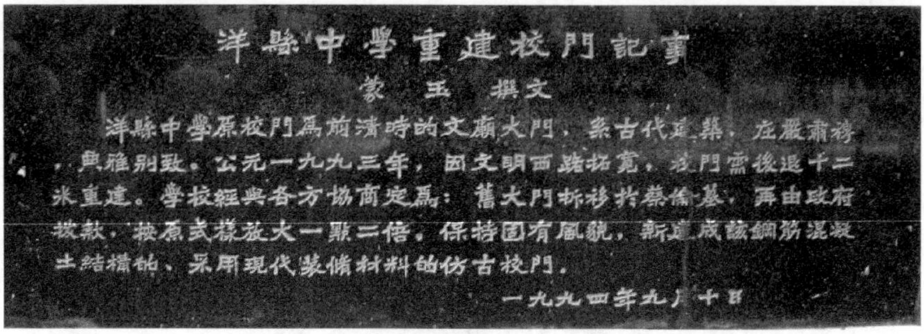

图 7-24 《洋县中学重建校门记事》碑

图 7-25 原棂星门[①]

图 7-26 下马碑

大成殿（图 7-27）因为殿门紧闭不得入内，透过门窗看现在大殿为洋县中学会议室。大成殿是孔庙内主要建筑，高 12 米，长 18 米，宽 15 米。平面呈长方形，单檐、歇山顶，面阔 5 间，进深 6 椽。前檐单拱，假昂承外额；后檐中堂 3 间为重昂重拱（两次间后檐为假昂），大额承椽。殿内中堂 3 间无柱，两次间金柱承梁架，由大挑承内额。中堂为大额式建筑，两次间增培内额，由小挑承托，挑底下培陪方木，殿顶两端有琉璃兽，口吞屋脊，尾向上翘，檐深 1.4 米，前有隔扇门 1 合，大孔窗 4 个，后为砖墙（图 7-28）。根据此殿中堂与两次间的结构和工艺测定，中堂主体结构为宋代建筑，两次间结构系清初建筑[②]。

① 洋县地方志编纂委员会:《洋县志》，西安：三秦出版社，1996 年，插图页。
② 洋县地方志编纂委员会:《洋县志》，西安：三秦出版社，1996 年，第 673 页。

图 7-27　大成殿

图 7-28　大成殿西南侧

第四节　西乡孔庙

一、历史沿革

西乡，东汉时地属成固县地，三国蜀汉置南乡县，西晋太康二年（281年）因此地为三国蜀汉西乡侯张飞的封邑而改为西乡县，属汉中郡。西乡县孔庙位于西乡县城关镇西大街。据清道光八年（1828年）刻本《西乡县志》：

> 儒学旧在县治东关，元延佑二年，知县宋彦中建，宋真撰记。元末兵燹，明洪武十四年，训导姜礼仍建于旧址。二十六年，知县张洪修。正统十四年，知县邱俊迁入城在县治东，其基南北八十丈，东西四十五丈。天顺元年，知县郭瑄修。成化十一年，知县李春增修，提学伍福有记。宏治间，知县郭玑；正德间，知县陈荣；万历十年，知县李向春；天启间，知县程心傅，相继补修（图 7-29）。①

此外，“大成殿，明洪武二年诏建，正统十四年，知县邱俊重建，后知县郭玑，万历十年，知县李向春，天启间，知县程心傅历有补修，嗣庙经焚。国朝顺治五年，知县张台耀捐俸建立大成殿三楹，仅成享礼。康熙二十二年，

① 道光《西乡县志》卷 3《学校》，道光八年（1828 年）刻本。

知县史左详请重建并修两庑、戟门、棂星门。康熙五十六年（1717 年），知县王穆改建崇圣祠并重建戟门、棂星门、明伦堂，有碑记。名宦祠、乡贤祠在戟门外东西。”[①]可知明洪武二年（1369 年）始建大成殿，清康熙五十六年（1717 年）增修崇圣祠、明伦堂等，同治元年（1862 年）毁于兵祸。光绪三年（1877 年）重修，规模较前更大，计有大成殿、戟门、棂星门、斋室、牺牲所、执事室、神器库等 40 余间，并按孔庙旧制建照壁一堵，嵌以石雕，极尽雄伟。

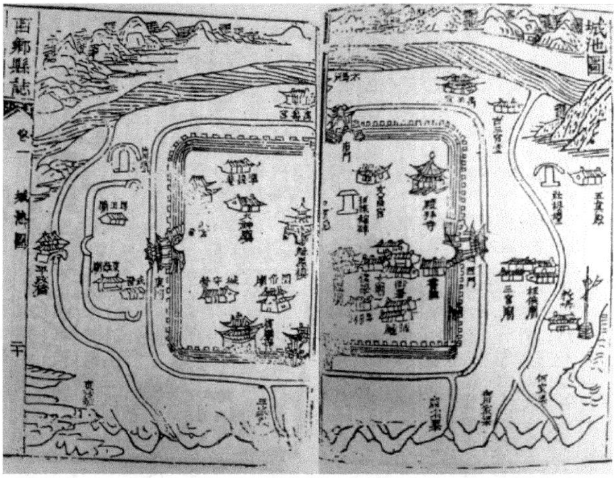

图 7-29　西乡县城池图[②]

二、现存状况

中华人民共和国成立后，孔庙为中共西乡县委机关驻地，大部分经过改建，唯泮池、照壁尚存，五楹大成殿原为陕南各县规模最大的孔庙建筑，虽被列为县级文物保护单位，但年久失修，业已坍圮。院内筑泮池一口（图 7-30），筑石栏砖拱桥于上（图 7-31、图 7-32），人称“三步两墩桥”。孔庙照壁正面（图 7-33）砖雕已于“文化大革命”中损毁，背面（图 7-34）右上角砖雕“如

① 道光《西乡县志》卷 3《祀典》，道光八年（1828 年）刻本。
② 道光《西乡县志》卷 1《城池图》，道光八年（1828 年）刻本。

意云龙纹”、下部两侧砖雕山石树木、正中间雕“鲤鱼跃龙门”（图 7-35）。砖雕采取浮雕和线雕表现手法，雕工精细、造型生动逼真、栩栩如生。1985 年 4 月，县政府批准公布为第一批县级文物保护单位。

图 7-30　泮池

图 7-31　泮桥西侧

图 7-32　泮桥东侧

图 7-33　照壁西南侧，后为县委大门

图 7-34　照壁北侧

图 7-35　“鲤鱼跃龙门”石雕

第八章　安康地区孔庙

安康地区位于陕西省东南部，北依秦岭，南靠巴山，汉水横贯东西，河谷盆地居中。下辖汉滨区、旬阳县、白河县、石泉县、平利县、 紫阳县、岚皋县、宁陕县、镇坪县、汉阴县 1 区 9 县。安康地区自古崇儒重道。据各《地方志》记载，为祭祀大教育家孔子，至清代中期安康有七个县都建立了规模不等的孔庙，这些孔庙变成了那时的教育、文化中心，现安康地区有孔庙遗存 4 处（表 8-1）。

表 8-1　安康地区孔庙

序号	孔庙名称	地理位置	保存现状	时代	保护级别	备注
1	安康孔庙	位于安康市汉滨区东井街 19 号	现有修复后的大成殿和在遗址上重建戟门、东西厢庑等	元—清	陕西省第四批文物保护单位（2003.9.24）	安康孔庙为当时州庙中规模最大、级别最高、影响最远的孔庙
2	汉阴孔庙	位于汉阴县城内民主街 70 号，县初级中学院内	遗存有大成殿、泮池及相关碑刻	明	陕西省第五批文物保护单位（2008.9.16）	—
3	旬阳孔庙	位于县博物馆内	为保存较为完整的孔庙基本建制古建群，历代多有修葺，还遗存有相关碑刻	明	陕西省重点文物保护单位（1992）	—
4	白河孔庙	白河县政府院内	大成殿于 20 世纪 50 年代改建为县大会场；1972 年移明代文庙石狮子四尊安放于烈士陵园亭前和大门口	—	—	—

第一节　安康孔庙

一、历史沿革

安康孔庙位于今安康市汉滨区东井街19号（图8-1）。据乾隆《兴安府志》载：

文庙在州治南崇道街，元知州唐天骥建。至正十年达鲁花赤买间修，明洪武五年知州马大本重建，永乐十四年汉水暴溢，庙圮。成化四年知州高嵩，七年署牧王坪先后修葺。八年五月，汉水又溢，庙庑复圮，止存大成殿、戟门。十三年知州郑福建东西两庑各十间，神厨、神库、文昌祠，提学伍福有记。正德十五年守道吕和、知州郑琦复修，万历十一年大水，仅存大成殿。十八年知州姚凤翔、二十一年知州陈秉仁、四十三年守道杨楷先后增建。[①]

又据咸丰《安康县志》载："国朝顺治三年，李自成余孽刘二虎围新城两月，屠之，平其城隍。四年，复筑旧城。康熙四十五年大水入旧城，又葺筑新城，文庙镇署四营暨常平仓皆迁城内。"[②]孔庙迁建于新城的东北角（今东井街19号附近）。清末后近百余年官方、民间均未对此进行保护修缮，"文化大革命"之后，仅剩大成殿，且濒临倒塌，破损情况十分严重，在防火、防盗、防漏、防腐等方面存在极大隐患。2008年安康市政府决定，分三期工程对孔庙保护维修和建设。2008年12月，一期维修保护工程顺利开工，历时十个月完成孔庙大成殿主体修复工程。二期工程于2010年10月开工，通过严格考古发掘，在旧址基础上，按照古建筑规制重新设计建造了戟门、东西厢房、站台和相应的工作用房，高质量完成了大成殿彩绘和建筑内部的陈列方案。2012年6月15日，在孔庙大成殿前隆重举行了安康孔庙保护二期工

① 乾隆《兴安府志》卷16《学校志》，道光二十八年（1848年）刻本。

② 嘉庆《安康县志》卷3，咸丰三年（1853年）重刊本。

程完工暨安康教育博物馆落成典礼。据悉，三期工程将恢复照壁、牌楼、棂星门、泮池等建筑。建成后，设立安康市孔庙管理所，常年对外开放，定期举办市政府“励志奖”颁奖、祭孔等活动，将成为具有文化底蕴的旅游景点和独具特色的青少年爱国主义教育基地。[①]安康孔庙现为安康教育博物馆，2003 年 9 月 24 日安康孔庙被陕西省政府列为省级文物保护单位。

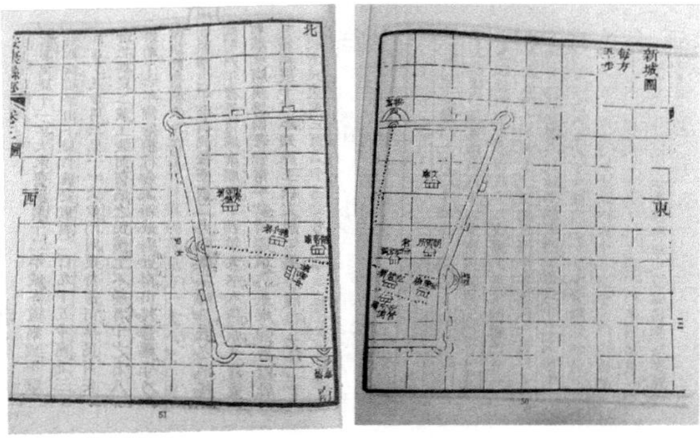

图 8-1　安康新城图[②]

二、形制与总体布局

据嘉庆《续兴安府志》载：“文庙乾隆四十一年知州王政义捐廉倡士民共输二千余金补修大殿、戟门、启圣祠、两庑。”[③]名宦祠在戟门东，乡贤祠在戟门西。

三、现存状况

随着二期工程的顺利完工，如今的安康孔庙核心区段已基本恢复，建筑棱翘分明、雕梁有致，殿内庄严肃穆、气势恢宏。安康孔庙主体建筑大成殿（图 8-2、图 8-3）坐北面南，平面矩形，面阔五间，进深四间，宽 26 米，进深 18 米。单檐歇山式建筑，梁架式结构，按宋代《营造法式》修建，建筑面积 463

① 《安康文庙二期保护工程完工》，www.chinakongmiao.org/templates/T_CatalogList/index.aspx?contentid=6395&nodeid=76&page=ContentPage（2017-01-01）。

② 嘉庆《安康县志》卷 3《图》，咸丰三年（1853 年）重刊本。

③ 嘉庆《续兴安府志》卷 4《学校志》，嘉庆十七年（1812 年）刻本。

平方米。大门有一对联："气备四时与天地日月鬼神合其德，教垂万世继尧舜禹汤文武作之师。"大殿建筑在 1 米高的台基上，前有月台（图 8-4），月台前有"鲤鱼跳龙门"御路丹陛（图 8-5）。大殿内部以孔庙大成殿的礼制规范为依据进行复原设计陈列。大殿正中为孔子坐像（图 8-6），神龛两侧有一对联："德侔天地道冠古今，删述六经垂宪万世。"孔子圣像神龛两侧各一神龛，供奉"四配"圣像（图 8-7），大殿东西两边各有六个神龛，供奉"十二哲"神位（图 8-8）。

图 8-2　大成殿

图 8-3　大成殿侧面

图 8-4　月台

图 8-5　御路丹陛

图 8-6　孔子圣像

图 8-7 “四哲”圣像

图 8-8 “十二哲”神位

大成殿前方两侧为东庑（图 8-9）、西庑（图 8-10）各九间，悬山尖山顶，作为展室使用。

图 8-9 东庑

图 8-10 西庑

大成殿正南方为戟门（图 8-11、图 8-12），是在原戟门的基础上重建，歇山顶，五间宽，一间深，白墙青瓦红门，门前保留考古探方遗迹（图 8-13），方便游客了解孔庙变迁历史，戟门前立有“下马碑”（图 8-14）。省文物保护碑立于大成殿前（图 8-15、图 8-16）。

图 8-11　戟门

图 8-12　戟门北侧

图 8-13　戟门前考古探方

图 8-14　下马碑

图 8-15　文物保护碑

图 8-16　碑文

第二节　汉阴孔庙

一、历史沿革

汉阴之名始于唐至德二年（757 年），当时治所设在汉江南岸，水南为阴，故名。南宋绍兴二年（1132 年）迁治于月河北岸新店（即今址），位于汉江之北，仍沿用旧名。汉阴文庙位于汉阴县城内民主街 70 号，据嘉庆《汉阴厅志》载：

明成化十年知县刘明刱建，宏治十年知县张大绘增修，嘉靖间巡茶御史盛汝谦重修。万历时知县袁一翰又修，崇祯十年毁于流寇，止余大殿、戟门、棂星。十二年知县张鹏翔重建两庑及名宦祠，题曰‘遗爱’，祀毛义等十人，乡贤祀大人等。本朝顺治五年知县杨六德改修正殿，康熙二十六年知县赵世震捐修。至乾隆时年久渐颓，二十七年知县黄道嘉倡率邑绅许又将等总理重修，添建两庑，各为五间，戟门、棂星暨诸祠改修一新。至五十七年通判庄炘详请补修，及嘉庆初歼诛教匪，军旅往来又多倾圮，壬申秋通判钱鹤年偕绅士捐资拆革于东庑左新建更衣亭，西庑右新建尊经阁，棂星门东修忠孝祠，门西修节义祠各三楹，临衢花棂砖垣并竖下马碑，备极尊严。崇圣祠（雍正元年敕改），在文庙东北以年久倾圮，乾隆二十七年绅士许又将等刱建。①

光绪十六年（1890 年）通判黄国钧在原有基础上重修，巍然大观，一直保存到民国。1935 年创办汉阴中学，1937 年秋，由于学生人数增多，汉阴中学校址从孔庙隔壁的马王庙移至孔庙，大成殿作了学校大礼堂，其余房舍，几经拆除新建，仅存大成殿，“文化大革命”时遭受破坏，雕塑毁掉，油漆剥落。中共十一届三中全会后，县人民政府拨专款维修，大殿又焕然一新。1985 年 10 月被列为县级保护文物，2008 年 9 月 16 日被列为陕西省第五批文物保护单位。

① 嘉庆《汉阴厅志》卷 3《建置志 · 庙坛》，嘉庆二十三年（1818 年）刻本。

二、形制与总体布局

据嘉庆《汉阴厅志》：“文庙在厅署东，大成殿五楹，东西庑各五楹，前为戟门，门旁名宦、乡贤祠各三楹，中为泮池，前为棂星门，东礼门、西义路。（图 8-17）”[1]汉阴孔庙依据右庙左学的格局，庙学合一。在文庙东侧，清康熙四十二年（1703 年），修黉宫（即学校），为汉阴的最高学府。雍正九年（1731 年），重修黉宫，碑刻记有“起凤腾蛟，英才蔚秀”八个大字，意在办好学校，人文蔚起，英才倍出。约道光二十二年（1842 年），补修黉宫时，碑文记有“天下事有兴有废，而惟事之关矩典者，则有兴而无废”。历代有识之士，视孔庙为崇儒重道，兴贤育才之地，尊孔与兴学紧密相连，庙学合一。今孔庙对门仅存“黉学巷”（现名红学巷）地名（图 8-18），是当时英杰学子在黉学求学时，群居寄寓之地。

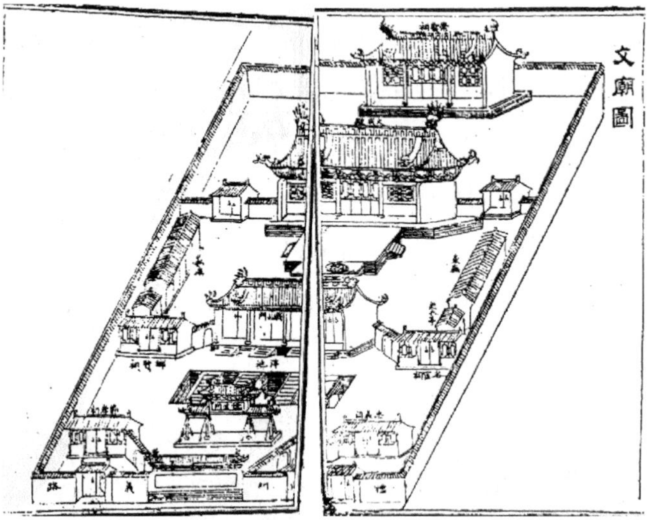

图 8-17　汉阳县文庙图[2]

① 嘉庆《汉阴厅志》卷 3《建置志・庙坛》，嘉庆二十三年（1818 年）刻本。
② 嘉庆《汉阴厅志》卷首《绘图》，嘉庆二十三年（1818 年）刻本。

图 8-18　黉学巷

三、现存状况

汉阴孔庙今仅存大成殿（图 8-19），现为汉阴中学礼堂。大成殿坐北朝南，平面矩形，面阔三间，进深三间，单檐歇山顶，清水脊屋顶，梁架式结构。四角有翘檐龙首，下吊铜钟，殿四周有两米宽的走廊（图 8-20），廊下有十二根盘龙大柱；殿内有二人合抱的四根大柱，雕梁画栋、金碧辉煌。大殿前修有泮池、泮桥（图 8-21），形制和位置都不合适。2012 年 10 月原汉阴高中迁出后，由原城关中学和原太平中学合并成汉阴县初级中学迁入该校址，现大成殿作为县书法协会的活动场所。大殿前立有省文物保护碑（图 8-22、图 8-23）。

图 8-19　大成殿侧面

图 8-20　大成殿背面

图 8-21　大成殿正面及泮池

图 8-22　保护碑

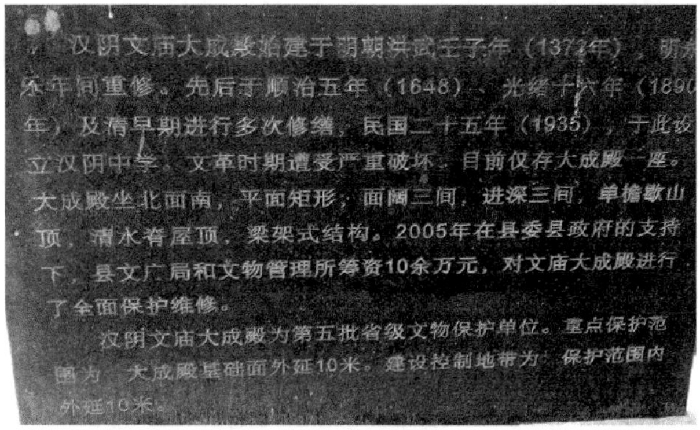

图 8-23　碑文

附录：汉阴文峰塔

文峰塔（图 8-24）是山城汉阴的象征，清同治十二年（1873 年）筹资兴建，次年落成，筑于明城墙东南角隅垣上，是当时县令及地方绅士为“文出卧龙”而捐资所修。

塔高十二丈（40 米），塔体五层，通体均为砖结构，呈六棱楼阁式锥形。各层均为砖砌的檐、椽、斗拱，六角端外伸，石雕龙头似螭首，翘首下悬铎铃。结构严谨，工整坚固，每层均有塔门，一楼侧东面有拱券洞门，其他五面上方嵌圆眼透窗，二层以上六面均有洞门，三层塔门上端书“文星高照”四字，内有“魁星点斗”塑像，两旁对联“塔势凌云开笔晖；人文启秀焕奎光。”塔顶覆以瓷葫芦，塔身自下而上逐渐收缩，塔成之时，即成山城一景。其正月初一登城墙，会带来蒸蒸日上的运气；进塔游观，可带来步步高升的福气；上塔楼拜叩魁星点斗神像，能带来文星下凡的才气。文峰塔造型之美，设计之巧，构思之奇，匠艺之工，无不令人叹为观止。

图 8-24　汉阴文峰塔

第三节　旬阳孔庙

一、历史沿革

旬阳因旬水而得名。秦时设旬关，汉以旬关置旬阳县。旬阳孔庙位于旬阳县城关镇老城之巅龚家梁。旬阳孔庙始建于明洪武五年（1372 年），原址在旬阳县城北门外旬河西岸。据同治《旬阳县志》记载：

> 文庙初在旧县治西，洵水之浒，明洪武五年县令李肃建。成化八年圮于水，知县杜琳迁建今县治左，十一年知县王延龄拓修。宏治间知县蒋禺续修，万历十五年，知县赵嘉猷倡捐。鼎新三十三年，知县乔木荣

续修。四十五年，知县陈士龙复修。国初未知有无修建，现今大成殿三间。乾隆二十二年，知县郭联奎重建东西两庑八间。雍正十一年，知县叶时汭重修东偏敬一斤三间。乾隆三十七年，知县卢卯午建外大成门三阖并重修棂星门一所。康熙四十三年，知县李宏勋重修。同治三年，知县孙濰因庙貌全圮重加修葺。①

可知，明成化八年（1472 年），孔庙被洪水冲毁后，由知县杜琳迁建于城内龚家梁今址（图 8-25），至今已 500 余年。其后直至清同治四年（1865 年）近 400 年间，历经 13 次拓修、续修、重建、重修，形成现有之规模。平均每隔 30 年即有一次修建工程。

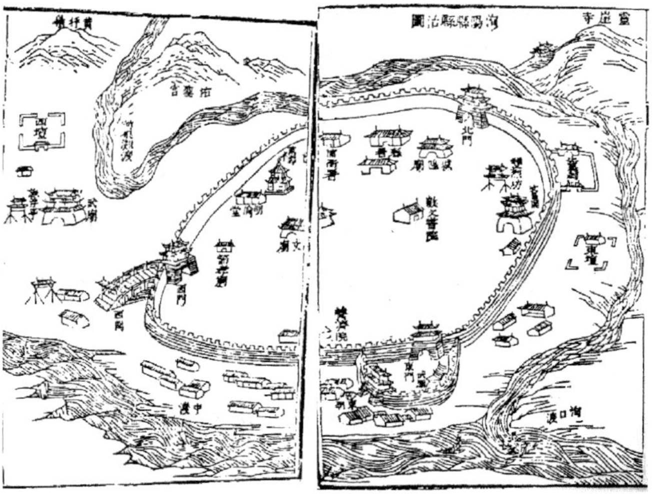

图 8-25　旬阳县县治图②

中华民国初期，旬阳文庙迭遭驻军破坏，后又改作粮仓。1944 年，成立旬阳县参议会时，略施修缮，用作办公。中华人民共和国建立初期，一度作为旬阳县人民政府机关干部住房，后改作旬阳县干部招待所，1984 年春，旬

① 乾隆《洵阳县志》卷 4《建置·学校》，同治九年（1870 年）刻本。
② 乾隆《洵阳县志·图》，同治九年（1870 年）刻本。

阳县干部招待所迁出，旬阳县博物馆成立，正式交给旬阳县博物馆使用。由于屡遭变故，此时孔庙除大成殿大体保持原貌外，两庑及憩息室以下，其余建筑或毁或改，面目全非。从 1984 年到 2004 年的 20 年，是旬阳孔庙进入全面恢复焕发生机的重要时期。为了使这一古代建筑得以保护，陕西省文物事业管理局自 1982 年以来，先后五次拨给旬阳县孔庙维修经费 12.7 万元，除憩息室以下（下院）因被外单位占用，未及维修外，大成殿及两庑和憩息室已基本恢复了原貌。1984 年，旬阳县博物馆成立，孔庙即交由博物馆使用。1984 年开始孔庙的维修工程，到 2008 年 7 月结束。博物馆现收藏各个历史时期的文物，通过“战国秦汉文物展”“新出土文物展”等基本陈列，展现了旬阳地区以中原文化为主，又融合了荆楚文化和巴蜀文化，再现了古代旬阳璀璨夺目的文化风采。博物馆现为省级爱国主义教育基地、青少年教育基地，2009 年公布为国家三级博物馆。为营造重教兴学、尊重知识、尊重人才的良好社会风尚，激励青少年学生勤奋好学、追求上进，在德、智、体、美等方面全面发展、励志成才，旬阳县设立政府励志奖，从 2012 年起每年对 10 名学生进行奖励，在孔庙隆重举行颁奖仪式。1992 年被列为陕西省文物保护单位。

二、形制与总体布局

据光绪《旬阳县志》载：“大成殿三间，乾隆二十二年知县郭联奎重建；东西两庑八间，雍正十一年知县叶世汭重修；东偏敬一亭三间，乾隆三十七年知县卢甲午建；外大成门三阖，康熙四十三年知县李宏勋重修；棂星门一所，亦知县卢甲午修。”“崇圣祠在学宫之右，原建殿宇三间”，名宦祠在大成门左，乡贤祠在大成门右，节孝祠亦在大成门右。[①]

① 光绪《旬阳县志》卷 5《学校》，清光绪二十八年（1902 年）刻本。

三、现存状况

孔庙现占地面积 2369 平方米，建筑面积近 1500 平方米，现存建筑（上院）28 间，坐北向南，自前向后依地势做台阶式上升，分为上、中、下三个院落（图 8-26）。主要建筑依次有上院的大成殿、月台（带御道），大成门及两庑（厢房）。大成殿（图 8-27）面阔三间，进深三间，砖木结构，单檐歇山顶，两边有廊，前檐及两廊檐部皆用斗拱，其明间和次间的外檐门均为六扇六棂格扇，台阶砌以石条，地面皆铺方砖，屋顶依次饰走兽、戗兽、战兽和吻兽及具有陕南明清建筑特色的“状元夺宫”圆雕四组，梁坊、斗拱、雀替皆施旋子彩绘。前檐方柱及两廊圆柱分别以布、麻、髹、油漆，额枋为龙凤雕饰，亦皆施以彩绘。月台（图 8-28）周施石栏，栏头刻仰覆莲纹，前栏板刻减地兽纹，台前有两列台阶，中为御路，从上到下，分别施以“刘海戏金蟾”“二龙戏珠”和“鲤鱼跳龙门”浮雕（图 8-29），雕面长 1.54 米，宽 1.02 米。[①]大殿前有东庑（图 8-30）、西庑（图 8-31）各九间，现做展厅和办公室使用。大成门面阔三间，进深二间，砖木结构，硬山顶（图 8-32、图 8-33）。

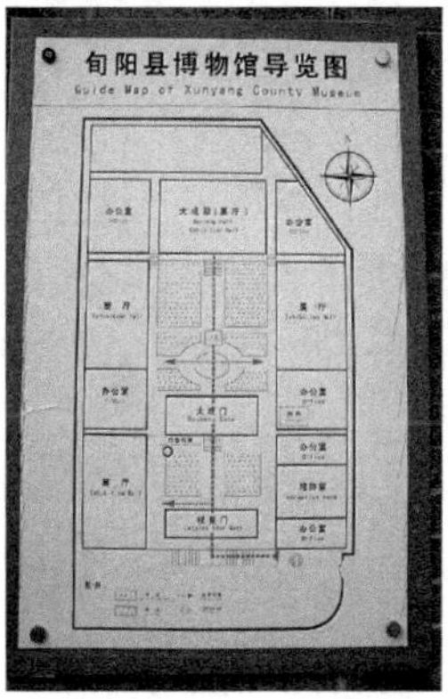

图 8-26　博物馆导览图

图 8-27　大成殿

① 安康市地方志编纂委员会编：《安康地区志》，西安：陕西人民出版社，2004 年，第 1276 页。

图 8-28　月台

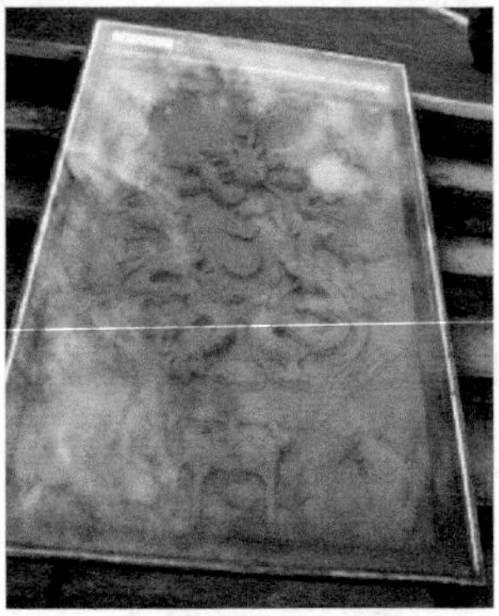

图 8-29　御路丹陛

图 8-30　东庑

图 8-31　西庑

图 8-32　大成门南侧

图 8-33　大成门北侧

中院分布有棂星门（牌楼）（图 8-34、图 8-35），东厢房（图 8-36）、西厢房（图 8-37）各五间。

图 8-34 棂星门南侧

图 8-35 棂星门北侧

图 8-36 东厢房

图 8-37 西厢房

旬阳孔庙以中轴线为基准，其中的大成殿、大成门、棂星门、照壁都置于中轴线上，其两侧对称分布厢房，建筑结构整体层次分明，左右对称，古朴典雅，端庄宏伟，保持了我国传统的宫殿式建筑特征，是目前陕南保存最为完整的孔庙古建筑群。其下院原有泮池、石桥，另有牌坊、影壁、里门、义路，现已无存。唯有院子西北角树有明碑一通，碑镌明万历三十三年（1605 年）山东布政使刘卿《洵阳县重修儒学创建坊牌奎星楼记》及万历四十四年（1616 年）旬阳知县陈士龙《重修儒学碑记》。其碑以石叩之，响声清细如铜。碑旁有一古柏，大可连抱，黛色参天，合称“古树铜碑”（图 8-38），为旬阳名胜之一。现为旬阳县博物馆和文管所所在地。下院近年新修了照壁（图 8-39）、义路（图 8-40）等。义路门外立有省文物保护碑（图 8-41）。

图 8-38　柏荫铜碑

图 8-39　照壁

图 8-40　义路

图 8-41　文物保护碑及碑文

旬阳孔庙存记事碑 8 通，有 5 通属于明代（图 8-42），其额、题皆刻“重建（修）洵阳庙（儒）学记”；3 通属于清代（图 8-43），均题“重修文庙碑记”，且云“天下府厅州县莫不有夫子庙”。孔庙之重要于此可见一端。

图 8-42　明万历十八年《重修旬阳县庙学记》碑

图 8-43　清同治四年《重修文庙碑记》

附录：旬阳文星塔

自清同治四年（1865 年）以后，孔庙修建工程已告停止，光绪年间又转而建文星塔，据光绪《洵阳县志》载，文星塔有二："一建县东灵崖寺，一建县城南银杏园。光绪元年（1875 年）知县林元芗建。南塔倾圮，光绪二十九年（1903 年），知县李丙猋改建于县南旗杆山。[①]"今二塔俱存。

灵岩寺文星塔（图 8-44）位于孟达墓侧，建于光绪元年（1875 年）七月。塔为六面五级，底层直径 2.1 米，高 1.92 米，通高约 7.5 米，一至四级为石砌实心，面涂白灰，墨勾砖缝。第五级为砖砌空心，筑有一门，内有魁星点斗木雕一尊。

旗杆山文星塔（图 8-45），俗称文峰塔，与灵崖寺文星塔外形相似，为六面五级。塔面砖砌，内填石块。底层直径 3.4 米，高 2.4 米，通高约 9.5 米，最顶一层有门可入。

从灵岩寺塔顶的魁星点斗木雕和塔名"文星"来看，这两座塔无疑与文昌、魁星有关。文昌，本为星名，也叫文曲星；魁星，本为古代天文学中的

① 光绪《旬阳县志》，光绪二十八年（1902 年）刻本。

二十八宿之一。据我国古代神话传说：文昌、魁星为天上主管功名利禄、文章兴衰的神灵，所谓“魁星点状元”或“魁星点斗”之说即源于此。建塔尊崇文曲、魁星二神，其意明显是盼望洵阳文化昌盛，多出几个进士、举人。因据光绪本《洵阳县志》，明代洵阳县尚有 22 人中举，4 人中进士，但有清一代，中举者仅 10 人，中进士者仅 2 人，这种“文气”日衰的状况，恐怕就是光绪年间一再建塔，并取名“文星”的主要原因①。

图 8-44　灵岩寺文星塔

图 8-45　旗杆山文星塔

第四节　白河孔庙

白河孔庙在今白河县政府院内，据光绪《白河县志》载：“儒学在县治左，明成化十二年知县曾晖建。国朝康熙四十七年知县徐云宏、赵宏烈修，乾隆四十二年知县李宗信请帑重修大成殿三间、东庑三间、西庑三间、戟门三间、崇圣祠三间，棂星门、牌坊各一座。（图 8-46）”②大于 20 世纪 50 年代改建为县大会场，1972 年移明代文庙石狮子四尊安放于烈士陵园亭前和大门口（图

①《旬阳县灵岩寺文星塔》，http://www.sanqinyou.com/jingdian/content/126912230959765.html（2017-01-01）。
② 光绪《白河县志》卷 5《学校》，光绪十九年（1893 年）刻本。

8-47)，其余建筑已不存。

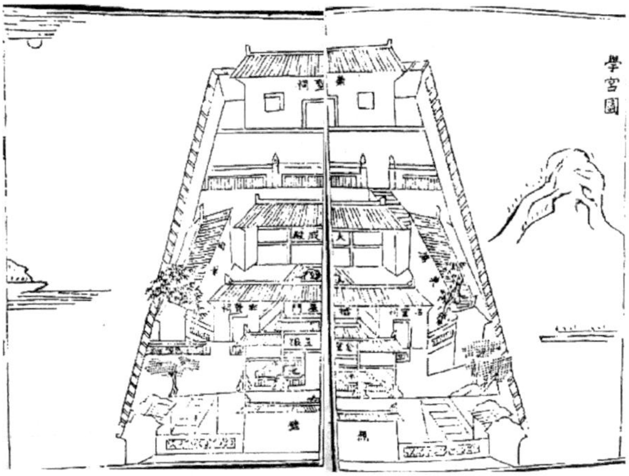

图 8-46　学宫图[①]

图 8-47　安放在烈士陵园门口的原孔庙石狮子

① 光绪《白河县志》，光绪十九年（1893 年）刻本。

第九章　商洛地区孔庙

商洛地区地处陕西省东南部，与豫、鄂两省接壤，西邻古都西安，东瞰南阳盆地，北接八百里秦川，南带江汉平原，总面积 19293 平方千米。内设商州区，洛南县、丹凤县、商南县、山阳县、镇安县、柞水县一区六县，商洛地区现存孔庙遗存 3 处，新修 1 处（表 9-1）。

表 9-1　商洛地区孔庙

序号	孔庙名称	地理位置	保存现状	时代	保护级别	备注
1	洛南孔庙	洛南县城西街	有棂星门、大成殿等孔庙基本建制古建群	明	陕西省重点文物保护单位（1992.4.20）	有“陕南第一文庙”之誉
2	商州孔庙	旧址位于今莲湖公园	旧址已他用，其棂星门迁建为县“烈士陵园”门楼	明	陕西省重点烈士纪念建筑物保护单位（1988）	文庙旧址在解放后一度被用作监狱看守所，并毁于文革
3	镇安孔庙	县城后街城关粮站院内	—	明	县级文物重点保护单位（1983）	老址仅存两棵古柏
		镇安县绣屏公园东侧	新修大成殿、魁星楼等	现代	—	—

第一节　洛南孔庙

一、历史沿革

洛南县，《太平寰宇记》卷 141 载其“取洛水之南为名”。隋大业初属上洛郡，大业十一年（615 年）移治今洛南县东。唐属商州，显庆三年（658 年）迁今洛南县。明天启初避光宗（朱常洛）讳改为雒南县，1964 年复改洛南县。洛南孔庙坐落于洛南县城西街，据乾隆《雒南县志》：“文庙在县治西，直街宋元已前无考。属明洪武三年建，十五年诏天下儒学通祀孔子。嘉靖二十五年，邑合高绶重修，隆庆中邑合徐旭新之大成殿、启圣祠、两庑、戟门、棂星门具备。万历中邑俞洪其道增建名宦、乡贤二祠，又于棂星门外树腾蛟起凤二坊，拓泮池架三桥于其上，周以石槛。天启时合陈应显复加缮葺，合泮桥之三以为一。崇祯季年，遭流溅焚毁，惟风松飕飕犹存。”[①]可知洛南文庙始建于明洪武三年（1370 年），明崇祯末年毁于兵火，但清顺治十六年（1659 年）又依原图进行复建，后经清代三次、民国时期一次、中华人民共和国后三次维修，保持原貌。1935 年 4 月 18 日，红二十五军分三路攻克洛南县城，军部曾驻地在孔庙。洛南孔庙自建成以来一直是洛南县文化、教育等活动的中心，1992 年 4 月 20 日年被陕西省人民政府公布为省级文物保护单位。现在孔庙内已辟为县博物馆，馆藏有商代爵杯、金代元帅印、佛像、陶俑等珍贵文物 3400 多件。

二、形制与总体布局

据乾隆《雒南县志》载：

> 国朝顺治己亥，令畅体元始出资重建而庙貌复如故，后令董襄、范理相继经营。乾隆六年，令刘庶又重缮殿庑，起尊经阁。先雍正六年，令陈武婴奉建忠义、节孝二祠，总计宫墙内中为大成殿，殿前露台、东庑、西庑、戟门、泮池、棂星门，殿后为崇圣祠（雍正元年改启圣祠为崇圣祠）。明伦堂、戟门外则东为名宦祠，又为尊经阁，西为乡贤祠又为忠义祠，其节孝祠在宫墙外东北，儒学公署在文庙后，中为明伦堂，

① 乾隆《雒南县志》，清乾隆十一年（1746 年）刻本。

东西有科贡题名碑，旁列两斋，稍前为仪门为大门堂，后为敬一亭，亭左为书房，右为教谕宅又左为训导宅，射圃及观德亭在学后之北山，久圮（图 9-1）。[①]

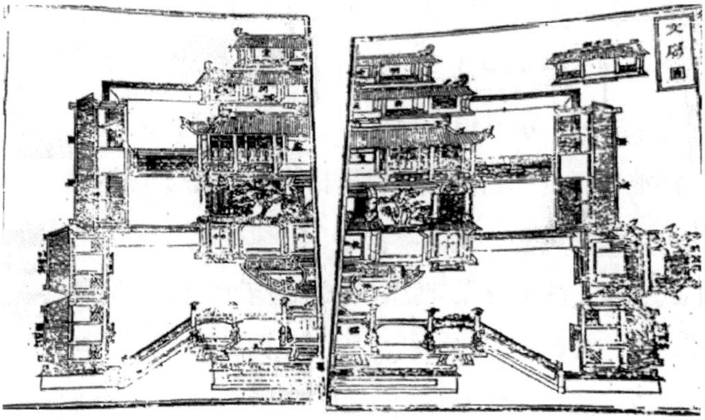

图 9-1　洛南县文庙图[②]

三、现存状况

洛南孔庙是一座历史悠久、气势恢宏、蔚为壮观的明代古建筑群，现占地面积 3115 平方米，是纵轴式古建筑，具有较高的建筑艺术和观赏价值，庙墙之内包括前、中、后三院。

前院临街为影壁（照壁墙），长 9.2 米，厚 0.82 米，高 7.3 米。影壁南侧（图 9-2）有内圆外方“二龙戏珠”（图 9-3）图案。角饰粉莲，墙心四角镶装三角形全开牡丹图案。影壁北侧（图 9-4）有内圆外方“鱼龙变化”（图 9-5）图案。两幅图案不但有装饰美化之用，更重要的是象征龙飞鱼跃，广出英才。上有琉璃歇山顶，飞檐翘角，悬挂风铃。屋顶施透花通脊、垂脊，犬吻兽头，日月相映，金碧辉煌。影壁两侧配建十字花墙，更为主体建筑增色添彩。

① 乾隆《洛南县志》，乾隆十一年（1746 年）刻本。

② 乾隆《洛南县志》卷 2《祠》，乾隆十一年（1746 年）刻本。

图 9-2　照壁南侧

图 9-3　“二龙戏珠”图案

图 9-4　照壁北侧

图 9-5 “鱼龙变化”图案

前院中为木牌楼，名曰“棂星门”(图 9-6)。东开“启凤门”(图 9-7)，亦名“东礼门”；西开“腾蛟门”(图 9-8)，亦名“西礼门”。东西礼门上分别镶有“德侔天地”“道冠古今”(图 9-9)木匾一块。棂星门是孔庙大门，属明清混合营造之作。洛南孔庙的棂星门是陕南地区独树一格的古建筑精华。其台基为青石压砌，基长 13.8 米，宽 4.9 米，高 0.6 米，占地 89 平方米。棂星门高约 25.2 米，面阔 17.6 米，进深 4.95 米。顶屋约十万斤的重量，全由四根大立柱负载。大柱南北各施叉柱，分散重量使其稳固。棂星门上下三层，以正楼最为突出，脊首复加云罐，造型浑厚大方；左右二楼次于正楼，呈品字形，两旁尚有砖墙。整个牌楼，上檐花脊六兽，奇彩异辉，华丽堂皇，黄绿各色琉璃瓦在阳光照射下，交相辉映；檐下层层斗拱构成翘角，上下十二角檐牙高啄，相映成趣，精刻细绘的花鸟栩栩如生，分外迷人。分踞于四柱左右的八个石鼓，紧靠柱根。八个扶柱根部雕有石狮四对，中间两对大而圆实，威风凛凛；旁边两对小巧玲珑，活灵活现。大匾上镏金大书“棂星门”三个大字，金光闪闪，形成庄严肃穆而又华丽高雅的古朴风光。[①]

① 洛南县地方志编纂委员会编:《洛南县志》，北京：作家出版社，1999 年，第 547 页。

图 9-6　棂星门

图 9-7　启凤门

图 9-8　腾蛟门

图 9-9　“道冠古今”木匾

中院内正中有戟门（图 9-10、图 9-11）三间，硬山顶。戟门是孔庙至高的威仪象征。每岁春秋仲月上丁祭典时，文武官员、地方乡绅整冠净面或放置兵器就在这里。东有名宦祠、尊经祠（图 9-12）；西有乡贤祠、忠义祠（图 9-13）。

图 9-10　戟门南侧

图 9-11　戟门北侧

图 9-12　名宦祠、尊经祠

图 9-13　乡贤祠、忠义祠

后院中为大成殿（图 9-14），殿前月台，两旁东庑（图 9-15）、西庑（图 9-16）各 7 间。大成殿为明七暗五开间，单檐歇山顶。面阔通长 14.85 米，进深 11 米，由台基、屋架、屋顶三部分构成。五开间大小不等，明间 3.8 米，次间 3.3 米，稍前 2.3 米。前廊宽 2.2 米，侧廊和后廊均宽 1.9 米，廊四周有明柱、角柱、金柱共计 28 根，檐墙起间隔开内外。屋顶五脊罗列，花里藏龙，脊首如塔，屋上桔黄色琉璃瓦闪耀着金色光芒；四角角柱稍高，层层叠架，层层伸出的斗拱构成“翘起”，凌空若飞，形体圆实，不仅使梁、柱、枋结合紧凑，而且更增加了建筑物的稳固力，使整个大成殿有收有放，有抑有扬，气势雄伟（图 9-17）。殿前月台长 15.2 米，宽 8.1 米，面积 113.1 平方米。中间斜面台阶内雕刻着蟠螭翔凤，华丽异常。[①]

图 9-14　大成殿

① 洛南县地方志编纂委员会编：《洛南县志》，北京：作家出版社，1999 年，第 546 页。

图 9-15　东庑

图 9-16　西庑

图 9-17　大成殿西北侧

第二节　镇安孔庙

一、历史沿革

镇安县于明景泰三年（1452 年）设置，属西安府，因镇安河为名。镇安孔庙原址在县城后街城关粮站院内（图 9-18）。据乾隆《镇安县志》记载："文庙在县治西北，明景泰三年迁治时建，日久倾圮。正德六年，知县俞鼎为假庙无定所，晓百姓家祀之，始捐建于今地。嘉靖年间知县河东苏某修，万历三十一年知县张鳳翼重修。国朝康熙八年，知县许泗重修，乾隆三年知县杨华得请动顶重修。崇圣祠旧在文庙东偏，明嘉靖十四年署县沁州郝师建，年久坍塌。国朝乾隆十四年知县聂焘捐资，移建大成殿后。""文昌阁在文庙棂星门左"，"名宦祠在县文庙左，雍正四年绅士捐建。乡贤祠在文庙右，雍正四年绅士捐建。"[①]由于战乱破坏，清同治十二年（1873 年），光绪三十四年（1908 年），1924 年三次重修，增建两廊。1934 年，陕西省档案局在《陕西省资料统计季刊》上登载了文庙修建历史和财产状况。后仅存大成殿（图 9-19），大成殿面阔五间，高 20 米，四坡九脊歇山顶。外檐斗拱一斗，一拱一昂，柱与梁雕绘有精致花纹。殿前原有戟门和棂星门，门前有泮池，池上有砖桥，引西门外水入池。整个布局紧密协调，清雅幽美。1983 年被列为县级文物保护单位[②]。2007 年大成殿被搬迁到位于县城新老城区中间的日几山上的绣屏公园。

① 乾隆《镇安县志》卷 5，乾隆二十年（1755 年）抄本。

② 镇安县志编纂委员会编：《镇安县志》，西安：陕西人民教育出版社，1995 年，第 495 页。

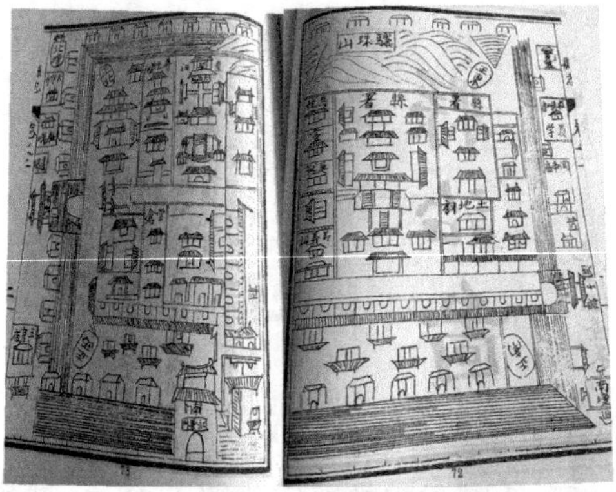

图 9-18 县城图[①]

图 9-19 镇安文庙大成殿（据文庙展览资料）

二、形制与总体布局

今镇安孔庙位于绣屏公园东侧，占地面积1600多平方米，仿清代建筑风格，共分为五大部分：大成殿（图 9-20）、厢房（图 9-21）、孔子雕像（图 9-22）、前后广场和灯光亮化。大成殿因地形限制，坐北朝南，建筑面积 225 平方米，高 13 米，面阔 3 间（暗 5 间），为四坡九脊歇山顶；屋面采用传统的六样灰色筒瓦铺撒，脊梁采用手工花脊砌成；檐口下部参考《清式营造则例》，装饰有“单翘单昂五踩斗拱”，彩绘图案精美细致；殿内空间高大，悬挂四盏串珠吊灯，精美华丽；大殿地面用四方大青砖铺就，古朴大方；大殿四周回廊宽敞，28 根红漆立柱显示出建筑的宏伟；走廊和前后台阶均用大青石条砌成，凸显历史的凝

① 乾隆《镇安县志》卷 2，乾隆二十年（1755 年）抄本。

重感（图 9-23）。殿后北边两侧建厢房 2 排共 6 间，建筑面积 150 平方米，风格与大殿一致。大成殿现被辟为镇安县博物馆，两侧厢房作书画展厅和办公用房。

图 9-20　大成殿

图 9-21　东西厢房

图 9-22　孔子塑像

图 9-23　大成殿南侧

殿前广场安放孔子石像一尊，石像连底座高 4.8 米，宽 1.9 米，采自孔子家乡山东优质花岗岩石材，由中国雕塑之乡河北曲阳工匠精心雕琢而成。石像底座前雕刻有孔子生平简介，底座后雕刻有孔子论语精选“己所不欲，勿施于人”。像前设立石雕香炉一个，图案精美，四周分别刻有“文运昌盛、至圣先师、万世师表”等字样和图案。

孔庙广场前后均用青石石材铺就，剁斧面与荔枝面间隔出条块花纹。大成殿前台阶镶有汉白玉浮雕“二龙戏珠”图案（图 9-24），面积达 5.1 平方米，殿前广场中间建设有神道，长 28 米，宽 3.6 米，上刻二龙戏珠线雕图案 8 面，与汉白玉浮雕组成九幅二龙戏珠图案。广场四周设立青石仿古雕花护栏，并建有 6 盏高大的石材仿古灯。广场南边依据山势地形，与梁脊人行步道相连，建设一处观景平台，两面绿化护坡，用翠柏塑造出“仁、义、礼、孝”四个大字，反映了孔子儒家思想之精华。

灯光亮化更为文庙增色不少，通过彩色灯光软管，勾勒出孔庙大殿及厢房的建筑轮廓；斗拱之间的射灯，烘托文庙建筑的威严神秘；每根立柱外的射灯，映射出大殿的高大；四周布置的 6 盏仿古石材灯，更显示出孔庙建筑的历史底蕴。[①]

---

①《镇安历史博物馆（镇安文庙）》，http://za114.cn/ncontent-869.html（2015-10-20）。

图 9-24　“二龙戏珠”御路丹陛

大成殿正南方新盖有一魁星楼（图 9-25），魁星楼占地近两亩，主体占地 119 平方米，建筑面积 356 多平方米，建筑总高约 30 米，仿明清时期建筑风格建造而成，建筑形式为八方五层、塔式楼阁式、回廊仿古建筑，顶层供奉魁星点斗像，四周翘檐挂碗大铜铃，每层均有回廊，除精美的彩绘外，还悬挂各式各样仿古宫灯加以装饰。[①]孔庙通往魁星楼的小路是博物馆的碑林，沿小路竖立着十几块历史碑刻（图 9-26）。

图 9-25　魁星楼

图 9-26　碑林

①《镇安魁星楼》，http://www.sanqinyou.com/JingDian/Content/102117223119688.html（2015-10-21）。

第三节　商州孔庙

北周置商州，1913 年改县，1988 年设市。据《太平寰宇记》卷 141 载：“取古商于之地为名。”商州孔庙始建于明代，原址位于今莲湖公园，解放后一度被用作监狱看守所，已毁于文革。据乾隆《直隶商州志》所述：“乾隆五年，如玖率郡之绅士捐资修葺文庙殿宇、廊庑及宫墙泮池，又于泮池前浚修二池植莲其中。绕以垣墙，又建名宦、乡贤二祠。乾隆七年又捐资修补启圣宫三间。”“名宦祠在学宫左，乡贤祠在学宫右，二祠俱废。如玖于乾隆五年捐俸重修并绅士捐输建祠二各三楹。”[①]又根据乾隆《续商州志》记载：“文庙，自乾隆五年，前牧王如玖修后，风雨剥蚀多有残毁。文思于乾隆二十一年，捐俸重加整理，辉以金碧，饰以丹垩散禄。”（图 9-27）[②]

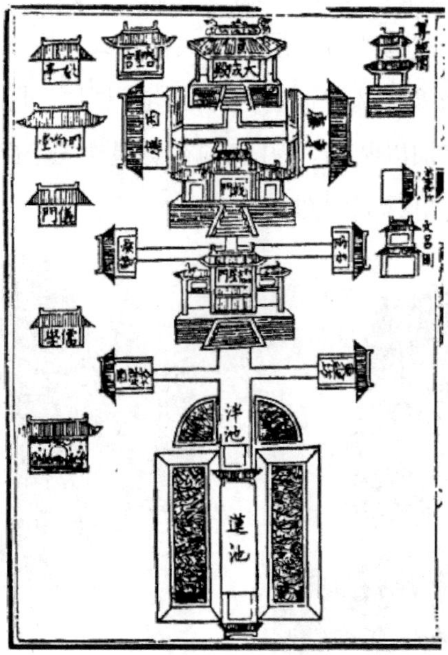

图 9-27　商州文庙图[③]

---

① 乾隆《直隶商州志》卷 4《学校》，乾隆九年（1744 年）刻本。

② 乾隆《续商州志》，乾隆二十三年（1758 年）刻本。

③ 乾隆《直隶商州志 · 图》，乾隆九年（1744 年）刻本。

商州孔庙毁于“文化大革命”，所幸的是1953年商州政府决定在城北的金凤山半坡上修建革命烈士陵园，于是将孔庙旧址处的孔庙棂星门搬迁至陵园，充当大门，从而逃过历史劫难，成为商州迄今幸存的古代建筑中建造艺术较高的建筑物之一。该牌楼（图9-28）和大多数孔庙牌楼风格类似，三楹四柱，中楹为明间檐楼，其构件由下至上依次为：龙门雀替、小额枋、折柱（花板）、龙门枋、高拱柱、单额枋、平板枋、斗拱，斗拱以上为木雕檐楼。东、西两楹也称为次楼，其构件顺序为：雀替、小额枋、杆柱（花板）、大额枋、高拱柱、单额枋、平板枋和斗拱檐楼。牌楼正中牌匾上的“烈士陵园”四个大字是商州文人王廷先生所题写。棂星门1982年10月被列为商县重点文物保护单位（图9-29）。

图9-28 棂星门

图9-29 文物保护碑

第十章　延安地区孔庙

延安市位于陕西省北部，地处黄河中游，北连榆林，南接关中咸阳、铜川、渭南三市，东隔黄河与山西临汾、吕梁相望，西邻甘肃庆阳，辖宝塔区、延长县、延川县、子长县、安塞县、志丹县、吴起县、甘泉县、富县、洛川县、宜川县、黄龙县、黄陵县等1区12县。延安地区现有孔庙遗存2处（表10-1）。

表10-1　延安地区孔庙

序号	孔庙名称	地理位置	保存现状	时代	保护级别	备注
1	黄陵孔庙	轩辕庙西侧原保生宫处	戟门、大成殿	明	—	1986年文庙大成殿和戟门移建于轩辕庙西侧原保生宫处，大成殿现为文物展室，戟门为书画展室
2	洛川孔庙	洛川县街道办解放路社区农机公司西南角	大成殿	清	延安市文物保护单位（2016）	—

第一节　黄陵孔庙

黄陵孔庙据清嘉庆《中部县志》载："文庙旧在坊州城[①]，成化中知县刘洁移建县署东南（图10-1）。万历中知县卫汝霖重修，创甃泮池。崇祯四年知县姚一麟移建上城。本朝康熙五十七年始移下城。"[②]民国时"庙已为

① 坊州城，即今上城。据清代嘉庆十二年《中部县志》载：此城创建于唐武德二年（619年）七月，宋扩充加修，明隆庆六年（1572年）筑城三百一十丈。坊州城平面呈长方形，依山势而筑。

② 嘉庆《中部县志》，嘉庆十二年（1807年）刻本。

工厂”，文庙内还有启圣祠、名宦祠、乡贤祠、节义祠等建筑，“皆为西北制造厂借住”[①]。1984年初，陕西省和延安地区拨款70万元，作为第一期整修（黄帝陵）工程的专款，第一期工程于6月破土动工，包括七个项目。第一项：迁殿工程，将县城内孔庙大成殿（图10-2）、戟门（图10-3）迁到黄帝庙西边保生宫院内（图10-4），大成殿做文物陈列室，戟门做接待室。1986年孔庙大成殿和戟门移建于轩辕庙西侧原保生宫处，大成殿现为文物展室，戟门为书画展室。

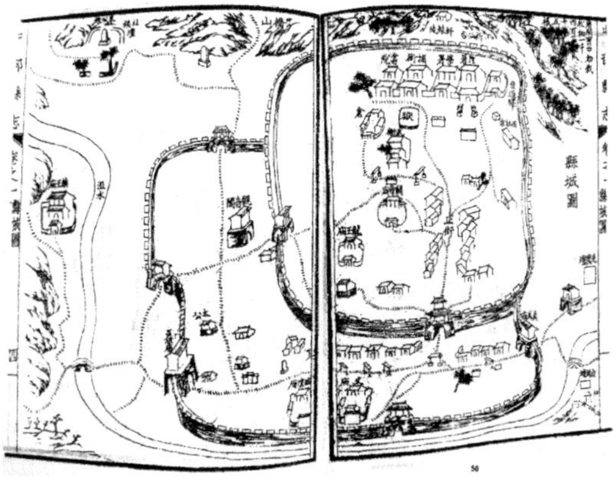

图10-1　黄陵县县城图[②]

图10-2　原大成殿

① 《中部县志》卷20《宗教祠墓志》，台北：成文出版社，1976年，第316—317页。

② 嘉庆《中部县志》，嘉庆十二年（1807年）刻本。

图 10-3 原戟门

图 10-4 原保生宫院落

第二节 洛川孔庙

一、历史沿革

洛川县位于陕西省中部，后秦姚苌建初八年（393 年）分鄜县北部设洛川县，因洛河水穿境而过故名。北魏太平真君年间（440—451 年），洛川县治迁至高槐（即今县城东北 5 千米之安宫村），隋开皇二年（582 年）洛川县治自高槐迁于旧县镇，清乾隆三十三年（1768 年）又从旧县镇迁于今址凤栖镇，因此洛川县的历史虽然悠长，但现今县城的历史并不久远。据民国《洛川县志》载：“洛川学宫，旧治有宋元遗址，在城西五十步，元末毁于火。明洪武六年，知县朱炳改建，鄜州同知金文征有记……乾隆三十三年，县治西移，学宫亦移今治城东（图 10-5）。”[①]清代洛川县城所在地凤栖堡位于今洛川县城的西南角，老城不大周长最多五里。中华人民共和国成立前，孔庙一直为东北军 76 军军部所在地，孔庙大成殿为 76 军军部大礼堂。中华人民共和国成立后，孔庙大院先后被洛川县农机局、卫生局、幼儿园、县委党校等单位占用，建筑拆毁殆尽，仅余孔庙大成殿先后为农机局会议室和仓库。1989 年孔庙大成殿被洛川县列为县级文物保护单位，因大成殿曾为东北军 76 军军部所在地，2016 年孔庙被延安市列为市级文物保护单位。

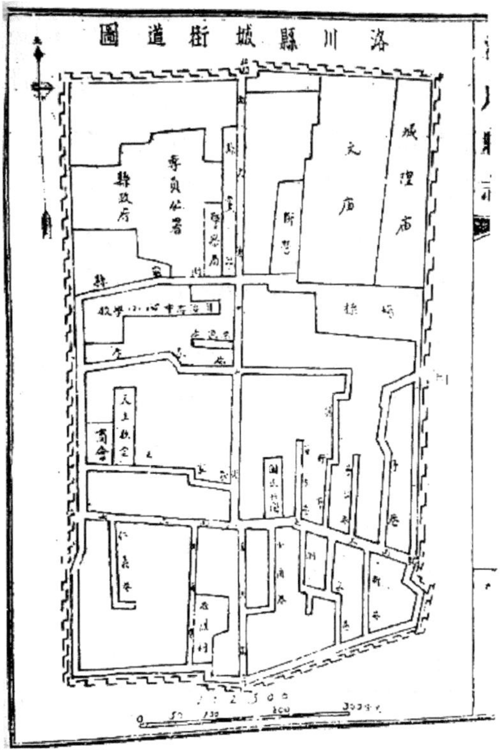

图 10-5　民国洛川县城街道图[②]

① 民国《洛川县志》卷 20《宗教祠祀志》，西安：泰华印刷厂，1944 年铅印本。

② 民国《洛川县志》，西安：泰华印刷厂，1944 年铅印本。

二、形制与总体布局

据民国《洛川县志》载：洛川文庙“大成殿五楹，两庑东西各五楹，崇圣祠三楹，名宦祠三楹，乡贤祠三楹，忠孝节义祠三楹，戟门三楹，泮池一座，棂星门一座，宫墙一座，东西‘德配天地’、‘道冠古今’坊各一座。”[①]

三、现存状况

洛川孔庙现仅存大成殿。孔庙大成殿位于洛川县解放路社区农机公司西南角，东面、东北角为农机公司住宅区，西面和西北角为县委党校，南临县卫生局和幼儿园（图 10-6）。东西长 21.6 米、南北宽 12.1 米，面积为 261.36 平方米。孔庙为砖木结构的硬山顶，以灰色筒瓦和板瓦覆顶，面阔 7 间（图 10-7），七架梁。孔庙原为坐北面南向，现改为坐西面东，东侧开 2 个木门（图 10-8），有斗拱结构（图 10-9、图 10-10）。孔庙现存砖木结构房 7 间，房顶东西两侧近年有维修。现为县农机公司的库房，堆放大量的农机用具。南北两侧有多处垒砌的窗，孔庙内东侧顶部被草席覆盖[②]。

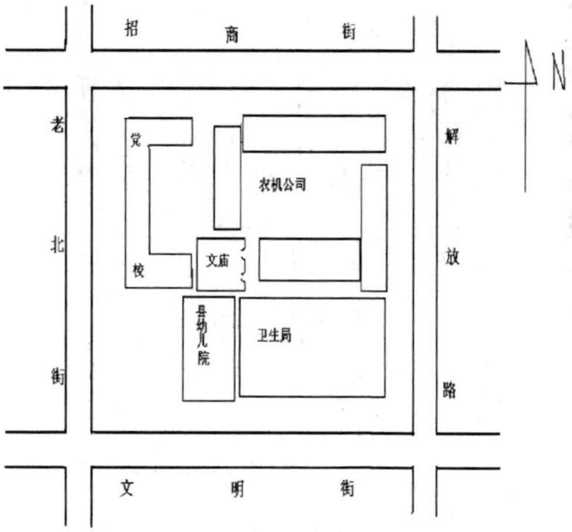

图 10-6　洛川孔庙位置图

① 民国《洛川县志》卷 20《宗教祠祀志》，西安：泰华印刷厂，1944 年铅印本。
② 白晓龙、杨辛梓等撰：《洛川文庙》，内部资料，2016 年。

图 10-7　大成殿西北侧（白晓龙摄于 2009 年）

图 10-8　大成殿东侧（白晓龙摄于 2009 年）

图 10-9　大成殿顶部（白晓龙摄于 2009 年）

图 10-10　斗拱内部（白晓龙摄于 2009 年）

据笔者 2017 年 8 月 8 日考察所见，现孔庙四周为建筑物围堵，县文物保护单位碑石（图 10-11）也横卧在地。由于其为县文物保护单位，保护面积和经费有限，孔庙南边幼儿园建有五层教学楼，离大成殿滴水檐仅有 1 米之遥（图 10-12）。大成殿西侧（图 10-13）、北侧杂木丛生，垃圾拥堵，被当地群众作为公共厕所和垃圾池之地（图 10-14），南侧、东南侧被县幼儿园教学楼和县卫生局大楼封堵，仅余东北侧从农机局大院穿行后可以抵近大成殿，东侧是“文化大革命”时改建的具有时代印迹的山墙和所开的木门（图 10-15）。笔者从县文物局了解到，县文物局多次将文庙申报省级文物保护单位无果，现已多年失修，屋顶漏水。文庙南北两侧大门及门窗被农机局用砖块封堵，东山墙开门转包给私人作为仓库使用。现大成殿西北侧县委党校已被拆除，据闻原址将为县幼儿园扩建使用，大成殿将被淹没在一片现代建筑之中。孔庙乃洛川文脉所在，灵魂所依，如此具有三百二十多年历史的重要的文物建筑，值得我们关注和保护。

图 10-11　文物保护碑

图 10-12　大成殿南侧

图 10-13　大成殿西侧

图 10-14　大成殿西北侧现状

图 10-15　大成殿东侧现状

第十一章　榆林地区孔庙

榆林地区位于陕西省的最北部，东临黄河，与山西省朔州市、忻州市、吕梁市隔河相望，西与宁夏吴忠市、甘肃省庆阳市为邻，南连本省延安市，北与内蒙古鄂尔多斯市相接，系陕、甘、宁、蒙、晋五省区交界地。辖榆阳区、横山区、神木市（县级市）和府谷县、定边县、靖边县、米脂县、佳县、子洲县、吴堡县、绥德县、清涧县 12 个区县市。现有文庙遗存 4 处，榆林新建一处（表 11-1）。

表 11-1　榆林地区孔庙

序号	孔庙名称	地理位置	保存现状	时代	保护级别	备注
1	府谷孔庙	府谷县府谷镇城内村府州古城内	内有棂星门、泮池、状元桥、戟门、大成殿及两庑、假山、喷泉、明伦堂、崇圣祠、文昌阁、古戏台、六角凉亭等建筑多处	五代至清	全国重点文物保护单位（2001.6.25）	榆林地区规模最大、保存最好的一座孔庙
2	绥德孔庙	绥德职业中学院内	五龙壁、尊经阁	金	县级文物保护单位（1982.12.27）	—
3	米脂孔庙	米脂古城东街小学院内	大成殿、状元阁及碑刻	明	县级文物保护单位（1984.8）	—
4	吴堡孔庙	吴堡县城里村下街西边	仅存遗址	明清	全国重点文物保护单位（2006.5.25）	遗址保存完整
5	榆林孔庙	莲花池北	门楼、平房、孔子立像	现代	—	新建

第一节　府谷孔庙

一、历史沿革

唐天佑七年（910 年）设府谷县，因这里有一条山谷叫府谷而得名。府谷孔庙位于府谷县府谷镇城内村府州古城内。据乾隆《府谷县志》载：

> 明洪武十四年知县齐翔建，天顺五年知县秦紘、成化十二年知县贺昭修，训导都仲良记，十六年知县田璋、嘉靖十九年知县柳聊芳、万历十四年知县范学颜相继修。本朝顺治八年知县魏震、十四年知县龚荣遇创修，举人刘无邪记。康熙五年知县杨许玉、二十四年知县徐恒继修。乾隆三年知县刘度昭领帑银一千二百两，殿庑门墙更新。崇圣祠庑及明伦堂斋舍俱创建，共四十二楹。乾隆三十四年两庑倾圮甚，有黄甫武生郑志敏者慨然独任，呈请折修，焕然一新。四十七年知县麟书令新进文武生员捐修，金妆大成殿万世师表之额，彩画廊簷，油饰格扇与新修魁星楼媲美焉！①

府谷孔庙得到历代官府和百姓的精心保护，20 世纪 50 年代后期被辟为粮站，是县内最大的国家粮库。这是因为当时政府没有财力修建库房而“化腐朽为神奇”的举措，占用时也没有做过任何改建，但客观上起到了文物保护的作用。20 世纪 70 年代后期粮站彻底从孔庙搬出，1981 年府谷文庙被列为县级文物保护单位，1993 年又被列为省级文物保护单位，1996 年被国务院公布为全国重点文物保护单位。

二、形制与总体布局

据乾隆《府谷县志》载：

---

① 乾隆《府谷县志》卷 1《祠祀》，乾隆四十八年（1783 年）刊本。

（府谷文庙）正殿五间，东西庑各五间，前为戟门，门前为泮池，跨以石桥，桥前为棂星门，门上为大牌楼，东西角门各一。崇圣祠三间、东西庑各一间在明伦东；名宦祠一间在戟门外东偏，祀明知县秦紘、刘源，本朝知县王缉修。乡贤祠一间在戟门外西偏，祀明长吏李梦桂、成都经历刘塘、黔江知县李公翰。……文昌祠三间，在明伦堂西偏，乾隆五年知县刘度昭建。魁星楼在城隍庙南，乾隆四十七年知县麟书令新进文武生员捐资修建，移造于文庙东南，取诸秀起东南之意耳！明伦堂五间，东西两斋舍各五间。①

三、现存状况

府谷孔庙是榆林地区现存规模最大、保存最好的一座孔庙，现为府谷县文物管理委员会所在地。孔庙坐北面南，是以大成殿为中心的轴对称群体建筑群，主要建筑有九龙壁、棂星门、泮池、戟门、大成殿、明伦堂等，庙东有崇圣祠、文昌阁、古戏台、六角凉亭等附属建筑，并与庙内相通。孔庙占地 1.5 万平方米，建筑面积 2100 平方米，采取中轴线布局，院落层层递进，功能布局合理，前庙后学，保存着完整传统孔庙的建筑格局（图 11-1）。

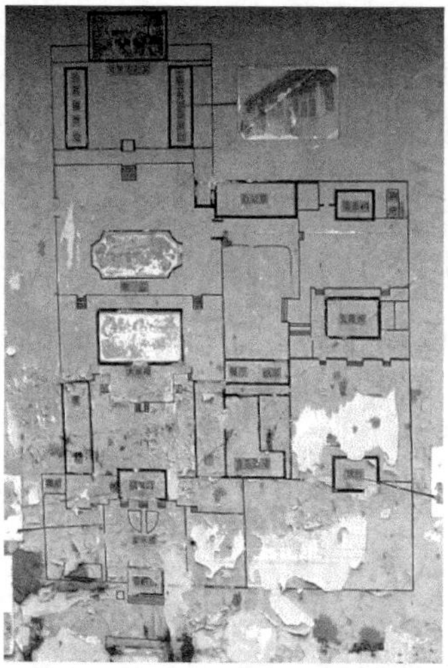

图 11-1　府谷孔庙平面图

① 乾隆《府谷县志》卷 1《祠祀》，乾隆四十八年（1783 年）刊本。

大成殿（图 11-2）坐落于孔庙的中轴线上，面阔五间，进深三间，单檐九脊歇山式，彩色琉璃瓦覆顶。清康熙三十六年（1697 年），康熙帝率军西征葛尔丹叛乱沿明长城西行，渡黄河驻跸府谷县城，游览城池景观并为孔庙题写了“万世师表”匾额。匾额悬挂在大殿横额上，惜 20 世纪 70 年代后不翼而飞，现大殿檐下正中悬挂的“万世师表”匾额为原府谷县长李涛 1991 年重书。大殿门前对联：“先觉先知为万古伦常立极，至诚至圣与两间功化同流。”近年维修时，全庙进行了彩绘，泥塑孔子（图 11-3）及“四配”（图 11-4、图 11-5）、“十二哲”（图 11-6、图 11-7）等坐像 17 尊。

图 11-2　大成殿

图 11-3　孔子塑像

图 11-4　颜回、子思塑像

图 11-5　曾参、孟子塑像

图 11-6　十二哲之一

图 11-7　十二哲之二

大成殿前有月台（图 11-8），高有一米有余，四周增设汉白玉石护栏。月台前中有围栏式石阶，中置“二龙戏珠”御路丹陛（图 11-9）。大成殿两侧东庑（图 11-10）、西庑（图 11-11）各五间。

图 11-8　月台

图 11-9　“二龙戏珠”御路丹陛

图 11-10　东庑

图 11-11　西庑

大成殿前为戟门（图 11-12、图 11-13），面阔三间，硬山顶。戟门前东侧原为名宦祠（今已不存），西侧为乡贤祠（图 11-14），戟门前有新修泮池，上有泮桥（图 11-15）。泮桥前是棂星门（图 11-16、图 11-17），棂星门门前为广场，广场南边紧靠黄河绝壁处立有大型石刻浮雕“九龙壁”一座（图 11-18）。游人站在此处东望山西，山川景物历历在目，脚下黄河奔流不息，很有一番思古之幽情。广场东西两边在修建两个牌楼，东应为义路（图 11-19），西应为礼门（图 11-20）。

图 11-12　戟门正面

图 11-13　戟门背面

图 11-14　乡贤祠

图 11-15 泮池、泮桥

图 11-16 棂星门背面

图 11-17 棂星门正面

图 11-18　九龙壁

图 11-19　义路

图 11-20　礼门

府谷孔庙为前庙后学，在大成殿后为明伦堂（图 11-21）。明伦堂（图 11-22）共有五间，东斋舍（图 11-23）、西斋舍（图 11-24）各五间，今为文物展室，室内陈列着府谷境内各个历史时期的文化遗存、名胜古迹图片等，出土完整的犀牛骨架（图 11-25），很有价值。

图 11-21　明伦堂大门

图 11-22　明伦堂

图 11-23　东斋舍

图 11-24　西斋舍

图 11-25　犀牛化石

大成殿后有假山点缀（图 11-26），东侧有两进院落，第一进院落坐南朝北为一古戏台（图 11-27），古戏台北向与文昌阁（图 11-28）相对围成一个院落。文昌阁后与崇圣祠（图 11-29）相对围成第二进院落。

魁星楼（图 11-30）原在城隍庙南，乾隆四十七年（1782 年）知县麟书令新进文武生员捐资修建，移造于孔庙东南荣和书院处，取诸秀起东南之意耳！荣和书院据清乾隆三十四年（1769 年）知县郑居中（安徽泾县人）所撰碑记载始建于清乾隆三十四年四月（1769 年），一年后竣工。郑知县带头捐出俸禄，倡导绅士捐献工料钱米。竣工之日，书声琅琅，山为之欢，水为之歌。书院建成六年后，即乾隆四十年（1775 年），就有刘鼎国和阎廷林两名考生参加科举考试连捷陕闱登科，绅士们愈加兴奋，添建书房七间，监生魏克敬亦慷慨捐建十三间，众绅士又自发于院前建魁星楼一座，甚宽敞，书院于是成巨观也。

图 11-26　假山喷泉

图 11-27　古戏台

图 11-28　文昌阁

图 11-29　崇圣祠

图 11-30　魁星楼远眺

第二节　绥德孔庙

一、历史沿革

北宋熙宁二年（1069 年）置绥德城，隶延州。元符二年（1099 年）改设绥德军，金大定二十二年（1182 年）升为绥德州。据清光绪《绥德州志》载：

州学旧在州城西北，金承安四年刺史秦守正移州治东嵯峨山南一百步，泰和元年增修有记。明洪武间重建，景泰间知州张轼修，宏治间知州王京增修，万历九年知州刘思连重修。国朝顺治十七年知州王元士重建，检讨白乃贞、御史艾元复具有碑记。按顺治后继修者乾隆二十七年知州舒元炘、四十九年知州吴忠诰、道光八年知州陈元熙、咸丰十年知州志静俱重修，有碑记。同治六年回逆陷城，焚毁几尽。七年知州成定康捐廉重建，九年知州汤敏修明伦堂及西斋房。光绪七年知州胡元照修尊经阁、敬一亭，二十八年知州孔繁朴葺修大成殿及崇圣祠。①

孔庙和学宫一直是尊孔读经之所，从民国开始开办为学校，现为绥德职业中学校址，1982 年 12 月 27 日公布为县级文物保护单位。

二、形制与总体布局

绥德文庙位于城内疏属山西南面，坐北向南，至清光绪三十一年（1905 年）时，其建筑平面为一长方形，占地面积约 12 000 平方米（图 11-31）。

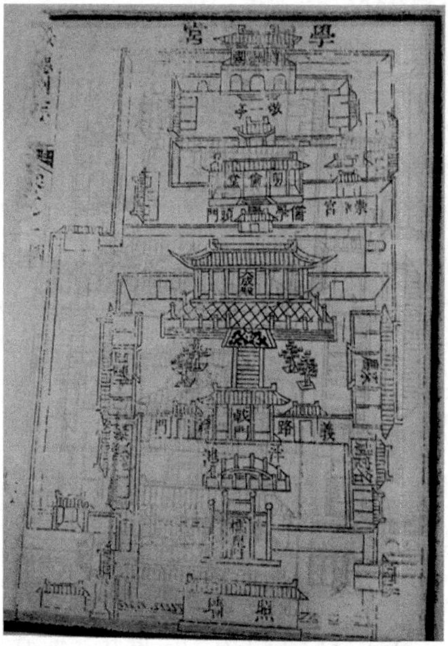

图 11-31 光绪三十一年绥德孔庙平面分布图②

① 光绪《绥德州志》卷 4《学校志》，光绪三十一年（1905 年）刊本。

② 光绪《绥德州志》卷 1《图》，光绪三十一年（1905 年）刊本。

绥德孔庙为前庙后学。文庙有前、中、后三座院落，前院东西方各有木栅栏门 1 座，西门额书“德配天地”4 字，门前有下马碑；东门额书“道冠古今”4 字。院南面为照壁，北面是棂星门。入棂星门为中院，院内有泮池，东建名宦祠 3 间、忠孝祠 2 间，西建乡贤祠 3 间、陈设亭 2 间；北面是戟门，戟门东有仪门，西有礼门。入戟门为后院，院内正面是大成殿，殿前有月台，台前有甬道，大殿两侧建东西庑各 7 间。学宫大门在孔庙前院西栅栏门外，面向南。入门北进再折向东，至大成殿后见儒学仪门。入仪门正面有明伦堂 5 间，西有斋房 3 间，东北有崇圣祠 1 所。明伦堂后是敬一亭 3 间，亭后正面是尊经阁，阁下是正窑 3 孔，阁东有厢窑 3 孔，阁西有厢房 5 间。[①]东厢窑三间为学正宅，西厢房五间为学正书房。

三、现存状况

绥德孔庙现仅存照壁 1 座，学宫仅余尊经阁和阁东 3 孔厢窑。笔者 2016 年 8 月考察时，当地政府正在修复孔庙，目前是第一期工程——维修尊经阁、从扶苏墓搬迁复原“五龙壁”照壁，恢复敬一亭，修建西厢房及围墙等工程（图 11-32）。

图 11-32　绥德孔庙学宫一期修复工程效果图[②]（钱亚军供图）

① 秦人：《绥德县文庙与学宫》，http://www.sanqinyou.com/jingdian/content/1212514361953381.html（2017-01-01）。

② 绥德孔庙暨雕山书院修复项目介绍：创建于清雍正年间，院址在城东北疏属山山腰。乾隆三十六年（1771 年）知州舒元煒用州绅捐银 763 两，购前州官叶馨皆山亭旧居（今绥广东师范学校院内）为校舍，更名文屏书院。乾隆四十九年（1784 年）知州吴忠诰用绅士捐银 1899 两购学田 800 余垧，并扩建书院，更名为重文书院。道光四年（1824 年）知州陈元煦又恢复原校名雕山书院。（钱亚军供稿）

尊经阁为藏书之所，用以贮藏儒家重要经典及百家子史诸书，以供学宫生员博览经籍，阅读研求。绥德孔庙尊经阁光绪七年（1881 年）知州胡元照修，造型精巧，阁下是 3 孔砖面石拱窑，窑的四角伸出上翘，如鸟喙高昂。窑上阁楼四面皆为雕花门窗，屋脊高隆，南北单檐，东西为重檐，犹如巨鸟临空腾飞。2014 年绥德县根据人文资源优势，着力打造“红色文化、秦汉文化、黄土文化、生态文化”这四张文化名片，切实加快文化旅游产业化进程，推进“文化强县”建设，孔庙于 2015 年 10 月开始修缮，至 2016 年 10 月竣工。

图 11-33　修复前的尊经阁[1]

图 11-34　修复后的尊经阁（钱亚军摄）

①《陕西地区文庙和城隍庙—绥德文庙》，http://54rainbow.blog.163.com/blog/static/2008232620112183347447/（2017-01-01）。

敬一亭也为光绪七年知州胡元照修，“三间，在明伦堂后。壁刻前明嘉靖‘敬一箴’，左右刻程子‘四勿箴’。亭后正北尊经阁。”[①]新修的敬一亭为石质结构，阔三间，柱、梁、斗拱皆以石材雕琢而成（图 11-35）。敬一亭前立有孔子石像（图 11-36）。

图 11-35　修复后的敬一亭（钱亚军摄）

图 11-36　孔子塑像（钱亚军摄）

① 光绪《绥德州志》卷 4《学校志》，清光绪三十一年（1905 年）刊本。

“五龙壁”（图 11-37）原为绥德孔庙照壁。清光绪三十四年（1908 年）为米脂县名匠马鸣俊及其子马岚芳所雕。照壁由主壁、左右耳壁组成。主壁为 3 米的正方形，布局阴阳对称镂空，双面均饰以五条体态各异的彩龙盘绕戏珠于茫茫云海之间。五龙寓意曾生活在黄土高原与中原大地上的黄、玄、喾、尧、舜五帝。四角正面明八仙，背面暗八仙，龙身相间处雕有海浪和祥云。顶部出檐起脊，吻兽眺望。基座雕有珍禽瑞兽，花卉草木，照壁整体工艺精巧，在当地实属罕见。1998 年因原址周围环境污染，画面侵蚀脱落严重，将“五龙壁”搬迁复原于扶苏墓区（图 11-38），为绥德县文物保护单位（图 11-39）。2016 年，随着孔庙的修复，又搬迁复原于学宫原明伦堂处，现场考察得知这里也是临时存放处，待孔庙恢复时再搬迁复原至原来位置。

图 11-37　迁建后的“五龙壁”照壁（钱亚军摄）

图 11-38　位于扶苏墓时的“五龙壁”照壁①

①《陕西地区文庙和城隍庙—绥德文庙》，http://54rainbow.blog.163.com/blog/static/2008232620112183347447/（2017-01-01）。

图 11-39　“五龙壁”保护碑及碑文

第三节　米脂孔庙

一、历史沿革

米脂县古称“银州”，“以其地沃壤宜粟，其米淅之汁如脂，又地有米脂水，故名。[①]”米脂孔庙在米脂古城东街小学院内（图 11-40）。据光绪《米脂县志》载：

> 文庙元至元十年创建，旧址在上城。明宏治九年移下城东门内，建大成殿五楹，东西庑各□楹，神库、神厨各三楹。在戟门外、棂星门内有状元高陵吕楠撰书碑记。国朝顺治十一年、雍正八年、乾隆六十年、嘉庆二十五年、道光二十一年、光绪二十六年六次重修。……米脂县学旧在县治上城，元至元间主薄冯安国建。明洪武间知县解彝重修，宏治九年提学副使杨一清因学基湫隘，令知县陈奎徙今下城之东，有高陵吕補碑记。本朝康熙二十年知县宁养气重修，雍正五年邑绅士捐资補葺，知县诸葛永健有记。明伦堂三楹，东西斋房各六间，旧有射圃在明伦堂东，步方六十盈，二十亩。[②]

孔庙和学宫经过多次维修建筑严整，规模较大。五四运动以后，孔庙改为学校用地，1984 年 8 月公布为第二批县级文物保护单位。

---

①（明）马理、吕楠编纂：《陕西通志 · 建置沿革》，西安：三秦出版社，2006 年。
② 光绪《米脂县志》，光绪三十三年（1907 年）刻本。

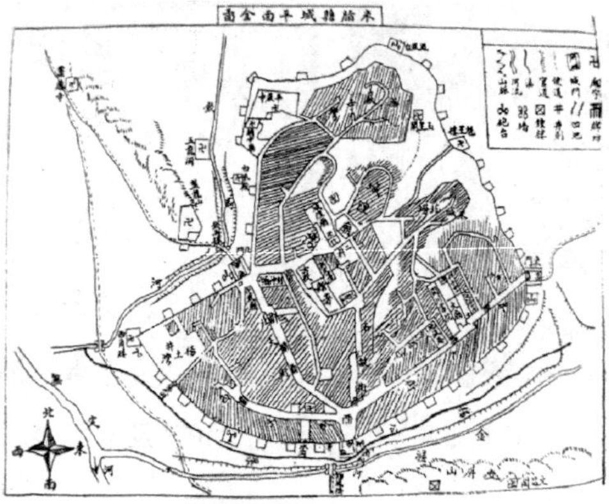

图 11-40　米脂县城平面全图①

二、形制与总体布局

米脂孔庙由明伦堂、东西斋房、射圃、教谕宅（后名训导宅）及孔庙大成殿，以及厅房、窑洞、殿庑、厢房等混杂组成。昔日孔庙沿轴线由南而北建照壁、围墙、棂星门、戟门、大成殿、崇圣祠，东西两侧有义路、礼门和神厨、神库、忠孝祠、名宦祠、节妇祠、乡贤祠等廊庑厢房（图 11-41）。

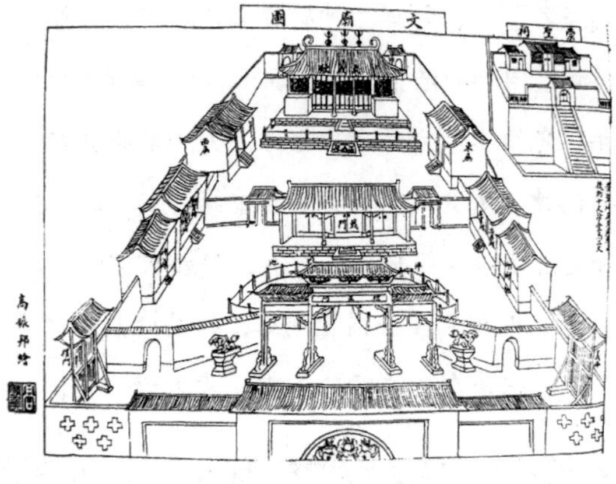

图 11-41　米脂孔庙图②

① 民国《米脂县志》，民国三十三年（1907 年）铅印本。
② 民国《米脂县志》，民国三十三年（1907 年）铅印本。

三、现存状况

孔庙改为学校用地（图 11-42）后，照壁、礼门、义路、棂星门等相继拆掉，其后的戟门、厢房、庑廊再被改作教室后也逐渐被新校舍取代，如今仅存大成殿和戟门。大成殿（图 11-43、图 11-44）是孔庙的主建筑，梁上记有“乾隆三十二年、乾隆五十年、嘉庆十八年重修”字样。大成殿为歇山顶四阿殿庑式建筑，占地 194.4 平方米，底部为 0.8 米石台基，殿面阔 5 间（10 米）、进深 2 间（5.5 米），7 步架大木梁柱，柱高 2.4 米，单昂三踩斗拱举折，青瓦兽脊覆面，猫头滴水护檐，“重栭藻棁，疏甍丹楹”。1966 年，大成殿龙脊兽吻全被捣毁，后来做过维修，未完全恢复原貌。殿前月台长 12.5 米，宽 7.65 米，四围有石雕护栏，垂带踏步之间是石雕龙纹御路（图 11-45）[①]。大成殿屋檐下高悬“大成殿”的牌匾。现为米脂县东街小学音乐舞蹈室、书法室。大殿前立有县文物保护碑（图 11-46）

图 11-42　大成殿前院

① 米脂县志编纂委员会：《米脂县志》，西安：陕西人民出版社，1993 年，第 567 页。

图 11-43　大成殿正面

图 11-44　大成殿背面及碑石

图 11-45　御路丹陛

图 11-46　文物保护碑

大成殿前为戟门（图 11-47），戟门面阔三间，悬山顶。现为米脂县东街小学德育展室。

图 11-47　戟门

第四节　吴堡孔庙

一、历史沿革

南北朝时，夏国赫连勃勃在此筑吴儿城，安置虏来的军民，宋代又筑吴堡寨，金正大三年（1226 年）设吴堡县，1940 年县城由旧址迁到宋家川镇。吴堡文庙位于吴堡县城宋家川 2.5 千米的吴山之巅的吴堡古城内。吴堡古城据明弘治《延安府志・卷之八》记载：五代后周广顺元年（951 年）即在此筑有吴堡水寨，北宋元丰五年（1082 年）扩筑“吴堡寨，古城周围二里二十步，东邻黄河为固，门有三。”又据吴堡古城东门下山崖现存金朝伪齐刘豫阜昌八年（1137 年）摩崖石刻题记：这年三月吴堡寨主兼将折彦若因“此城之隳弊……水寨之毁陋，恨无力以竖新，今率寨民，共劝修建，工兴土木，不日而成”。这次修整后，金正大三年（1226 年）置吴堡县，古城即成为本县的治城。此后，明洪武十四年（1381 年）、嘉靖十五年（1536 年）、清乾隆三十一年（1766 年）吴堡古城屡有修缮[①]。吴堡古城东以黄河为池，西以沟壑

---

① 霍世春：《游历千年吴堡古城》，《榆林日报》，2007 年 11 月 6 日。

为堑，南为通城官道下至河岸，北门外为咽喉要道连接后山，为“一夫当关，万夫莫开”之险地，它又坐落在黄河天险之石山上，所以被古人誉为“铜吴堡、铁佳州、生铁铸就绥德州”之首。1936 年，3 月，吴堡县政府由古城迁至宋家川后，古城遂为城关镇的一个行政村（现名古城村），1938 年 2 月 28 日，日军隔河在山西军渡炮轰吴堡古城，古城逐渐荒置。吴堡古城 1982 年 11 月被吴堡县列为县级文物保护单位，1992 年 4 月被陕西省列为省级文物保护单位，2006 年 5 月被国务院列为全国文物重点保护单位。

吴堡古城下街西边就是孔庙（图 11-48）。据清道光《吴堡县志》:

> 文庙在县治西，元至正戊午创建，明洪武三年主薄周琛重建，拾叁年知县范平仰、宣德拾年知县袁礼、天顺五年知县郭敏、嘉靖拾玖年知县张弛、万历肆拾壹年知县卢文鸿、本朝康熙叁拾玖年知县沈宏勋、道光贰拾贰年教谕郑士楷各重修正殿伍楹、东西庑各伍间。殿前为月台，南为戟门，又南为泮池，又南为棂星门。左明伦堂地，右名宦祠、乡贤祠并建焉。外照壁壹座，左礼门右义路。崇圣祠旧在戟门外左，康熙肆拾壹年知县沈宏勋移于正殿之后，正房叁间。[1]

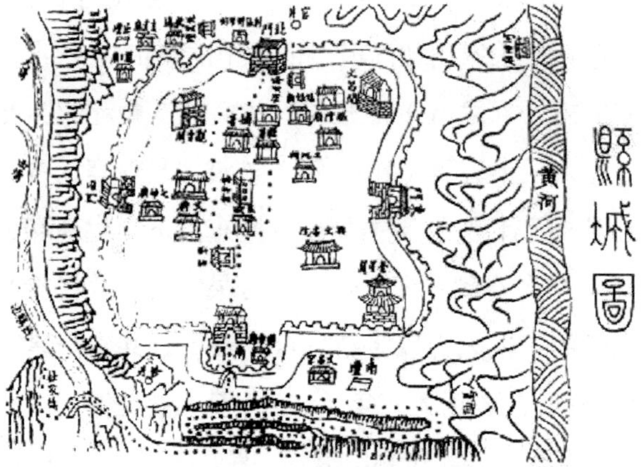

图 11-48　县城图[2]

① 道光《吴堡县志·建置部》，道光二十七年（1847 年）刊本。
② 道光《吴堡县志》，道光二十七年（1847 年）刊本。

二、形制与总体布局

吴堡孔庙（图 11-49）占地约三千多平方米，最前有大照壁一座，墙东有礼门，西有义路，棂星门系牌坊式三门四柱，纯系一架木山，做工十分精巧美观。左有明伦堂，右名宦祠、乡贤祠并建，前有泮池，上有龙桥，再往上为戟门，俗称三门洞，后有月台，上边是正殿五楹，东西配庑各五间。正殿系悬山顶式的建筑，飞檐琉丹，工艺精湛，四角有风铃摆动，微风吹来悠扬悦耳，正殿前檐有“大成殿”三个大鎏金字，书写笔法苍劲有力，气势恢宏。殿内摆大卷头供桌一张，正位神台上供奉孔子和孟子的两尊牌位。礼门临街门处，有清雍正三年（1725 年）吴堡典史立碑一座，上书“文武官员军民人等至此下马”（图 11-50），可见当时人们对孔孟的尊敬和爱戴。①

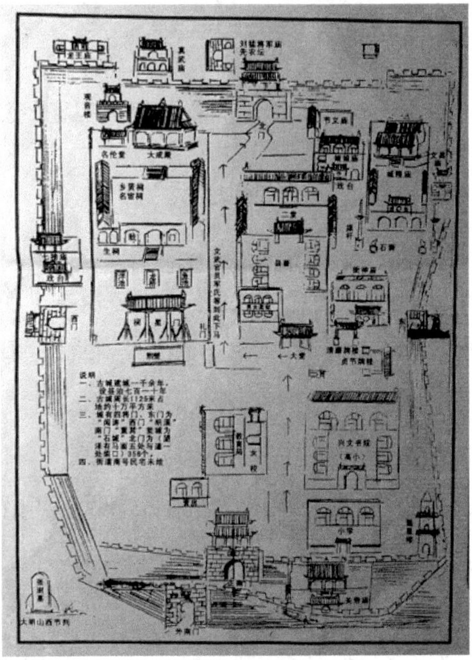

图 11-49　王象贤绘吴堡县古城内衙庙宇古建图

① 王象贤编著：《吴堡古城春秋》，内部资料，2007 年，第 48—49 页。

图 11-50　清雍正年间立“文武官员军民人等至此下马”碑

三、现存状况

据笔者 2016 年 8 月现场考察，探访王象贤老人（时年 88 岁）讲，1938 年日军据山西军渡封锁黄河后，晋煤无法运出，吴堡古城无煤可烧，1940 年当地驻军开始拆庙劈柴烧火。月台东侧有千年古柏一株，树大根深，枝叶繁茂，四人抱合不拢。据老人们讲，未建城时就有此树，可惜于 1943 年被新政府砍伐卖掉。抗战后，当地民众将孔庙砖瓦拆除贩运到山下宋家川，一块砖二个米（将一升分为十格，小米一格称为一个米）。昔日辉煌的孔庙至此仅存正殿和前院部分建筑残墙，建筑面积 720 平米（图 11-51），“文武官员军民人等至此下马”碑移至吴堡县石城管理所。魁星楼（图 11-52）、兴文书院（图 11-53）、文昌阁（图 11-54）等建筑遗址尚存。

图 11-51　文庙遗址

图 11-52　魁星楼遗址

图 11-53　兴文书院遗址

图 11-54　文昌阁遗址

第五节　榆林孔庙

据《榆林市志》载："明成化九年（1473 年）巡抚余子俊在城西北隅儒学宫西建成，弘治十四年（1501 年）灾毁，重建。嘉靖五年（1526 年）、清康熙十一年（1672 年）、康熙三十四年（1695 年）3 次整修。乾隆十六年（1751 年）孔庙南移重建（在今榆林市军分区院内），乾隆二十四年（1759 年）、乾隆五十九年（1794 年）两次维修，规模扩大，孔庙建有大成殿、崇圣祠、名宦祠、乡贤祠、棂星门、照壁等，并在棂星门外建有泮池。大成殿规模宏大，为歇山顶四阿殿庑式建筑，琉璃瓦脊布顶，斗拱飞檐翘角，雕梁画栋，富丽堂皇。惜 1972 年被拆除，县委将拆除木料制做家具。"①

在榆林市东城门百米之处的驼峰山，由财神宫、东岳庙、无量山组成榆林市无量寺。无量寺据《榆林县志》和碑文记载始建于明代正德年间（1506—1521 年），距今 480 余年，惜于 1947 年 8 月 9 日午夜二时焚毁一光。原寺主供真武祖师有庙宇五座，建筑面积约四百平方米，占地面积约八千平方米。1986 年榆林当地的信男善女们开始了在原址重建工程，而后逐年修建、

① 榆林市志编纂委员会：《榆林市志》，西安：三秦出版社，1996 年，第 245 页。

扩建、增建，现仍在建设中。

在无量寺建设中，于众多庙宇中的偏僻一角，善男信女们单独分出了个小院建设为“孔圣庙”（图 11-55）。庙宇不大，由门楼和四周平房围成了一个四合院。院落狭长，在其尽头竖立着一尊孔夫子的塑像（图 11-56），塑像前有香炉和功德箱，仅此而已。院外像盆景一样装饰了一大一小两块石头，上面都是篆刻，今作为榆林无量寺书画院和榆林老年书画学会所在地（图 11-57）。

图 11-55 孔圣庙大门

图 11-56 孔子塑像

图 11-57　孔圣庙外景

附录：清涧孔庙

据道光《清涧县志》载："圣庙在县治西南八十步，明洪武癸丑知县邬宗彝建，洪熙乙巳、万历癸丑，国朝顺治、康熙、乾隆年各重修。正殿曰大成殿、五楹，东西庑各五楹，南为戟门、三楹，门东为名宦祠，西为乡贤祠，又南为棂星门三楹，左义路、右礼门各一座，外围以垣，垣南数武为泮池（图 11-58）。"①

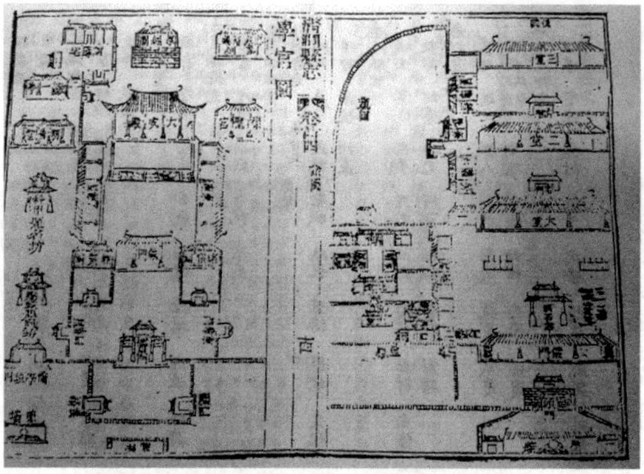

图 11-58　学宫图②

① 道光《清涧县志》卷三《祠祀志》，道光八年（1828 年）刊本。

② 道光《清涧县志》卷三《祠祀志》，道光八年（1828 年）刊本。

“正殿中设至圣先师孔子位，南向。东配设复圣颜子、述圣子思子位，西向。西配设宗圣曾子、亚圣孟子位，东向。东序设先贤闵子损、冉子雍、端木子赐、仲子由、卜子商、有子若，位西；西序设先贤冉子耕、宰子予、冉子求、言子偃、颛孙子师、朱子熹，位东。”①崇圣宫在大成殿东堂三楹处，戟门左堂三楹为名宦祠，供奉着历朝历代的名臣，戟门右侧为先贤祠。1984年初县政府公布为县级文物保护单位，同年秋县委、县政府修建时正殿被拆除。笔者2016年8月现场考察时，孔庙遗存早已荡然无存，原址已被清涧青少年活动中心占用（图11-59）。

图11-59　清涧县孔庙遗址现状

① 道光《清涧县志》卷三《祠祀志》，道光八年（1828年）刊本。

第十二章　陕西孔庙遗存的文化价值

孔庙最初是供奉和祭祀孔子的场所，自汉武帝实行“罢黜百家，独尊儒术”的文化政策后，儒家学说成为传统社会的正统，孔子地位自此日增。唐贞观四年（620 年）又确立“庙学合一”之制度，从此各州县多于学宫旁建立孔庙，历代相袭。后来，历史上许多名儒先贤也被请进孔庙，加以祭祀和供奉。孔庙的内涵不断扩大，功能也随之更加丰富，既是祭祀孔子和儒家先贤的地方，也是宣传儒学思想和儒家经典的圣地。孔庙的发展反映了自汉代以后历代王朝对儒家学说的推崇和褒扬，同时也是各时期的社会政治、经济和文化发展状况的历史缩影，所以孔庙是中国传统社会物质财富和精神财富的复合载体，体现了中国传统文化源远流长的人文传统。孔庙是具有丰富历史、艺术、教育、科学价值的人类文化遗存，从这个意义上说，孔庙是我们国家珍贵的文化遗产。就其性质来说，孔庙兼具物质文化遗产和非物质文化遗产的双重属性，一方面作为祭祀建筑具有稳定的固态性，即物质文化遗产属性。同时，“庙学合一”的政治教化和劝学功能也使其更具有活态性，即非物质文化遗产属性。随着时代的变迁，这双重属性发生了重要的变化，所以我们立足文化遗产的角度，探讨陕西孔庙遗存的文化价值。

第一节　文化与文化价值

所谓文化价值，归根到底是对于人的全面发展所具有的意义。

> 可以说，文化的最高价值就在于实现真、善、美高度统一的自由境界，促进人的个性解放、个性的自由而全面的发展。就人类文化创造的各种活动及其成果而言，它们的价值，都是直接或间接地服务于人本身发展这个最高目的的，它们或者直接为提高人的素质、塑造人的全面发展的自由个性、把旧人改造成新人做出贡献，或者为达到这个最高目的奠定社会物质基础，或者为实现人的自由创造各种必要的社会条件。因此，要全面而具体地把握文化的价值，就要深入研究人的全面发展和个性自由的具体内涵及其实现的条件。这乃是文化建设的一项极为重要的任务。[①]

所以要理解文化的价值首先得从了解文化的概念开始。

一、文化的含义

“文化”是一个歧义很大的概念，不仅定义繁多，而且人们的理解也相差甚远。20 世纪 50 年代初，美国人类学家克鲁伯和克拉克洪在其合著的《文化：关于概念和定义的批判性回顾》一书中，罗列的从 1871—1951 年的 80 年间的文化定义就达 164 种。我国学者郑金洲收集的文化定义更达 310 余种[②]。要理解文化的概念，需要探求其原始含义，也必须从中西文化两条线索入手。

“文化”是中国语言系统中古已有之的词汇。“文”，甲骨文此字象纹理纵横交错形，本义指各色交错的纹理。《说文解字》称：“文，错画也，象交文。”[③]在此基础上，“文”又引申为纹理、花纹、文雅等。“化”，甲骨文从二人，象二人相倒背之形，一正一反，以示变化。本义指事物形态或性质的改变，引申为教行迁善之义，“化，教行也。教行于上，则化成于下。”[④]“文”与“化”

---

① 庄思晦：《文化价值与商品价值——再谈文化能否市场化》，《哲学研究》1994 年第 10 期。

② 郑金洲：《教育文化学》，北京：人民教育出版社，2000 年，第 2 页。

③（汉）许慎：《说文解字》，北京：中华书局，1963 年，第 185 页。

④（清）段玉裁：《说文解字注》，上海：上海古籍出版社，1988 年，第 384 页。

并联使用，较早见之于战国末年儒生编辑的《易·贲卦·彖传》:“刚柔交错，天文也。文明以止，人文也。观乎天文，以察时变；观乎人文，以化成天下。”在这里，“人文”与“化成天下”紧密联系，“以文教化”的思想已十分明确。西汉以后，“文”与“化”合成一个整词，《说苑·指武》云：“圣人之治天下也，先文德而后武力。凡武之兴，为不服也。文化不改，然后加诛。夫下愚不移，纯德之所不能化，而后武力加焉。”因此，在汉语系统中，“文化”的本义是“以文教化”的意思，表示对人性情的陶冶，品德的教养，本属精神领域之范畴。“文化”一词对应西方的 culture。英语中的 culture 和德语中的 kulture，均源于拉丁语的 colere 一词，有耕作、居住、练习、用心、敬神多种意义，含有通过人为努力摆脱自然的意味。到了 16—17 世纪，culture 一词逐渐由耕种引申为对树木禾苗的培养，并进而被指为对人类心灵、知识、情操的化育，有教育、培养、陶冶、修养、精神文明之义，这就与中国古代的“文化”意近。从其发展来看，中国文化侧重人文道德取向，西方侧重物质技艺取向，一个内求，一个外求，反映出中西文化发展的不同路径。现代汉语中通用的“文化”一词，首先是由日本学者译介西学时借用汉语的词汇，后又由近代学人在 19 世纪末由日文转译西方相关词汇（如拉丁文 culture）时，借用中国固有的“文”“化”及“文化”等词汇，加以熔铸再创而成的。这个词本身就是中西文化融合的证明。

近代以来，随着一些新兴学科的产生，文化这一人类社会特有的现象，引起了人们的普遍重视。由于文化现象的极端复杂性，以及人们观察问题的角度不同，对文化的认识产生了极大的歧义。文化一词的广泛使用，使其内涵和外延极为不确定，从不同学科对文化现象的研究又都要给文化做出界定，这就造成了“文化”一词定义的纷繁多歧。但“从 20 世纪 80 年代中期‘文化热’以来，学术理论界许多潜心于文化问题的研究者日益趋近于马克思主义的文化观，这就是把文化同人本身的发展紧密地联系起来。按照这种文化观，文化是标志作为目的本身的人的发展过程及其成果的范畴，是从人作为历史过程主体的自我实现这个角度，对人类所创造的一切物质精神财富及其创造过程的一种科学抽象。[①]”正如甘阳先生对德国哲学家恩斯特·卡西尔《人论》一书的基本思想所概括的那样：“人并没有什么与生俱来的本质，也没有什么一成不变的永恒人性，人的本质是永远处在制作之中的，它只存在于人不断创造文化的辛勤劳动之中。因此，人性并不是一种实体性的东西，而是人自我塑造的一种过程：真正的人性无非就是人的无限的创造性活动。”“人只有在创造文化的活动中才成为真正意义上的人，也只有在文化活动中，人才能获得真正的‘自由’。”[②]“文化是人类的本质显现，人类在改造自然的同时改造着自身，在创造文化的同时把自身创造成具有思维—劳作机能的‘文化动物’，从而区别于消极适应自然的其他动物。[③]”所以，人的本质就是改造自然，改造的过程就是“文化”，而改造的结果就是文化成果。从这一角度出发，可以说广义的文化，泛指人类创造性活动的总和，凡是超越本能的、人类有意识地作用于自然界和社会的一切活动，都属于广义的文化。简括地说，“自然的人化”就是文化；反过来说，“人化自然”就是文化的成果。而狭义的文化指精神文化或观念形态，仅包括与精神生产直接有关的现象，如政治法律、道德、艺术、哲学、宗教等思想观念的生产活动及其产品。

二、文化价值的含义

对于价值的理解，古今中外的哲学家有不同见解。马克思主义哲学认为，所谓价值就是客体满足主体需要时所产生的一种主客体关系。价值的实质就是客体属性对主体需要的满足。文化价值是一种关系，它包含两个方面的规定性：一方面存在着能够满足一种文化需要的客体；另一方面存在着某种具有文化需要的主体，当一定的主体发现了能够满足自己文化需要的对象，并通过某种方式占有这种对象时，就出现了文化价值关系。客观事物的所具有

① 庄思晦：《文化价值与商品价值——再谈文化能否市场化》，《哲学研究》1994年第10期。
②（德）恩斯特·卡西尔著，甘阳译：《人论·中译本序》，上海：上海译文出版社，2004年，第6页。
③ 冯天瑜主编：《中华文化辞典》，武汉：武汉大学出版社，2001年，第1页。

的能够满足一定文化需要的特殊性质或者能够反映一定文化形态的属性就是指文化价值。

文化和价值的内在联系体现在两个方面：一是文化的价值性。文化从广义上说凡是人类超越本能的、有意识地作用于自然界和社会的一切活动所创造出来的成果，这一成果包含了物质层面的文化和精神层面的文化。所谓文化的价值性就是指人类创造出的物质文化和精神文化能够满足人类某种程度的需求。二是价值的文化性。价值作为一种关系范畴，是连接人和物的纽带，这种纽带将物人化，所以价值所体现的实际上是人的本质。因为人是社会的，作为社会的人是有文化的，所以价值也是具有文化性的。这种具有价值性的文化和文化性的价值的统一就是文化价值[①]。从文化是人的本质属性出发，"既然文化概念的基本内涵是在于人本身作为社会生活主体的自我创造、自我实现和自我发展，那么，所谓文化价值，归根到底是对于人的全面发展所具有的意义。""文化的最高价值就在于实现真、善、美高度统一的自由境界，促进人的个性解放、个性的自由而全面的发展。就人类文化创造的各种活动及其成果而言，它们的价值，都是直接或间接地服务于人本身发展这个最高目的的，它们或者直接为提高人的素质、塑造人的全面发展的自由个性、把旧人改造成新人做出贡献，或者为达到这个最高目的奠定社会物质基础，或者为实现人的自由创造各种必要的社会条件[②]。"所以，"文化价值是优化、提升人的生命存在的价值，是促进人'更是人'的价值。人成为'人'是一个过程，人的文明程度是相对而言的。人有一个不断优化、完善与提高的过程，表现为人不满足于世俗、市侩、平庸的生活，而追求高品位、高境界的生活；表现为人努力地设计和创造自由、理想的状态。文化价值就表现为一种意义和境界，起着提升人格的建设性工作，借此使人前进到更高级、更文明的状态。[③]"这才是文化价值的本义，其他意义都是从这里引申出来的，并以此为

① 徐春燕：《论文化软实力视域下思想政治教育的文化价值》，《学术论坛》2013年第4期。
② 庄思晦：《文化价值与商品价值——再谈文化能否市场化》，《哲学研究》1994年第10期。
③ 孙美堂：《从价值到文化价值——文化价值的学科意义与现实意义》，《学术研究》2005年第7期。

基础的。文化价值是社会产物，不能把文化价值仅仅理解为满足个体文化需求的事物属性。人不仅是文化价值的需求者，而且是文化价值的创造者。文化价值任何时候都是为人服务的，人类不需要的东西就不具有文化价值。同时，文化价值又是由人创造出来的，不管是人的文化需要，还是满足这种需要的文化产品，都只能在人的社会实践中形成。人们创造文化需要和文化产品的能力，本身也是文化价值，而且是最本质的文化价值。任何社会形态都有该社会特有的文化需要，这种文化需要只有通过人们的文化创造活动来满足。

第二节　陕西孔庙物质文化遗产的文化价值

1972 年《保护世界遗产公约》将文化遗产分为“纪念物、建筑群、场所”三类，定义分别为：“从历史、艺术或科学角度看具有突出普遍价值的建筑物、碑雕和碑画、具有考古性质的物件和构造物、铭文、洞穴居及有类似特征的综合物。”“从历史、艺术或科学角度看，在建筑式样、均质性或与环境结合方面，具有显著普遍价值的单体或连续的建筑群。”“从历史、审美、人种学或人类学角度看具有显著普遍价值的人类工程或自然与人联合工程，以及考古遗址等地。[①]”文化遗产，包括物质文化遗产和非物质文化遗产。物质文化遗产是具有历史、艺术和科学价值的文物。

一、孔庙的历史价值：探究历史轨迹

孔庙具有较高的历史价值。孔庙见证了中国两千多年封建社会发展的历程。在陕西各地孔庙的发展史上，留下了丰富的遗存和资料；通过对有关孔庙历史的研究，可以了解孔庙建筑与祭孔活动的兴衰，透视中国封建时代政

① 黄明玉：《文化遗产概念与价值的表述》，《敦煌研究》2015 年第 3 期。

治、经济发展的状况，对儒家乃至中国古代思想文化的演变进行深入的探讨。

陕西各地孔庙在建立、修缮、祭祀的过程中，留下了丰富的文献资料和碑石、匾额。这些资料，保留了完整的孔庙建筑、修缮的历史，也反映了陕西传统社会的演变，更反映了儒学在传统社会中的地位。首先，在陕西各地的地方志中，均有孔庙建筑的历史记载。在这些地方志中的《祠祀志》《学校志》等大都有关于孔庙建筑历史、形制和布局、祭祀的记载，有些还图文并茂，完整记述了陕西各地孔庙建筑的历史演变和形制变化。如清光绪《乾州志稿》载：

> 文庙在城东南街，唐武德初建，宋、元失考。明成化元年知州何节市民地恢而广之修如制。大成殿五楹，殿后为敬一亭，御制训饬士子文在焉。东西庑各十间内属于殿，外接戟门。有永新刘定之撰记。戟门三楹，万历已卯知州杨时行合两庑重新之。南为棂星门，又南为泮池。天启元年知州周应泰刱修也。万历十九年知州贾一敬于泮池之南添砌照墙。四十五年训导李珍建栅栏坊于左右，左曰“义路”、右曰“礼门”。国朝顺治、康熙间知州戴圣聪、佟有信、汪源泽各重修。雍正二年学使王謩捐俸修，知州黄炜成之。乾隆四十年知州郭愈博次第补葺，各有碑记。道光二十九年知州常瀚撤旧更新，戟门西增斋宿房，又添修照壁绕以花墙焉。①

如今，乾县孔庙仅存古柏 3 株，这些文献资料对于考证乾县孔庙建筑历史，恢复重建乾县孔庙具有重要的历史价值。其次，陕西孔庙保留了丰富的碑刻资料，这些碑文记载了各地孔庙建筑的历史和发展，也记载了各时期与孔庙有关的历史事件，可以与各地地方志相互印证，考证各地孔庙发展的历史。如西安孔庙现存宋太祖建隆三年（962 年）立的《重修文宣王庙记碑》、北宋大中祥符二年（1009 年）的《大宋永兴军新修玄圣文宣王庙大门记》等

① 光绪《乾州志稿》卷七《祠祀志》，光绪十年（1884 年）刊本。

石碑就可以考证西安孔庙不是一般的地方学府庙堂，身上流淌着皇家“血统”。它作为现存最早的奉唐朝天子圣旨敕办的皇家孔庙，还是中国“现存”最早的中央最高学府国子监，也就是太学的一部分，一度肩负着太学和中央孔庙的两个身份。如立于明嘉靖三十六年（1557 年）的《凤翔府重修文庙学宫记》石碑就记述明嘉靖三十四年（1555 年）华县大地震波及凤翔后，造成的极大破坏，对研究华县大地震具有重要史料价值。

二、孔庙的艺术价值：呈现景观艺术

艺术价值是指孔庙作为历史上的文化遗存而在建筑设计、景观布局、艺术风格等方面为我们所带来的积极、丰沛的艺术情感教育。

“孔庙建筑是中国古代典型的礼制性建筑群体，它有明确的起始、节奏、陪衬、主体和结尾，宛如一曲完美的乐章，具有环境的整体性和建筑序列的有机性，有着和谐的音符旋律。”[①]孔庙是东方建筑风格的杰出代表，充分反映了我国古代劳动人民的高度智慧和创造才能，在中国古代建筑史上占有重要的地位。从整体建筑方面来说，孔庙采用古代传统的建筑形式，成功地运用了传统的庭院组合与环境烘托相结合的表现手法，渲染了孔子在学术上、教育上的卓越贡献和在古代社会中崇高的地位，是中国古代建筑群中别具一格的建筑形制。从建筑价值来说，孔庙体现出规制美和艺术美。各地孔庙是自上而下奉命修造的功能性建筑，因此均依照曲阜孔庙的规制，整个建筑均衡对称，中轴线对称，横轴线平行。这种规制性表现出整齐划一、井然有序、均衡对称的庄严美。由于陕西南北狭长，地形、气候差异明显，所以关中、陕南、陕北在固有规制的基础上稍作变动，体现出地域性的建筑特色和艺术美。关中孔庙地势平坦开阔，文庙空旷大气、态势雄伟，如西安孔庙、泾阳孔庙、铜川耀州孔庙；陕南、陕北孔庙受地形影响，依地形高下布局，陕南

① 张红樱：《孔庙建筑的美学价值》，《河南科技》2012 年第 2 期。

孔庙精致秀丽，如旬阳孔庙、洛南孔庙；陕北孔庙结合窑洞，具有黄土地特色，如绥德文庙。

中国古典建筑的“单座建筑”分为五大类：楼阁，宫室殿堂，亭、廊、轩、斋、馆、舫，门、阙，桥。孔庙建筑包含了这几种类型，按照孔庙布局，这些单体建筑依次为：影壁、万仞宫墙、下马碑、泮池和泮桥、棂星门、东西庑、大成殿、崇圣祠、明伦堂、尊经阁、敬一亭、文昌阁、魁星楼。这些单体建筑在陕西孔庙均有分布和遗存。这些单体建筑，在历史演进中，依孔庙功能发展的需要，陆续加入孔庙建筑体系中，并最终形成定式。这些单体建筑，既有其建筑的形体美，又相互呼应，主次有序，特别是大成殿，是每座孔庙的核心建筑，一般建于高大的月台之上，高大雄伟。

陕西各地孔庙在建立、修缮、祭祀的过程中，留下了许多碑刻和匾额。这些碑刻和匾额具有较高的史学和艺术价值。如韩城孔庙大成殿内正中悬挂的清康熙皇帝御笔“万世师表”镂雕华带横匾具有很高的文物和艺术价值。

还有孔庙散发着浓厚的雕塑、书法、园艺等艺术气息。孔庙里的雕刻是中国石雕艺术的上品，尤其是大成殿的石柱雕刻，更是石雕艺术的佳作，如泾阳孔庙大成殿的石柱雕刻。蒲城孔庙“六龙壁”的壁身两旁建有仿木质的石牌坊，这种建造格式在全国是独此一处的。孔庙中还种植有珍贵的园林植物，与建筑群交相辉映，古朴典雅，是孔庙园林艺术的体现，如韩城孔庙“五子登科”的千年古柏，由于年代过于久远，其枯枝自然形成孔雀、仙鹤、鹿等动物造型，自然天成，形态逼真，妙趣天生。

三、孔庙的科学价值：凝聚科学智慧

科学价值是指孔庙在教育学、考古学、建筑工程学等方面展现给社会、人类重要的的技术和科学价值。陕西现有孔庙遗存 45 处，这些孔庙无论从选址、建筑、园林等方面反映了古代能工巧匠的智慧，凝聚了古代文明发展的科学成就，具有极高的科学研究价值。

孔庙作为中国封建社会大型礼制性建筑类型之一，具有自己独特的建筑模式、功能定式和伦理价值体系。首先，孔庙作为宫殿和壇庙两种建筑功能的结合体，受到礼制规定的约束。清末以前，孔庙祭祀大多时间按国家祀典中的中祀级别进行。清光绪三十二年（1906 年）孔庙祭祀升为大祀，成为和天地宗庙一样享受最高祭祀规格的祠庙，其建筑规格体现出至上的审美追求：使用黄色琉璃瓦，大成殿应九楹三阶五陛，重檐庑殿顶，斗拱九踩，金龙和玺彩画[①]等，具有非常高的审美价值，陕西目前使用黄色琉璃瓦的孔庙仅有洛南孔庙和泾阳孔庙。其次，孔庙建筑体现了传统社会尊崇儒家的功能定式和伦理价值体系。汉代“罢黜百家，独尊儒术”后，到隋唐时期儒学才得以长足的发展，并逐渐发展成了中华民族传统文化的主干之一，孔庙作为儒家文化的重要载体，在唐代得以高度重视，唐代以后，天下的孔庙都是由朝廷自上至下推动而建立的，各地孔庙则入国家系统，成为官庙一体，既为官庙，其祀典便由国家举行。孔庙祭祀操纵于国家，其目的在于厉行教化，在于追求“君君、臣臣、父父、子子”理想化的礼制秩序。“仁义礼乐”是儒家之道，政治对儒道的汲取是为了建立有序社会，实现专制统治。正如《明史》卷一三九记载明人程徐所说：“孔子以道设教，天下祀之，非祀其人，祀其教也，祀其道也。”而且，孔庙还实行“庙学合一”的制度，承担着重要的官方学校教育功能，孔庙建筑的布局无不反映了祭祀和教育的功能，其典型的规制、壮美的建筑蕴含着极其丰富的历史文化信息和教育价值。

孔庙本是奉祀儒家创始人孔子的祭祀场所，由于汉代以后历代王朝尊孔崇儒，孔庙也日渐成为传授儒家经典和宣传教化的文教圣地，古人认为孔庙与文运有关，关系到一方文风的兴衰，有了好的文风，才能人才辈出，文化昌盛，所以各地在孔庙选址上非常讲究，而孔庙也往往是一个城市的文脉所

① 孔祥林：《世界孔子庙研究》，北京：中央编译出版社，2011 年，第 200 页。

在，精神所依，对城市环境也会产生积极影响。文庙在城市中的方位非常重要，必须选择“风水宝地”“文庙建甲、艮、巽三方，为得地。[①]”城市东南是日出之地，光照充分，生机盎然，朝气蓬勃，寓意文风昌盛，是孔庙建立的最佳位置，所以，陕西孔庙一般位于城市的东南方。而孔庙建成后也往往是一个城市的文教中心，对周围的自然、人文环境也产生积极影响。孔子以自然美比德，塑造弟子人格的美，所以孔庙周围往往种植松、柏，西安的孔庙所在地甚至被称为柏树林，就是把欣赏植物作为修身养性的手段，起到“美育”的功能，陕西孔庙现存 45 处，大多是古庙与古松柏并存，沐浴着岁月的沧桑，而乾县孔庙、长武孔庙仅余古柏数株，仍能诉说昔日的辉煌。

孔庙内独具特色的建筑、雕塑、园艺等资源，也凝聚了陕西地区广大劳动人民的智慧结晶，体现了不同时期的陕西地区劳动人民探索科学技术的过程。例如，韩城孔庙的照壁、棂星门、泮桥、戟门、大成殿、明伦堂、尊经阁等精美的主体建筑是研究我国古代建筑技术的宝贵样本；孔庙内粗壮的古柏、唐槐等年代久远的古树和植物是植物学、生物学的珍贵研究资料；关中现存的孔庙基本上都被重修、重建或扩建过，这也充分体现出我国在文物保护方面的高超技艺，如被誉为“西北第一殿”的耀州孔庙大成殿兼具了宋、金、元、明、清五个时代的建筑特点，建筑面积达 503 平方米，是考察古代建筑科学的珍贵文物。而建于明万历三十八年（1610 年）的合阳孔庙尊经阁距今已有四百余年，建成后历经 20 次较大地震的波及影响，阁的结构体系无任何变形或损坏，反映了我国古代建筑良好的抗震性能。

第三节　陕西孔庙非物质文化遗产的文化价值

“非物质文化遗产又叫口头与非物质遗产，是人类通过民间口头形式传播下来的无形文化遗产，它蕴藏着一个民族古老的生命记忆和活态的文化基因

①（清）高见南：《相宅经纂》卷三，道光二十四年（1844 年）刻本。

库，代表着民族普遍的心理认同和基因传承，代表着民族智慧和民族精神，是人类另一种伟大的精神创造，其内容、内涵比起物质类遗产更为丰富多彩和博大精深。”[①]非物质文化遗产是指各种以非物质形态存在的与群众生活密切相关、世代相承的传统文化表现形式。联合国《保护非物质文化遗产公约》中说：“非物质文化遗产是密切人与人之间的关系以及他们之间进行交流和了解的要素，它的作用是不可估量的。”[②]孔庙作为中国传统儒学的载体，是中国传统文化重要的象征与符号，是一种兼具非物质文化遗产属性的物质文化遗产，具有重要的非物质文化遗产的文化价值。

一、孔庙的教育价值：传承精神命脉

教育价值是指孔庙通过其自身所蕴含的丰富教育遗产内涵对人所产生的政治教化、学校教育、文化教育、社会教育、劝学等功能。孔庙，除具有祭祀孔子的功能外，还具有明显区别于其他庙宇的重要功能，那就是“庙学合一”。其主要特点是：庙附于学，庙是学的信仰中心，学是庙的存在依据。庙学合一始于东汉，东汉永平二年（58 年），汉明帝开始令国学与郡县学校皆祭祀周公和孔子。唐太宗贞观四年（630 年）诏令州县学皆立孔庙，庙学合一，遂成定制。庙学制与科举制紧密相连，这既是封建统治者尊孔的需要，又是统治者大力推行科举制度的需要。正因为庙学制所发挥的重要作用，所以唐以后虽然王朝更替，但庙学制持续一千多年之久。庙学制的存在，使得历史上的孔庙成为古代学子们祭拜先师、崇儒重教的地方，又是各地文脉所在，精神所依，也成为孕育人才的摇篮，对培养人才发挥着极其重要的作用。而历代学子们对孔庙也有一种特殊的情感，浓郁的“孔庙情结”，这从陕西各地孔庙保存的大量的各类题名、题诗文碑可以看出。相传清代以来，汉阴人

① 上海交通大学世界遗产学研究交流中心：《世界文化与自然遗产手册》，上海：上海科技文献出版社，2004年，第161页。

② 联合国教科文组织世界遗产中心等：《国际文化遗产保护文件选编》，北京：文物出版社，2007年，第229页。

在外地为官者，回乡省亲，先要到文庙更衣，然后经拱桥、踏石阶、入大成殿祭孔完毕，方可回家。

孔庙文化教育的内涵还表现在孔庙内的各式古建筑中。如万仞宫墙、下马碑，表示对孔子的敬仰。“泮池”又称“泮宫”，是位于孔庙大成门正前方的半月形水池，意即“泮宫之池”，它是地方官学的标志。泮池上之桥又称“状元桥”，人们希望进入泮池到庙内尊师祭拜之后能够考中状元。庙前的棂星门牌坊也被称之为“状元坊”。庙内所有的建筑都冠以文化教育的内涵，如大成门、大成殿、明伦堂等，大成殿内主要的匾额“万世师表”“斯文在兹”鲜明地点出了孔子在文化、教育上的崇高地位。另外还建有东西两庑，东庑与西庑均为祭祀历代先贤、先儒之所，东庑奉祀先贤 40 人、先儒 39 人；西庑奉祀先贤 39 人、先儒 38 人。一般孔庙还设有乡贤祠和名宦祠，用以祭祀在当地卓有政绩、为民办事的官员以及在教育、道德、治学上有很高成就的地方名人。在陕西许多孔庙内还建有崇圣祠、奎（魁）星阁（楼）、碑亭等建筑。这些建筑，无不反映了儒家“仁爱、礼义、忠信、孝悌，以及中庸、平和、天人合一”之类的价值和追求，早已成为中华民族的生活哲学和民族文化的基因，对当今我们建设新时代中国特色社会主义精神文明仍有积极意义。

二、孔庙的社会价值：实现中华民族伟大复兴

习总书记在党的十九大报告中说：“文化是一个国家、一个民族的灵魂。文化兴国运兴，文化强民族强。没有高度的文化自信，没有文化的繁荣兴盛，就没有中华民族伟大复兴。”[①]孔庙是中华民族传统文化根系所在，魂魄所依。习近平总书记在出席纪念孔子诞辰 2565 周年纪念大会时指出，“优秀传统文化是一个国家、一个民族传承和发展的根本，如果丢掉了，就割

① 习近平：《决胜全面建成小康社会夺取新时代中国特色社会主义伟大胜利》，北京：人民出版社，2017 年，第 40— 41 页。

断了精神命脉”[①]。孔庙蕴含着丰富的政治教化、社会文化教育、劝学等功能。步入孔庙，追忆孔子“弟子三千、贤人七十”的宏大教育场景，体会“学而不思则罔、思而不学则殆”的学习思辨法则，对于学习和弘扬中国传统文化，增强民族自豪感和自信心，实现中华民族伟大复兴具有着不可替代的现实价值。

所以，自唐朝以后历代王朝非常重视孔庙的建设，孔庙，既是儒学传播的重要载体，也是祭祀孔子和先儒、先贤的专用场地。传统的祭祀包括三方面内容：天地、先祖及君师，是中国历史上独特的文化现象。“祭祀的对象，自从被推上受人顶礼膜拜的圣坛之后，无论是圣人还是贤者，都已经不再是简单的血肉之躯，而是道德的载体、道统的象征和文化的符号。[②]”祭祀在孔庙中也就显得意义重大。“孔子有功万世，宜飨万世之祀；诸儒有功孔子，宜从孔子之祀。[③]”宋元明清是孔子受朝廷恩宠的兴盛时期，祭奠祭孔也特别隆盛，称之为“国之大典”。历代统治者不厌其烦地兴建孔庙、祭祀孔子，其目的首先在于强调的是孔子的文化贡献，尤其是其为人类所制定的纲常伦理、道德教化。同时，更是尊重以儒学为代表的中华优秀传统文化。这恐怕才是孔庙祭祀的本质意义所在。通过祭祀活动对儒学思想的传承者产生影响，并将儒学思想的部分价值取向与道德要求融入教育和生活中，发挥着非物质性的文化构建作用。

“中国特色社会主义文化，源自于中华民族五千多年文明历史所孕育的中华优秀传统文化”[④]，孔子的思想是古代精神文明、人类文化宝库的重要组成部分，他创立的以“仁”为核心的伦理观和“因材施教，有教无类”的教育观，以及奉行“宽耻信敏惠，温良恭俭让”的品德修养在现今看来，对中国文化史仍有着跨时代的意义。青少年是祖国的未来，通过孔庙让青少年来了

① 杨明：《不能割断“精神命脉”传承优秀传统文化》，《光明日报》，2014 年 10 月 29 日，第 13 版。

② 徐梓：《书院祭祀的意义》，《寻根》2006 年第 2 期。

③ 黄章健：《明神宗实录》，北京：中华书局，2015 年。

④ 习近平：《决胜全面建成小康社会夺取新时代中国特色社会主义伟大胜利》，北京：人民出版社，2017 年，第 30 页。

解孔子及儒家文化，体会孔子在品德修养方面所做出的贡献，有助于广大青少年受到我们中华传统美德的熏陶，在树立远大理想，努力掌握科学文化知识的同时，养成高尚的道德品质，以形成良好的社会风气，这对于确立文化自觉与自信，实现中华民族伟大复兴具有积极的作用，也是孔庙社会价值的最终目的。

三、孔庙的经济价值：培育文化产业

“经济价值来源于社会需求，社会需求又表现在民众的物质生活与精神文化生活两个方面。文化遗产可以丰富人们的精神文化生活，使人们得以提高文化素质，故随着人们对精神文化生活的需求日益增长，文化遗产的经济价值也日益增高。[①]”文化遗产的经济价值，比较明显地体现在三个方面，即收藏增值、投资交易和旅游资源的价值。孔庙的经济价值更多体现在其旅游资源价值。旅游业的发展，有赖于旅游资源，而旅游资源主要就是自然景观资源和文化遗产资源。孔庙作为祭祀孔子和先儒、先贤的文化遗产资源，既有文物、古建筑群和古遗址的物质文化旅游资源，又有祭祀、风俗、礼仪、节庆等非物质文化遗产的旅游资源。

根据国际经验，当人均 GDP 超过 3000 美元时，文化消费会快速增长；接近或超过 5000 美元时，文化消费则会出现加速增长。2016 年，我国人均 GDP 已经超过 8000 美元。文化遗产越来越受到关注，对文化遗产进行开发的文化旅游，就在很多地区成为支柱性产业。如平遥古城被列入世界文化遗产名录以后，极大地带动了平遥旅游业的发展。接待人数由 1997 年的 10 万人次，增加到 2003 年的 43 万人次，增长了 4.3 倍；门票收入由 1997 年的 25 万元增加到 2003 年的 2350 万元，增长了 94 倍；旅游综合收入由 1997 年的 125 万元增加到 2003 年的 2.3 亿元，增长了 184 倍；旅游收入占 GDP 的比重

① 蔡靖泉：《文化遗产价值论析》，《三峡大学学报》2010 年第 1 期。

也由 1997 年的 0.9%增长到 2003 年 10.3%；在平遥古城旅游业发展到 2003 年期间，解决了近 4 万人的就业问题，带动了城镇化建设步伐①。陕西作为中华民族重要的发祥地和发展地，具有丰厚的文化遗产，这也是陕西的魅力所在。陕西拥有 45 处孔庙遗存，这些孔庙，历经唐宋元明清，是历史留给陕西重要的文化遗产资源，应该得到陕西有关部门的高度重视、保护、开发和利用。文化遗产的稀缺性及其符号价值，也使其成为文化创意的源头活水，可为文化产业发展提供无尽动力。当前与文化遗产有关的文化产业已经成为朝阳产业，文化遗产为旅游、工艺品制造、歌舞演出、电影、电视等提供了取之不竭的宝藏。但是文化遗产的核心价值在于文化传承和文化功能的发挥，对其经济价值的发掘应在顺应文化遗产保护基本规律的基础上进行。据笔者调研，目前陕西对于孔庙的保护尚且不足，更多地把孔庙作为一种文物保护起来，并没有很好地意识到孔庙作为一种文化遗产资源所具有的经济价值，除韩城孔庙、西安孔庙外，其他孔庙基本作为博物馆使用，资料陈列乏善可陈，游客寥寥，对于与孔庙有关的非物质文化遗产和文化产业尚待开发。

总之，陕西孔庙遗存的文化价值，归根到底是陕西孔庙遗存对于人的全面发展所具有的意义，所以我们在开发研究陕西孔庙遗存的文化价值时“必须坚持以人民为中心的发展思想，不断促进人的全面发展、全体人民共同富裕”“要坚持为人民服务、为社会主义服务，坚持百花齐放、百家争鸣，坚持创造性转化、创新性发展，不断铸就中华文化新辉煌。”②

---

① 郭永伟：《平遥旅游业发展现状、存在问题及对策研究》，《经济师》2006 年第 12 期。

② 习近平：《决胜全面建成小康社会夺取新时代中国特色社会主义伟大胜利》，北京：人民出版社，2017 年，第 19、41 页。

参 考 文 献

一、古籍类

（清）毕沅撰，张沛校点：《关中胜迹图志》，西安：三秦出版社，2004 年。

道光《清涧县志》，道光八年（1828 年）刊本。

道光《吴堡县志》，道光二十七年（1847 年）刊本。

道光《西乡县志》，道光八年（1928）刻本。

道光《重修泾阳县志》，道光二十二年（1842 年）刻本。

道光《重修千阳县志》，道光二十一年（1841 年）刻本。

（清）丁瀚修，张永清等撰：《中部县志》，台北：成文出版社，1976 年。

光绪《凤县志》，光绪十八年（1892 年）刻本。

光绪《佛坪厅志》，光绪九年（1883 年）刻本。

光绪《富平县志稿》，光绪十七年（1891 年）刻本。

光绪《蓝田县志》，光绪元年（1875 年）刻本。

光绪《米脂县志》，光绪三十三年（1907 年）刻本。

光绪《蒲城县新志》，光绪三十一年（1905 年）刻本。

光绪《岐山县志》，光绪十年（1884 年）刻本。

光绪《乾州志稿》，光绪十年（1884 年）刊本。

光绪《三续华州志》，光绪八年（1882 年）刻本。

光绪《三原县志》，光绪六年（1880 年）刻本。

光绪《绥德州志》，光绪三十一年（1905 年）刊本。

光绪《新续渭南县志》，光绪十八年（1892年）刻本。

光绪《旬阳县志》，光绪二十八年（1902年）刻本。

光绪《洋县志》，光绪二十四年（1898）抄本。

嘉靖《耀州志》，乾隆二十七年（1762年）刻本。

嘉庆《安康县志》，咸丰三年（1853年）重刊本。

嘉庆《扶风县志》，嘉庆二十四年（1819年）刻本。

嘉庆《汉阴厅志》，嘉庆二十三年（1818年）刻本。

嘉庆《续兴安府志》卷四《学校志》，嘉庆十七年（1812）刻本。

嘉庆《续修中部县志》，嘉庆十二年（1807年）刻本。

（后晋）刘昫：《旧唐书》，北京：中华书局，1975年。

康熙《朝邑县后志》，康熙五十一年（1712年）刻本。

康熙《城固县志》，光绪四年（1848）重刊本。

康熙《洋县志》，康熙三十三年（1694）刻本。

（元）马端临：《文献通考》，北京：中华书局，2011年。

民国《华阴县续志》，1932年铅印本。

民国《洛川县志》，西安：泰华印刷厂，1944年铅印本。

民国《米脂县志》，1944年铅印本。

民国《岐山县志》，西安：西山书局，1935年铅印本。

民国《乾县新志》，西京：克兴印书馆，1941年。

民国《同官县志》，1944年铅印本。

民国《续修蓝田县志》，1941年餐雪斋铅印本。

民国《续修礼泉县志稿》，1935年铅印本。

民国《重纂兴平县志》，西安：艺林印书局，1923年铅印本。

民国《重修户县志》，西安：西山书局，1933年铅印本。

民国《重修咸阳县志》，1932年铅印本。

民国《周至县志》，1925年铅印本。

乾隆《凤翔府志》，乾隆三十一年（1766年）刻本。

乾隆《府谷县志》，乾隆四十八年（1783年）刊本。

乾隆《富平县志》，乾隆四十三年（1778年）刻本。

乾隆《韩城县志》，乾隆四十九年（1784年）刻本。

乾隆《合阳县全志》，乾隆三十四年（1769年）刻本。

乾隆《华阴县志》，西安：艺林印书社，1928年铅印本。

乾隆《泾阳县志》，乾隆四十三年（1778年）刻本。

乾隆《临潼县志》，乾隆四十一年（1752年）刻本。

乾隆《洛南县志》，乾隆十一年（1746年）刻本。

乾隆《同官县志》，乾隆三十年（1765年）刻本。

乾隆《西安府志》，西安：三秦出版社，2011年。

乾隆《咸阳县志》，乾隆十六年（1751年）刻本。

乾隆《兴安府志》，道光二十八年（1848年）刻本。

乾隆《兴平县志》，光绪二年（1876年）刻本。

乾隆《续商州志》，乾隆二十三年（1758年）刻本。

乾隆《洵阳县志》，同治九年（1870年）刻本。

乾隆《镇安县志》，乾隆二十年（1755年）抄本。

乾隆《直隶商州志》，乾隆九年（1744年）刻本。

（汉）司马迁：《史记》，北京：中华书局，1959年。

同治《三水县志》，同治十一年（1873年）刻本。

万历《咸阳县新志》，万历十九年（1591年）刻本。

（清）王昶著：《金石萃编》，西安：陕西人民美术出版社，1990年。

（宋）王溥：《唐会要》，上海：上海古籍出版社，1991年。

咸丰《同州府志》，咸丰二年（1852年）刻本。

宣统《长武县志》，宣统二年（1910年）刊本。

宣统《重修泾阳县志》，天津：华新印刷局，1911年铅印本。

（清）严如熤主修，郭鹏校勘：《嘉庆汉中府志校勘》，西安：三秦出版社，2012年。

雍正《陕西通志》，上海：上海古籍出版社，1987年四库全书本。

（明）张宗孟编纂，郑义林等注释：《明崇祯〈户县志〉注释本》，西安：三秦出版社，2014 年。

（清）赵尔巽等：《清史稿》，北京：中华书局，1977 年。

二、著作类

安康市地方志编纂委员会编：《安康地区志》，西安：陕西人民出版社，2004 年。

陈传平：《世界孔庙》，北京：文物出版社，2004 年。

陈来：《古代宗教与伦理》，北京：三联书店，2009 年。

董喜宁：《孔庙祭祀研究》，北京：中国社会科学出版社，2014 年。

（德）恩斯特·卡西尔著，甘阳译：《人论》，上海：上海译文出版社，2004 年。

范小平：《中国孔庙》，成都：四川文艺出版社，2004 年。

方俊吉编撰：《认识孔子、孔庙与祭孔》，高雄：高雄市文献委员会，2009。

冯天瑜主编：《中华文化辞典》，武汉：武汉大学出版社，2001 年。

凤县志编纂委员会：《凤县志》，西安：陕西人民出版社，1994 年。

凤翔县志编纂委员会：《凤翔县志》，西安：陕西人民出版社，1991 年。

高明士：《中国中古的教育与学礼》，台北：国立台湾大学出版中心，2005 年。

高文、范小平：《中国孔庙》，成都：成都出版社，1994。

（日）关野贞：《支那文化史迹图版》第九辑，东京：法藏馆，1941 年。

韩城地方志编纂委员会：《韩城市志（1990—2005）》，西安：陕西人民出版社，2012 年。

韩秀林：《孔府孔庙孔林》，长春：吉林文史出版社，2010。

合阳县志编纂委员会编《合阳县志》，西安：陕西人民出版社，1996 年。

胡务：《元代庙学：无法割舍的儒学教育链》，成都：巴蜀书社，2005 年。

户县志编撰委员会：《户县志》，西安：西安地图出版社制图、胶印，陕西省第四测绘大队印刷厂印刷，1987 年。

华县地方志编纂委员会：《华县志》，西安：陕西人民出版社，1992 年。

黄进兴：《优入圣域：权利、信仰与正当性》，西安：陕西师范大学出版社，1998 年。

泾阳县县志编纂委员会编：《泾阳县志》，西安：陕西人民出版社，2001 年。

孔德平，彭庆涛主编：《中国孔庙保护协会论文集》，北京：文物出版社，2004 年。

孔祥林等著:《世界孔子庙研究》,北京:中央编译出版社,2011年。

蓝田县地方志编纂委员会:《蓝田县志》,西安:陕西人民出版社,1994年。

礼泉县志编纂委员会:《礼泉县志》,西安:三秦出版社,1999年。

李申:《释奠孔子文献与图说》,北京:国家图书馆出版社,2012年。

刘福谦:《蒲城县志》,北京:中国人事出版社,1993年。

刘新:《儒家建筑——文庙》,北京:中国建筑工业出版社,2013年。

刘致平:《中国建筑类型及结构》,北京:建筑工程出版社,1957年。

洛南县地方志编纂委员会编:《洛南县志》,北京:作家出版社,1999年。

米脂县志编纂委员会:《米脂县志》,西安:陕西人民出版社,1993年。

彭蓉:《中国孔庙建筑与环境》,郑州:中州古籍出版社,2011年。

曲英杰:《孔庙史话》,北京:社科文献出版社,2011年。

陕西省临潼县志编纂委员会编:《临潼县志》,上海:上海人民出版社,1991年。

王象贤编著:《吴堡古城春秋》,内部资料,2007年。

渭南县志编撰委员会:《渭南县志》,西安:陕西人民出版社,2005年。

兴平县地方志编纂委员会:《兴平县志》,西安:陕西人民出版社,1994年。

旬邑县地方志编撰委员会编:《旬邑县志》,西安:三秦出版社,2000年。

洋县地方志编纂委员会:《洋县志》,西安:三秦出版社,1996年。

耀县志编撰委员会:《耀县志》,西安:陕西人民出版社,1995年版。

榆林市志编纂委员会:《榆林市志》,西安:三秦出版社,1996年。

镇安县志编纂委员会编:《镇安县志》,西安:陕西人民教育出版社,1995年。

三、期刊论文

白海峰,王如冰:《西安府文庙的择址及其对周围环境的塑造》,《文博》2010年第1期。

白海峰,王如冰:《西安府文庙的择址及其对周围环境的塑造》,《文博》2010年第1期。

常小娟等:《略谈户县文庙明代卧碑的社会功能及相关问题》,《文博》2010年第4期。

范小平:《中国孔庙在儒学传播中的历史地位》,《四川文物》1998年第12期。

黄凡:《从韩城文庙的琉璃造型艺术说起》,《陶瓷科学与艺术》2007年第41期。

黄明玉:《文化遗产概念与价值的表述》,《敦煌研究》2015年第3期。

黄新宪:《福建庙学探讨》,《福州大学学报》(哲学社会科学版)2009 年第 5 期。

黄新宪:《台湾庙学探讨》,《教育科学》2009 年第 5 期。

孔祥雷:《孔庙及其社会价值》,《沧桑》2006 年第 8 期。

赖德霖:《新生活运动与曲阜孔庙保护:中国近代文物建筑保护的一个契机初识》,《建筑创作》2010 年第 10 期。

雷俊才:《合阳县尊经阁抗震构造浅析》,《工程抗震》1986 年第 1 期。

李建初:《浅谈资中孔庙的保护与利用》,《四川文物》2004 年第 2 期。

李世凤,许儒慧,张凌云:《云南孔庙的保护与开发利用》,《创造》2003 年第 11 期。

李芸:《孔庙与儒学的传播》,《四川文物》1998 年第 2 期。

李芸:《试论德阳孔庙的开放与保护利用》,《四川文物》2002 年第 1 期。

廖国强:《孔庙与儒家文化——以昆明地区孔庙为例》,《思想战线》2008 年第 3 期。

刘爱琴:《平遥孔庙的历史文化内涵及价值》,《沧桑》2009 年第 6 期。

柳雯:《中国孔庙旅游资源开发问题初探》,《现代商业》2009 年第 26 期。

柳雯:《中国孔庙在当代社会的利用现状研究》,《商场现代化》2009 年第 17 期。

路远:《西安碑林初创时期若干问题的再探讨》,《文博》1995 年第 3 期。

骆承烈:《儒家文化的精神家园——孔庙》,《孔子研究》2007 年第 2 期。

(日)牧野修二,赵刚译,刘恩格校:《论元代庙学书院的规模》,《齐齐哈尔师范学院学报》(社会科学版)1988 年第 4 期。

邱雪静:《国家性祭孔文化的传承与发展》,《语文学刊》(高等教育版)2009 年第 1 期。

曲英杰:《汉魏鲁城孔庙考》,《史学集刊》1994 年第 1 期。

曲英杰:《历代京都及地方孔庙考述》,《孔子研究》1993 年第 3 期。

曲英杰:《曲阜孔庙建制考述》,《中华文化论坛》1995 年第 1 期。

孙美堂:《从价值到文化价值——文化价值的学科意义与现实意义》,《学术研究》2005 年第 7 期。

唐红炬:《孔庙的保护与利用应在冲突中寻求和谐》,《中国文物科学研究》2007 年第 6 期。

唐红炬:《试论孔庙的现代定位》,《中国文物科学研究》2009 年第 6 期。

田增志:《中国庙学教育实践及其启示》,《内蒙古民族大学学报》(社会科学版)2009年第5期。

王其英:《武威孔庙与武威历史上的教育》,《历史文化》2009年第6期。

于学斌、刘思游:《孔庙的教育功能试论》,《哈尔滨学院学报》2008年第9期。

于学斌:《孔庙的教育功能试论》,《哈尔滨学院学报》2008年第9期。

张敏杰:《金代孔庙的修建及其在民族融合中的作用》,《北方论丛》1998年第11期。

张晓旭:《历史上孔庙的称谓和类型》,《南方文物》2002年第4期。

张晓旭:《论古代苏州文庙府学的教育成就》,《南方文物》2002年第4期。

张晓旭:《中国孔庙研究专辑》,《南方文物》2002年第4期。

张晓旭:《中国孔庙研究专辑》,《南方文物》2002年第4期。

庄思晦:《文化价值与商品价值——再谈文化能否市场化》,《哲学研究》1994年第10期。

庄思晦:《文化价值与商品价值——再谈文化能否市场化》,《哲学研究》1994年第10期。

四、学位论文

房伟:《孔庙祀典及其社会功用——以从祀贤儒为中心的考察》,济宁:曲阜师范大学硕士学位论文,2010年。

李轶夫:《韩城孔庙建筑研究》,西安:西安建筑科技大学硕士学位论文,2004年。

刘二燕:《陕西明清文庙建筑研究》,西安:西安建筑科技大学硕士学位论文,2009年。

柳雯:《中国孔庙文化遗产价值及利用研究》,济南:山东大学博士学位论文,2008年。

马丽雅:《“三孔”(孔庙、孔府、孔林)景观的审美》,西安:西安建筑科技大学硕士学位论文,2010年。

彭蓉:《中国孔庙研究初探》北京:北京林业大学博士学位论文,2008年。

邵婷:《论曲阜孔庙大成殿龙纹装饰纹样的艺术特色》,西安:西安美术学院硕士学位论文,2009年。

王琳:《孔庙建筑装饰初探》,上海:同济大学硕士学位论文,2004年。

徐斌:《曲阜孔庙的建筑艺术特色与文化内涵研究》,济南:山东大学硕士学位论文,2008年。

五、报纸

黄玮、徐蕊:《韩城文庙——走进文化的纵深》,《渭南日报》,2008 年 9 月 23 日,第 B1 版。

霍世春:《游历千年吴堡古城》,《榆林日报》2007 年 11 月 6 日。

文艳:《西安地区孔庙中户县孔庙保存较为完整蓝田孔庙存大成殿》,《西安晚报》,2015 年 4 月 6 日。

杨明:《不能割断“精神命脉”传承优秀传统文化》,《光明日报》,2014 年 10 月 29 日,第 13 版。

原建军:《西安孔庙文人的千秋灵魂圣殿》,《西安晚报》,2008 年 10 月 9 日,第 20 版。

张永超:《旬邑全力拯救明代文庙》,《咸阳日报》,2006 年 4 月 11 日,第 1 版。

祝嘉:《凤翔一座乡村孔庙的文化传承》,《宝鸡日报》,2014 年 12 月 6 日。

六、网络资源

孔昭斌:《文庙建筑规制及功能》, http://blog.sina.com.cn/s/blog_5f01d5c90100slqm.html(2014-07-04)。

李刚:《老县城的故事》, http://blog.sina.com.cn/s/blog_80fc1b050100ubhn.html(2011-10-10)。

罗小幸:《西安府文庙的旧影新貌》, http://mp.weixin.qq.com/s?__biz=MzA5MzUzNzA5MQ%3D%3D&idx=3&mid=2649995254&sn=216a7cf4d6eae353a6e42149dfd568ee(2017-04-18)。

习近平:《在纪念孔子诞辰 2565 周年国际学术研讨会讲话》, http://www.gov.cn/xinwen/2014-09/24/content_2755666.htm(2014-09-24)。

佚名:《周至老县城游记》, http://www.xcar.com.cn/bbs/viewthread.php?tid=1488574(2016-06-23)。

后　记

自《新唐书·礼乐志》载，唐贞观四年（630 年）“诏州县学皆作孔子庙”后，历代州县一级城市普遍建设孔子庙，孔庙也日渐成为每个城市的文脉所系，精神所依。1905 年随着科举制度在中国的废止和近代中国的社会转型，孔庙日渐衰落，改作他用，逐渐被废弃。20 世纪 80 年代后，随着传统文化热的兴起，作为儒家文化的载体和象征的孔庙也日渐得到各界的重视，甚至有学者提出创立“孔庙学”这一学术领域。陕西作为儒家学说的源头和儒学发展的重要地区，应该为儒学研究做更多的工作。2006 年 11 月陕西部分孔子及其儒学研究者、爱好者发起成立了“陕西省哲学学会孔子研究专业委员会”，我也忝列其中，充任秘书长一职。我们在研究和普及儒学活动中，深感国人近代以来失魂落魄，孔子魂无所依。作为关中人，竟不知西安碑林原为唐代国子监孔庙所在。2009 年 3 月我有幸赴美国俄勒冈州立大学做访问学者，旅美期间多次观摩基督教浸礼宗的活动，深感教堂在美国社会中的作用，由此反思中国人的教堂在哪里？

回国后，我开始关注孔庙问题的研究，逐渐认识到孔庙对于传统中国人生活方式、精神价值的影响。陕西特别是关中地区作为京畿之地，历史上孔庙是如何发展建设的，今天陕西还有那些孔庙的遗存，这些孔庙保护、开发、利用及对当代社会的价值何在？这些思考有幸得到 2014 年陕西省社科基金的支持，从 2014 年暑期开始，我从两个方面展开对陕西孔庙的研究，一方面查阅了清末陕西七府、五直隶州等府州县地方志；另一方面实地考察了陕西现存45处文庙遗存。通过文献资料与实地调研相结合来了解各地孔庙的历史发展、形制特点、现存利用情况，历经三个寒暑，足迹北至府谷孔庙、南止西乡孔庙，东抵韩城孔庙，西到凤县孔庙。在这期间，我得到了很多朋友的帮助和支持，我的好友朱鸿亮、张波、黄勇陪同我考察孔庙，礼泉孔庙邹规划、旬邑孔庙的何馆长、兴平孔庙的马馆长、绥德孔庙的钱亚军、凤县旅游局刘勇局长、渭南文庙的王平、蓝田县蓝关镇退休初中语文教师李绪文、凤翔县政协的肖逸、府谷县文物局办公室王明清主任、洛川县文物局许局长等给予了热情接待和真诚的帮助。在这期间，我指导的研究生李彤以《关中孔庙遗存及其当代价值研究》、祁韵涵以《陕南孔庙历史沿革及当代教育价值研究》为题先后顺利毕业，研究生沈丽娜、史煜、王敏静也参与了孔庙的调研和相关工作。

本书写作中还得到刘学智教授、林乐昌教授、韩星教授、庞进研究员、许宁教授、王夏刚教授等诸位师友的热情鼓励和关注。西安理工大学马克思主义学院给予我一贯的包容和支持，科学出版社任晓刚编辑给予了精心的编校。

令我感动的是，恩师张岂之先生年逾90高龄，当我向他汇报三年来考察、研究陕西孔庙阶段性成果即将出版时，先生给予肯定并欣然作序。

“子在川上曰：逝者如斯夫！不舍昼夜。”完成这项工作已近知天命之年，嗟乎！四十七载成蹉跎，一事无成白发多，但愿这本小书能为传统文化的研究和普及做点贡献。

王长坤

2017.8.23 于古城西安